和顺镇志

LOCAL RECORDS OF HESHUN

云南省腾冲市和顺镇志编纂委员会　编

图书在版编目（CIP）数据

和顺镇志 / 云南省腾冲市和顺镇志编纂委员会编
.-- 北京：方志出版社，2019.11
（中国名镇志丛书）
ISBN 978-7-5144-3939-7

Ⅰ.①和… Ⅱ.①云… Ⅲ.①乡镇—地方志—保山
Ⅳ.①K297.45

中国版本图书馆 CIP 数据核字（2019）第 251298 号

·中国名镇志丛书·

和顺镇志

编　　者：云南省腾冲市和顺镇志编纂委员会
责任编辑：梅中英

出 版 者：方志出版社
地址　北京市朝阳区潘家园东里 9 号（国家方志馆 4 层）
邮编　100021
网址　http://www.fzph.org
发　　行：方志出版社图书经销中心
电话　（010）67110500
经　　销：各地新华书店
排　　版：北京纺印图文设计制作有限公司
印　　刷：北京中科印刷有限公司

开　　本：787 × 1092　　1/16
印　　张：24.25
字　　数：454 千字
版　　次：2019 年 11 月第 1 版　　2019 年 11 月第 1 次印刷

ISBN 978-7-5144-3939-7　　定价：189.00 元

序一

习近平总书记指出："不忘历史才能开辟未来，善于继承才能善于创新……只有坚持从历史走向未来，从延续民族文化血脉中开拓前进，我们才能做好今天的事业。"中国优秀传统文化是在漫长的历史长河中历经无数次涤荡和沉淀而形成的思想精髓，蕴藏着无穷的宝藏和无尽的力量。发掘和继承优秀传统文化，是延续中华文明"根"与"魂"的必由之路。与时俱进，推动传统文化不断开拓创新，是中华文明常葆勃勃生机的重要保证。

"国有史，邑有志。"编修地方志是中国特有的文化现象，是中华民族的优秀文化传统。数千年来，连绵不断的志书编修为保护中华民族根脉，传承中华文明发挥了不可替代的作用。中国现存古志有8000余种，占现存古籍的十分之一。中华人民共和国成立以来，编修完成数万种省、市、县三级综合性行政区域志、部门志、行业志、专志等，编纂数万种地方综合年鉴、行业年鉴和专门年鉴等，整理出版数千种历代方志及相关研究成果，发表相当数量的方志理论与年鉴理论研究成果。这既是对我国国情、地情持续开展的大规模普遍调查，也是对各地自然与社会发展状况进行的综合研究，其成果构成了一座丰富的文化资源宝藏，为各级领导科学决策提供了重要参考，为推动经济社会发展和文化建设发挥了重要作用。

当前，中国特色社会主义进入新时代，全国地方志事业也进入新时代。如今的地方志事业围绕党和国家利益、经济社会发展，以人民为中心开拓创新，志、鉴、馆、史"四驾马车"并驾齐驱，志、鉴、馆、网、库、用、会、刊、研、史"十业并举"，加快实现在全国范围内全面推进地方志从一项工作向一项事业转型升级。在党中央、国务院的亲切关怀和各级地方志工作者的共同努力下，一批紧密结合社会发展需求、具有独特创造性的工作逐步开展，涵盖中国名镇志、中国名村志、中国名山志、中国名水志、中国名街志等"名志"系列文化工程是其中代表。作为首个"名志"系列文化工程的中国名镇志文化工程，启动于2015年，至今已是第三个年头。中国名镇志丛书在记述主体上，选择中国历史文化名镇、经济强镇、特色镇等在全国具有影响力和代表性的乡镇，旨在全面展示中国名镇的文化精髓；在内容题材选择上，重在突出不同名镇的“名”和“特”，力求集中体现不同名镇最精彩的部分，增强可读性；在志书编纂程序设置方面，志书申报、篇目设计、专家审读、专家组验收等流程环环相扣，紧密结合，力争把每一部志书都打造成精品佳志。

习近平总书记指出：“历史和现实都表明，一个抛弃了或者背叛了自己历史文化的民族，不仅不可能发展起来，而且很可能上演一场历史悲剧。”2018 年是改革开放 40 周年，40 年来中华大地发生了翻天覆地的变化，乡镇发生了极为深刻的改变，从粗茶淡饭到有机食品，从粗布衣裙到精美时装，从土屋平房到高楼大厦，人民生活水平大大提高，城乡差距不断缩小。然而，在感受辉煌成就的同时，我们也应该看到，许多精巧的古建、精湛的工艺、亲切的乡音、独特的乡俗也在快节奏的发展中与我们渐行渐远，曾经的家乡正逐渐变为记忆中的故园。

党的十九大报告提出乡村振兴战略，此后党中央、国务院又推出一系列重大举措。实施乡村振兴战略，必须全面加强乡村文化建设，培养乡村文化自信，培植文化之“根”，铸牢文化之“魂”。没有乡村文化的高度自信，没有乡村文化的繁荣发展，就难以实现乡村振兴的伟大使命。振兴乡村文化，既要塑形，更要铸魂，必须遵循乡村发展的客观规律，在发展中把文化的精髓保留下来，把乡土味道、乡村风貌的“魂”传承下去。在保留优秀乡村文化内核的基础上，用现代表现方式，把反映时代精神、先进理念的内容通过群众喜闻乐见的文化产品表达出来，才能够让乡土文化具有更强大的生命力。用创新性的模式书写乡镇志，传承和抢救乡土历史文化，激发爱国爱乡情怀，为探索中国特色新型城镇化发展经验、发展模式、发展道路提供历史智慧和现实借鉴，正是实施中国名镇志文化工程的目的和意义所在。

“月是故乡明”。中国人素有“家国情怀”，家乡的山水是最为美丽的，家乡的风俗是充满温暖的，一声亲切的乡音，一口熟悉的家乡菜，都能拨动游子的心弦，让其魂牵梦萦。中国名镇志丛书是一套全面梳理中国名镇历史人文，挖掘文化特色，突出“名”和“特”的镇志。它能让人民群众深刻感受到本土本乡自然的优美、历史的醇厚、人物的杰出、艺文的风雅等，有助于培养人民群众对家乡文化的自信，激发起人民群众浓烈的爱乡爱国情怀，助力国家新型城镇化建设和乡村振兴战略的实施。

是为序。

中国社会科学院院长
中国地方志指导小组组长　谢伏瞻

序二

连绵不断地编修地方志是我国特有的文化传统，为传承中华文明作出了巨大的贡献。在党中央、国务院的高度重视和支持下，这一古老的文化传统焕发勃勃生机，展现新的活力，成为保存、继承、发扬光大中华优秀传统文化的重要依托，培育和践行社会主义核心价值观的重要媒介，社会主义先进文化建设的重要组成部分，发展中国特色社会主义，增强道路自信、制度自信、理论自信的重要载体，在实现“两个一百年”奋斗目标和中华民族伟大复兴中国梦进程中具有不可替代的地位和作用。

事物总是在不断发展中前进。经过改革开放以来30余年的发展，中国特色地方志事业与传统的编修地方志已不可同日而语，形成了志（志书）、鉴（年鉴）、库（地情数据库）、馆（方志馆）、网（地情网站）、刊（期刊）、会（学会）、研（理论研究）、用（开发利用）等多业并举的新格局。截至2015年10月底，全国编纂完成首轮、二轮省、市、县志书8000多种，编修部门志、行业志、专业志、乡镇村志27000多种，编纂地方综合年鉴2300多种，累计整理旧志2500多种，还编纂出版了大量的地情书，字数以百亿计，形成以反映国情、地情为主要内容，全面系统、持续不断、卷帙浩繁的社会科学成果群。另外，还开通了27个省级网站、230个市级网站、816个县级网站；建成国家方志馆1个、省级方志馆16个、市级方志馆86个、县级方志馆近300个。这些成果，成为国家极为重要的文化资源，是国家文化软实力和公共文化服务体系的重要组成部分。

最近几年，地方志工作的触角在不断延伸，部门志、行业志、专业志、特色志、乡镇村志编纂方兴未艾，成为当前地方志事业发展新的增长点和亮点。特别是乡镇志，兴起了编纂热潮，从自发的民间行为逐渐过渡为政府组织的文化行为，有的省份以政府令形式将其纳入地方志编修范畴，像河南省还以省政府办公厅名义要求全省普修乡镇志。乡镇志并不是一个新生事物，据现有资料可考，宋代常棠所撰《澉水志》是现存最早的一部乡镇志。与省、市、县三级志书相比，乡镇志虽属小志，但意义却不小，特别是在当前国家全力推进新型城镇化建设的背景下，乡镇志的作用更显重要。

启动中国名镇志文化工程，是适应当前新型城镇化建设形势发展需要、地方志事业发展形势需要的重要举措，也是充分发挥地方志存史、资政、育人功能的重要手段。作为最基层行政组织的志书，镇志是最接近中国社会发展变迁的国情、地情记录文本，具有重要的历史文献价值。而作为充分反映本区域自然、政治、经济、文化和社会的历史与现状的资料性文献，镇志又能全面展示发展脉络，摸索发展经验，为探索中国乡镇未来发展方向提供借鉴和参考。当然，对于祖祖辈辈生于斯长于斯的中国人来说，故乡就是一个魂牵梦萦的地方，故乡的情怀终生难忘。留得住乡愁，记得住乡思，充分展示名镇文化魅力，激发爱乡、爱国情怀，正是中国名镇志文化工程题中应有之义。

是为序。

中国社会科学院原院长
中国地方志指导小组原组长 王伟光

序三

“国有史，邑有志”，中国自古就有注重编史修志的传统。按照我国目前地方志行政法规，国家各级地方志机构的法定职责是编纂省、市、县三级志书，并不包括县以下的乡镇志和村志。这种规定，一方面可能因为全国有数百万自然村落和数万乡镇，全部实行官修很难实现；另一方面可能因为我国历史上就有“皇权止于县”的说法，县以下的民间社会历来是一个以自治为主的领域。然而，改革开放几十年来，我国社会正在发生巨变，这种巨变在基层社会的乡镇、村落、家庭领域更为深刻。作为“乡之首，城之尾”的镇，逐渐被日益崛起的大都市淹没了光彩，村落在快速的城镇化过程中每天都在大量消失，农村家庭的小型化、空巢化趋势非常突出。在这种情况下，我一直在思考，如何留得住历史文化记忆和乡愁，如何把修志的工作向基层社会延伸？

中国人的“家国情怀”，是从“诚意、正心、修身”开始，到实现“齐家、治国、平天下”。所以从国家一统志，省、市、县三级志，到乡镇志、村志、家谱，也是一个完整的系统。

正是在这种背景下，我们决定启动中国名镇志文化工程。乡镇是无数中国人生命的底色和成长的摇篮。如何在城镇化进程中，留得住乡愁，记得住乡音，忘不了乡思，事关城镇化进程的人文关怀和文化保护，事关文化血脉的传承。同时，科学记录城镇化进程，反映城镇化成就，也为今后探索城镇化发展规律、积累经验提供了基本素材。作为全面系统记述一定行政区域的自然、政治、经济、文化和社会的资料性文献，志书是以上功能最好的载体。

我国目前有 4 万多个乡镇，全部修乡镇志还不具备条件。中国名镇志丛书选择的是传统文化名镇、历史军事重镇、革命历史名镇、民族特色名镇、特色经济名镇、旅游景观名镇等类型的乡镇，应该是最具代表性的，在中国乡镇文化传承和社会发展中具有标杆意义。

编纂中国名镇志丛书是对乡土历史文化的保护。随着城镇化进程加快，有不少乡镇被撤并，有些还是在历史上有重要意义的历史文化名镇、特色镇等。如不及时对其历史进行整理、记录，这些重要的历史资料将散佚殆尽。因此，中国名镇志丛书的编纂是对宝贵历史资料的抢救。

编纂中国名镇志丛书是对乡土意识的传承。什么东西有魅力？故乡的山水，乡音乡情的记忆，乡土的气息和家乡菜的味道，不管走到哪里，总是触动心弦。中国名镇志丛书记录的是家乡的山山水水，家乡的历史文化，家乡的风土人情，留住的是乡愁。这些最能激发远方游子和本地民众的爱乡情怀、爱国情怀。

编纂中国名镇志丛书是一种学术探索。镇志的编纂，实质也是一次深入的社会调查研究。“麻雀虽小五脏俱全”，相比省、市、县，乡镇第一手资料的获得需要付出更大的努力。我们也希望在志书编纂上有所创新，使中国名镇志丛书成为一套图文并茂、雅俗共赏的新型志书。

中国社会科学院原副院长
中国地方志指导小组原常务副组长

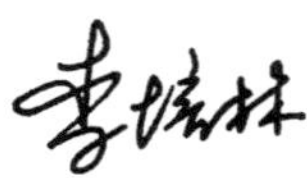

中国名镇志丛书编纂委员会

中国名镇志丛书编纂委员会办公室

云南省腾冲市和顺镇志编纂委员会

云南省腾冲市和顺镇志编辑部

统筹策划	廖宁昌	吴海龙			
顾　　问	王铁鹏	杨艳萍	刘正龙	刘文江	王国庆
主　　编	普亚增	徐静丽			
副 主 编	尹　磊	刘振东	李继东	曾金胜	
编　　辑	张文才	贾志伟	尹春晓	王文花	陈雨飞
	杨发熹	李栋生	卢　林	廖开林	吴　桐
编　　务	闫生武	赵建华	尚秋月		
审　　稿	刘正龙	刘硕勋	邵曰能	董　平	卞善斌
	马有樊				
图片资料	贾志伟	尹春晓	寸茂鸿	寸　宇	闫生武
	王宗元	寸云广	寸时惜	刘正凡	龚祖金
	段登刚	解宏伟	刘成宇	范南丹	张家强
	焦　强	张四云	王华沙	黄之瑜	王洪波
	王立权	段宏波			
终　　审	袁丽萍	赵　芳	方爱琴	张炳贵	

中国名镇志丛书凡例

一、以马克思列宁主义、毛泽东思想、邓小平理论、“三个代表”重要思想、科学发展观、习近平新时代中国特色社会主义思想为指导，坚持辩证唯物主义和历史唯物主义的立场、观点和方法，存真求实，全面、客观、系统记述中国名镇城镇化进程和改革开放成果，传承和抢救乡土历史文化，激发爱国爱乡情怀，留住乡愁，为探索中国特色新型城镇化建设、服务乡村振兴战略提供历史智慧和现实借鉴。

二、为全面反映入志事物发展脉络，各志上限追溯至事物发端，下限一般断至各镇志启动编修年份，个别重大事项可延至搁笔。详今明古，着重反映时代特色和地方特点，重点体现各镇的“名”与“特”。

三、记述地域范围以下限年份的行政辖区为主。为体现名镇在更大区域内的意义，可以从更开阔的区域视野记述与该镇相关的内容。

四、统一采用纲目体，设类目、分目、条目三个层次。横排门类，纵述史实，述而不论。

五、综合运用述、记、志、传、图、表、录等各种体裁，以志体为主。体裁运用适当创新，篇目设置不求面面俱到，一般意义上的乡镇级内容略去不载。

六、除引用文字和附录文献资料外，统一使用规范的现代语体文记述，行文力求朴实、严谨、简洁、流畅、优美，具有较强可读性。

七、人物部类遵循“生不立传”原则，人物传主按生年排序，只选录对本镇发展有重大影响的人物，不面面俱到。

八、各项数据一般采用国家统计部门数据。数据缺乏的，采用主管部门或主办单位正式提供的数据。

九、数字用法、标点符号、计量单位分别执行国家标准《出版物上数字用法》（GB/T 15835—2011）、《标点符号用法》（GB/T 15834—2011）、《国际单位制及其应用》（GB 3100—1993）和《有关量、单位、符号的一般原则》（GB 3101—1993）。历史上使用的计量单位，如斗、石、里、尺、磅、华氏度等，在引文时可照录。考虑到社会使用习惯，全书中亩不统一换算。

十、中华民国成立前的纪年，使用朝代年号纪年，括注公元年份；中华民国成立后的纪年，均使用公元纪年。志中所称“解放前（后）”，以该镇解放日为界；“新中国成立前（后）”，以中华人民共和国成立日 1949 年 10 月 1 日为界；“改革开放前（后）”，以 1978 年 12 月中共十一届三中全会召开为界。本志“××年代”，凡未加世纪者，均指 20 世纪。

十一、为节省篇幅，避免重复，本志采用条目互见法。参见条目的表示形式为：参见本志“××类目·××分目·××条目”。

十二、对旧志、古籍中的繁体字、冷僻字一般用简化字或通用字替换，易引起误解的则保留。

十三、记述各个历史时期的党派、机构、职务、地名等，均以当时的名称为准。对频繁使用的名称，首次用全称并括注简称，其后用简称。

十四、各镇志需要单独说明的事项，均在各自编纂始末中记述。

和顺镇在中国的位置

1：32 000 000

审图号：GS（2019）4425 号

和顺镇在云南省的位置

图　例

昆明	省级行政中心
保山	地级市行政中心
——	自治州行政中心
华宁	县级行政中心
	国界
	省级界
	地级市界
	名镇(乡)所在区域
	名镇(乡)

审图号：GS（2019）4425 号

1：5 790 000

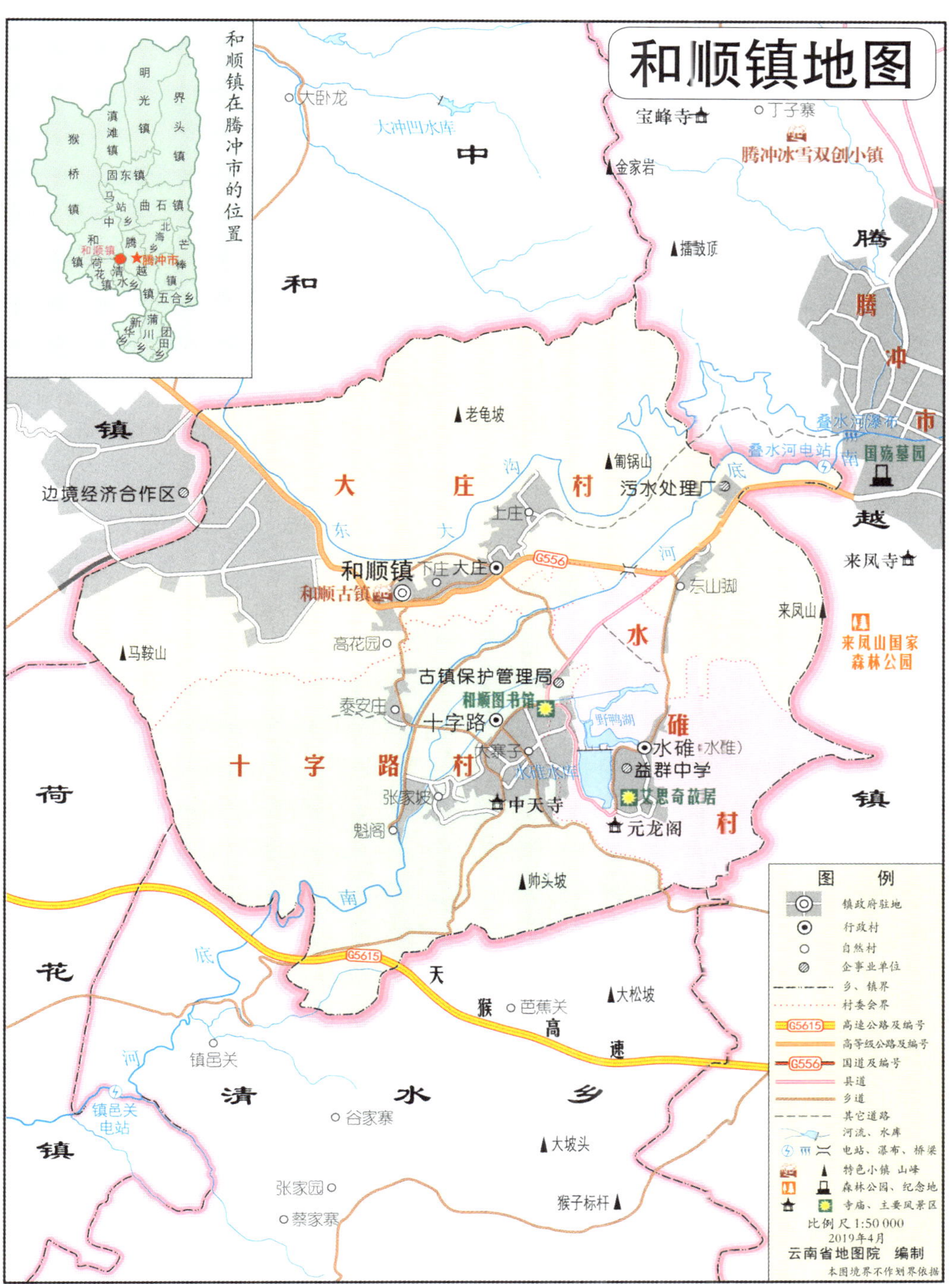

审图号：云S（2019）026号

鸟瞰和顺古镇（2006 年）

古镇之韵（2013 年）

和顺秋色（2013 年）

和谐和顺（2017 年）

和顺印象（2004 年）

和顺宗祠（2012 年）

洗衣亭（2013 年）

古镇一角（2012年）

目录

和顺和谐　天下和顺

和顺镇，位于中缅边境的云南省腾冲市西南部，距城区4千米，是南方丝绸之路上的商贸名镇、文化名镇和旅游名镇。和顺镇文化积淀深厚，自然风光秀美，古建星罗棋布，文脉盛传不衰，名士熠熠生辉，民风和邻处顺，以“边地侨乡、大雅古镇”闻名于世。这里有“在中国乡村文化界堪称第一”的乡村图书馆，这里是一代哲人故里、翡翠大王家乡，这里曾在中国魅力名镇评选中一举夺魁……

丝路侨乡

天与佳山水，五姓初结庐。缔造六百载，富庶有谁如？

——民国元老李根源

和顺的历史，既是一部屯边耕读史，又是一部丝路侨商史，更是一部家国奋斗史。作为丝路侨乡，它聚和古今中外史，顺应时代发展潮，历经戍边守土、对缅交流、和邻处顺的变迁，在岁月更迭中沉淀出和顺人“燮和天下，顺时而呼”的文化使命与担当。

和顺古名“阳温登（暾）”，明代晚期称“河上屯”，为军屯之所。清初称“河顺”，取“河顺乡，乡顺河，河往乡前过”之义；据史料记载，康熙年间（1662—1722）就出现过“和顺乡”之名。“和顺”，取自《易经》“和顺于道德，而理于义”，兼有“士和民顺”之意，和顺之名沿用至今。2018 年，全镇下辖 3 个行政村，8 个自然村；总人口为 7049 人；主体民族为汉族，少数民族有回族、白族、佤族、傣族等。

和顺周边的出土文物表明，至今 4000 多年前的新石器时代晚期，已有先民生活的足迹。至元末明初，为佤族和其他土著居民聚居的村落。汉民族批量入驻，在和顺开枝散叶，始于明洪武十五年（1382），寸、刘、李、尹、贾五姓始祖随蓝玉、沐英平定云南滇西之后，以军职留守腾冲，屯兵驻防，后发现了风光怡人的‘阳温暾村”，遂相约定居于此。此后，张、杨、钏、许、赵五姓接踵而来。

明洪武二十一年（1388）前后，和顺刘继宗因军事外交事务出使缅甸，并在“定边之战”中，砍象鼻而破敌象阵，立平乱之功。正统至景泰年间，阳温暾驻军先后征麓川，最后战事平息，中缅出现相对稳定局面。和顺先辈几经征战，累立战功，使边地进一步安定，有的白军入民，有的亦军亦民，在此守卫、耕种，根基渐厚，生齿日繁，使和顺成为人气旺盛的一大聚落。此间，从商务农者越来越多，中缅贸易随之发展，巨商大贾以及宫廷的太监、宝石采买官云集永昌、腾越，和顺华侨因熟悉缅甸的风土人情和语言文字成为对外贸易的媒介，作为高级翻译官（通事）任职于中国朝廷、缅甸宫室，成为中缅交流的文化使者。

明正统后期至明末，和顺渐次由军屯向农耕社会过渡，面临人多地少、衣食堪忧的严峻局面。“穷走夷方急走厂”，这里的“夷方”主要指现今的缅甸，“厂”指的是现今缅甸境内的宝石厂、玉石厂、银厂。很多和顺人走出八关九隘，远赴夷方异域谋求生存。自清朝末期至20世纪30年代末，随着腾冲对外贸易的发展，和顺“出国热”渐次升温，入缅贸易形成热潮，侨胞以八莫为起点，以曼德勒为中心，辐射全缅的各大商埠，从事不同类型的商业活动。“正泰号”“三成号”“福盛隆”“永茂和”等盛起，涌现出一批又一批闻名遐迩的跨国商号和商贾奇才。华侨在销售中国黄丝织品的同时，还向缅甸朋友传授纺织技术，修筑水利工程，促进其经济发展。另外，华侨与缅人互通婚姻者众多，出现“老缅奶”“老缅妈”“缅娘”等特殊称呼，形成“胞波”（同胞）、“瑞苗”（亲戚）的亲密和谐关系。

在丝路古道上经商有成的和顺侨胞，血脉里澎湃着以天下为己任的家国情怀。清光绪至民国初年，和顺内外的知识分子受中西先进思想、文化科学的教育和影响，在经受家国动荡的苦痛中，进取图报。从河口起义到永昌起义、广州黄花岗起义、辛亥革命，再到抗日战争、解放战争乃至抗美援朝，和顺人无不投身其中，不惧生死，出力出钱出人。其中华侨寸尊福还被孙中山誉为“华侨领袖，民族光辉”。1925年，改组的崇新会，也以“改良风俗为宗旨，改造本乡为己任”，破除迷信，提倡自由婚姻，提倡“天足运动”（天足即放足，是针对妇女的缠足而言）等。中华人民共和国成立以后，和顺旅缅华侨为促进中缅交往做出了不懈努力。1960年，国务院总理周恩来访问缅甸时，单独接见和顺侨领刘子仪，并将一个象征和平使者的象牙雕白鸽赠给刘子仪。改革开放以来，在缅甸的和顺侨领积极参与两国邦交协调服务工作，并为家乡建设慷慨解囊，对桑梓故里做出不可磨灭的贡献，为中缅邦交发挥了不可替代的桥梁纽带作用。

李根源诗赞和顺：“十人八九缅经商，握算持筹最擅长；富庶更能知礼仪，南州冠冕古名乡。”经过几百年的发展，走出去的和顺人越来越多，2018年，和顺侨居海外的有三万多人，分布在缅甸、印度、日本、美国等13个国家和地区。

古建经典

远山莽苍苍，近水何悠扬。万家坡陀下，绝胜小苏杭。

——民国元老李根源

和顺，是人与自然和谐共处的经典，也是历史留于当代的传世经典。在这里，人文景观与自然景观珠联璧合，相映生辉，呈现出一幅天人和谐的图画。

和顺坝子四周，有终年苍翠的群山环拱。东有来凤山，东南有黑龙山，西北有老龟坡，西南有马鞍山。这些山均为新生代火山，高低错落，形态各异，植被丰富，云雾缭绕，气象万千。和顺坝子原是一个火山堰塞湖，因水流切割，湖水外泻，形成了湖积平原。大盈江纵贯南北，穿越坝子而过，灌溉着这片丰腴的土地。两岸桃柳掩映，良田千亩，一年四季，回黄转绿。坝子之南，清澈的三合河环村流淌，古柳荷塘，相映成趣。

和顺的先辈别具慧眼，选中了这块风水宝地，作为世代宜居的家园。他们运用中国传统风水学原理，将每一个村落进行了长远规划，合理布局，精心设计。村前临河，村后靠山，随形就势，得自然之趣，隔而不断，蕴藏露之妙，处处体现出优雅的文化气息，以及以人为本、与邻为善的人文精神。

和顺古镇在时代发展中沉淀出“和璧隋珠，顺时随俗”的传世底蕴。在这里，“三坊一照壁”“四合五天井”“走马串角楼”，步步有故事。历经沧桑巨变的传统民居，记录先贤足迹的古建筑群，既有徽派建筑粉墙黛瓦的神韵，又有西方建筑、江南民居、南亚风格的经典元素，100 多所百年宅院、8 个宗祠、9 座寺观、9 座石桥、6 个洗衣亭、9 座牌坊、23 个月台，以及林边、路旁、名胜古迹中刻意保护下来的古树名木，一枝一叶都是历史的见证，堪称中国古代建筑的“活化石”。

进入和顺主体村落，两道火山石牌坊直入眼帘，于蓝天白云下更显气势恢宏。随之两座造型别致的“双虹桥”，跨河而建。一条环村的石板大道与河并行，向东、西两个方向延伸，将所有村落和村巷贯通串连。衔接环村主道的一条条村巷，顺坡而上，居民沿村巷两旁聚族而居。巷道和片区多以族姓命名，村巷与环村主道交汇处设有闾门或牌坊。闾门两侧镌刻具有教化作用的对联，门额嵌有题刻，散发着古朴、儒雅的传统韵味。闾门前方，每建有半月形的月台和风水照壁。月台有古树掩映，置有石栏、石桌、石凳，供村民乘凉休憩，观山赏月，谈天说地，这是最具汉文化特色、最为人性化的建筑设计。九大寺观，兼有儒、释、道，体现了和顺文化的多样性和包容性，其中，土主庙供奉俗神，为南诏文化本主崇拜现象。和顺民居依山就势，鳞次栉比，层出迭起，回廊转阁，粉墙黛瓦，无不显示出典雅神韵。

如此多的古建筑，形态各异，千变万化，却又彰显着“和谐和顺”独有的文化内核。无豪宅深院，多小康之家；儒、释、道三教内涵共存，中、西、南亚文化交融；民居群落顺山势而建，遵循“枕山、环水、面屏”之传统人居观念；建筑选址、布局充分考虑人与自然、人与社会、人与人之间的和谐，处处体现和顺人“天人合一，顺其自然”的文化习性。

纵观和顺景观，四围奇峰幽壑，一马平川阡陌，九曲潆回清流，参差千户人家，山水田园，独得天人之趣。正如季富政教授所说：“像和顺这样的农民聚居区内，除民居外，尚存大量礼制建筑、崇祀建筑、文化建筑、文教建筑及其他乡土建筑类型者，堪称当代聚落之罕见。”

人文圣地

地甲腾阳郡，人行阿瓦城。咸知商贾重，亦觉别离轻。

图史新开馆，温敦旧得名。富来施教易，日看进文明。

——云南名士王灿

和顺素有商儒并兼，文明开放之气象。六百年来，崇文尚教之风世代相传，人文蔚起。来自中原及江南各省的和顺人，特别是和顺先祖多是带兵的“武略将军”“随军参赞”“总旗官”，具有较高的文事武略素质，将中原文化带到和顺，并在这片土地上深深植根。中华文化的基因，流淌在一代代和顺人的血脉之中，成就了这一诗书礼仪之乡。走出国门的和顺人，不断引进西方的先进科学技术。外来文化和中华传统文化在这里碰撞交融，形成了以儒家文化为主体，复合型、开放型的侨乡文化。正是这种文化转型，养育了和顺人海纳百川，兼蓄包容，勇于革新，善于开拓，开明开放的人文精神。

和顺各姓先辈，重视宗族源流。明代起编纂的宗谱不仅凝集血脉，记录了各姓家族的源流、世代子孙名字、人口的变迁，而且从中还可以推考侨乡的历史、人文、人物，是研究华侨史、地方史的珍贵典籍。明、清以来，同乡会、宗亲会等组织比比皆是，合族祭祖，整修祠堂等与日俱增，敬祖、祭祖成为海内外和顺子孙的共同美德。

和顺人崇尚道德传家，方圆不满十里，居民不过千户的小镇，竟有八个保存完好的祠堂。和顺先人为了自励和教育后代，往往在廊厦的梁坊等处刻有家训家规和做人处世、修身治家一类格言文字。有功名和有贡献的人家，堂屋门、大门上方和两侧，均悬挂有各级官府和名人题赠的木刻匾、联，其内容鲜明地体现了主人的身份和传世家风。即便是民居，一般也在主房核心空间的家堂上面供奉天、地、君（国）、亲、师和历代宗祖、灶君、土地神牌位，让家人时时不忘对天地的敬畏，对国家的热爱，对祖宗的崇拜，对薪火的依恋。这种儒道结合的千古民俗，在中原地带特别是大城市几近消失，在边地和顺却世代相传。

在历史的积淀下，和顺的教育文化长盛不衰。明代，和顺就设帐教学，清雍正年间（1723—1735），设和顺义学。乾隆年间（1736—1795），和顺举人寸式玉设馆教学。光绪二十四年（1898），和顺侨领寸尊福创立腾冲最早的女校——和顺明德女子学堂。光绪三十一年，和顺举人张德洋创办清河义学堂。光绪三十四年，李景山等人创办高等小学堂。1919 年，大庄杨春增创办弘农国学专修馆。1928 年，李启慈创办和顺女子简易师范学校。1940 年，乡人、侨胞集资创办了著名的华侨中学——益群中学。在教学地点选址上，和顺宗祠发挥着特殊的作用，就是祠堂即学堂，八个宗祠都先后办学多年。中华人民共和国成立以来，和顺的教育迅速发展，不断完善。在办学过程中，得到在外华侨的大力支持。

除在乡内办学外，和顺人还在乡外支持教育事业。光绪三十一年（1905），和顺人寸辅清留日归国，创立永昌师范学校，开滇西新学之先声。1915 年，寸辅清任腾冲县立中学首任校长。李启慈创办县立女子国语讲习所，钏文瑞、钏文辉兄弟创办文辉女子中学，李生庄创办省立腾越边地简易师范。

在尊师重教之风熏染下，和顺人才济济。在明清科举时代，和顺考取功名者 400 多人，其中，举人 8 人，拔贡 3 人，秀才 403 人。废除科举后，和顺乡渐兴留洋之风，仅民国初年就有留日学生 12 人。儒风熏陶，西学渐染，文脉悠远，积厚流光。在和顺历史上，涌现出了诸多诗家学者、文化名人，他们的日记、诗文等成为珍贵文献。如清道光年间（1821—1850），旅缅华侨寸联升创作的长达800多行的歌体民谣《阳温暾小引》，被誉为乡人出国必读的生活教科书，具有弥足珍贵的历史文化价值。

清光绪至民国初期，和顺内外的知识分子受中西先进思想文化的影响，成立各种学社组织。先后有秀峰诗社、咸新社、莲花诗社、阅书报社、崇新会等团体出现，后以和顺图书馆为中心开展具有边地特色的文化活动，推进了和顺新文化运动的发展。此外，和顺人还积极参与同盟会、云南死绝会等组织，力主革故鼎新，投身于社会变革的洪流之中。

正由于和顺人重视和德厚邻，顺袭宗脉，加之异域跋涉的坎坷更使其深深明白故土振兴之基、家族荣耀之本，乃文化教育之重，所以，和顺的文化之盛、家风之固、文脉之厚，世所罕见，“上和下睦，顺天应人”的文化基因在一代代和顺人之间传承不衰。和顺人以可贵可嘉的文化自觉，努力建设和发展本土文化事业，在边地树立了一面文化旗帜。

哲人故里

党在理论战线上的忠诚战士。

——毛泽东

多元文化和融之地，新旧思潮顺承之中，和顺终成一代哲人故里。从和顺水碓社区的艾思奇故居，到村后山之麓的艾思奇墓，记录着一代哲人不平凡的人生印记，也闪耀着和顺“和而不同，怡然理顺”的哲学光辉。

原名李生萱的艾思奇，生于“一门四杰”的名门世家，其家学渊源与时代洪流，深深影响着他的成长，乃至哲学思想的形成。艾思奇从小目睹父亲李曰垓、叔叔李曰基、兄长李生庄投身革命的爱国举动，更熟读《资治通鉴》和先秦哲学著作。父亲常告诫他：“哲学是一切学术的概括，欲究事物之至理，宜读一些哲学书为宜。”“为文务使人人能读，妇孺皆知，要能起到启蒙作用。”这对艾思奇后来的哲学思想及传播产生了很大的影响。兄长李生庄曾在南京大学攻读西洋哲学，又师从章太炎学经史，常把一些新哲学和西方古典哲学著作寄给弟弟。这种浸润下，艾思奇思想开明，思维理性，他主动接触新思想、新哲学、新文化，还把这种进步思想和先进文化知识向校外传播。

1928 年济南惨案爆发，使在日本留学的艾思奇突然猛醒，毅然放弃工业救国理想，改用笔来唤醒沉睡的国民。他用“艾思奇”的笔名撰写《哲学讲话》一书出版发行，这一哲学著作擦亮了青年人的眼睛。受读者来信中“大众哲学家”的启示，艾思奇把书名改为《大众哲学》，在全国范围印刷出版。李公朴在为这本书写的编者序中说：“这本书是用最通俗的笔法，日常谈话的体裁，溶化专门的理论，使大众的读者不必费很大的气力就能够接受。这种写法，在目前出版界中还是仅有的贡献。”毛泽东倍加推崇《大众哲学》，调艾思奇到延安抗日军政大学、陕北公学、延安马列学院任教，同时兼任新华社副总编、延安《中国文化》主编。1949 年后，艾思奇随马列学校迁入北京，主讲哲学并任中共中央高级党校副校长，投身民主改革和哲学研究。他撰写的《辩证唯物主义　历史唯物主义》编入中学生教科书中，成为全国青年学习马克思主义哲学不可或缺的经典著作。

1966 年 3 月，艾思奇心脏病发逝世。毛泽东在悼词后亲笔加上了“党在理论战线上的忠诚战士”一语，对艾思奇一生贡献予以肯定。2010 年清明节，艾思奇的部分骨灰从北京八宝山革命公墓迎葬于和顺水碓社区后山之麓，一代哲人英灵魂归故里。

1980 年，艾思奇在和顺的故居被其家属无偿捐给国家，成为纪念艾思奇及其父兄的纪念馆。不少人参观后留下题词，“仁里哲思”“大众哲学归大众、人民学者为人民”“哲光四射、哲迪后人”“做人因思奇而真诚，哲学因大众而普通”……是对艾思奇的盛赞，也是对哲人故里的致敬。

魅力名镇

大地复回新气象，故乡原爱旧温暾。风淳俗美周公赠，士善民良陈宰旌。二水潆洄滋灌溉，千峰历落供蔬薪。闾阎栉比连云汉，缔造艰难六百春。

——旅缅归侨尹兆荣

作为魅力名镇，和顺以丰厚的内涵吸引着游人，写就了古镇复兴的华章，旅游繁荣的诗篇。旅缅归侨尹兆荣的诗，描绘出和顺人文历史、山水田园、天地人和的如画盛景，也寄托了浓浓的乡愁。一代代和顺人，在时代的潮流中，和衷共济，顺势而为，依托小镇独有的建筑之美、田园之美、古典之美、自然之美、内蕴之美、和谐之美，发展旅游产业，使这座边陲小镇焕发出“时和岁丰，顺风扬帆”的魅力，呈现出“惠风和畅，上勤下顺”的气象。

在腾冲历史上，和顺人首开旅游业先河。1921 年，旅缅回乡的寸绍春首建腾冲第一个私家公园——绍春公园，占地 200 多亩，亭台楼阁兼备，石桌石凳遍布，松竹花草丰茂，全年免费对外开放，一时引游人如潮。寸绍春晚年，将公园无偿捐赠给益群中学。

20 世纪 90 年代，和顺确立“旅游富民兴镇”思路，挖掘发展侨乡文化、历史文化、生态文化、建筑文化、马帮文化、翡翠文化、温泉文化等，发展会务会展、婚纱摄影、珠宝加工交易、观光农业、特色民宿、艺术家村落、传统工艺、腾冲餐饮、特色商业、影视文化、演绎表演等，经济实力显著增强。

2000 年年底，组建和顺侨乡旅游发展有限公司，进行产业运作，和顺旅游渐次升温。2003 年，引进云南柏联集团进行联营开发。2010 年，出台《云南省和顺古镇保护条例》，2011 年，成立和顺古镇保护管理局。通过多方合作与努力，在确保古村落、古建筑格局不改，风貌不变，原住民不搬迁的前提下，对和顺旅游进行合理规划，适当调整，修旧如旧，实现了新的发展与历史风貌协调并存。先后对水、电、路等基础设施进行了改造提升。扩修入村道路，整修村内道路，四线入地，安装自来水。维护、整修、修复洗衣亭、宗祠、寺观庙宇；重建被毁牌坊；新建和顺小巷、野鸭湖水域景观。扩建和顺图书馆，增建古籍善本藏珍楼。在艾思奇故居成立艾思奇纪念馆，在典型民居“弯楼子”建民居博物馆。先后建成滇缅抗战博物馆、大马帮博物馆、神马艺术馆、皮影艺术馆、根艺博物馆等。同时对村内外环境进行绿化美化。和顺旅游进入佳境，局面大开。

和顺旅游的成功运作模式，堪称乡村旅游的典范。旅游的发展，使全镇社会经济发展达到最好时期，圆满完成了和顺“十二五”规划的各项目标任务，全镇居民收入逐年递增。2018 年，接待游客 81 万人次，实现旅游总收入 1.22 亿元，农村常住居民人均可支配收入 12181 元。

占尽天时地利人和的和顺，是“看得见山，望得见水，记得住乡愁”的理想之地，是人们向往的“心灵故乡”。和顺的独特魅力，吸引了国内外越来越多的人走进和顺、关注和顺。和顺先后荣获了“全国环境优美镇”、“中国历史文化名镇”、“中国十佳古镇”、“全国首批美丽宜居示范小镇”、第三批“中国传统建筑文化旅游目的地”等称号；全镇 3 个社区均被列入中国传统村落保护名录。

2005 年，和顺以最高票数荣膺中国十大魅力名镇之首，中央电视台的颁奖词更是不吝赞美之词：“六百年历史孕育了极边古镇，三大板块文化交汇成丝路明珠。乡虽小，却有全国最大的乡村图书馆；人不多，还有大半留居世界各地。一代哲人故里，翡翠大王家乡。小桥流水有江南风情，火山温泉是亚热风光。更有月台深巷洗衣亭，粉墙黛瓦，稻浪白鸥，一派和谐顺畅……”

初春和顺（2009年）

基本镇情

和顺镇位于腾冲城西南 4 千米处，坐标为北纬 25° 01′ 17″ ~ 25° 01′ 22″，东经 98° 26′ 37″ ~ 98° 26′ 49″，东西最宽 4.1 千米，南北最长 4.45 千米，总面积 17.4 平方千米。和顺四周峰峦起伏，火山环抱，风景秀丽，气候宜人，古名“阳温登”，因小河绕村而过改名“河顺”，后名为“和顺”。明洪武年间（1358—1398），和顺先民从四川、南京、湖广等地至此屯垦戍边，生息繁衍，聚落有十个大姓氏，组成了近二十个民族的大家庭。六百多年来，经过无数代和顺人的艰苦创业，和顺经济取得了长足的发展，同时保存了相对完整的中原文化，造就了驰名世界的中国边陲华侨之乡、文化之乡——和顺名镇。

建置区划

地名由来 明成化二十年（1484）所立《尹忠墓志铭》记载："永乐己丑十二月二十六日，生公于河上邑。"这是见于文献关于和顺的最早记载，说明明代前期和中前期称为"河上邑"。

正德年间（1506—1521），和顺则称"阳温登"乡（见现存明正德腾越州阳温登乡创兴修水利述碑）。明代晚期称"河上屯"，首见于《徐霞客游记》。明崇祯十二年（1639），徐霞客游腾冲，叙述山川形势时，三次有感而发地提到和顺，跌水河"破峡西南去，经和尚（河上）屯"，"大盈江过河上屯合缅箐之水……"，"芭蕉关西通河上屯、缅箐之道"。《尹氏宗谱·始祖实录》中，描述了和顺沿小河、大盈江依山而居的优美画

侨乡风貌（2006年）

卷，故名“河上屯”。

清初称“河顺”，乡谚中有“河顺乡，乡顺河，河往乡前过”的描述，本意是称“顺河而居”。清康熙三十二年（1693），所立《鼎建中天寺常住碑记》云：“粤稽河顺一区，自朱明正统以来，其闾户殷繁，人文蔚起，而丰足盈宁，代不乏人。”后因民风淳朴、重教兴文、士和民顺，故定名“和顺”，沿用至今。康熙四十六年，腾越州知州吴玥题和顺孝子张宗仁门联有“孝溢腾阳郡，仁多和顺乡”。直至2018年，张宗仁的后裔仍将匾联悬挂于和顺寺脚的住宅门外。

鸟瞰和顺（2013年）

建置沿革　据考古发现，在新石器时代，和顺就有人类繁衍生息的遗迹。有居民用来做研磨工具的研臼棒，是新石器时代的先民所使用过的石斧和石锛，均采集于和顺坝子西侧的石头山东麓。这一区域，曾出土梯形实心红铜斧。在坝子西侧的火山熔岩洞穴景福洞和元龙阁北侧湖泊沉积的淤泥层，曾出土绳纹夹砂陶罐和陶器的残片。

在和顺黑龙山下帅头坡观音倒座一带及大庄附近，也曾有大理国、元代至明初的火葬墓群的分布，和顺有居民将火葬墓的地表物——墓冢石收存。可见，明代有史料记载之前，和顺就早有文明存在。

明代，实行军政统一的卫所军屯制。建文元年（1399），设腾冲守御千户所。正统十年（1445），升为腾冲军民指挥使司，和顺属其管辖。嘉靖二年（1523），军、政分设，腾冲设腾越州，和顺归为州辖。

清代沿称腾越州，雍正三年（1725），将河西和盏西部分地区划归腾冲，编为18练，和顺为近城四首练之一。至嘉庆二十五年（1820），改腾越州为腾越厅，和顺先后为州、厅管辖，属18练之一。

1913年，腾冲改设县，沿置18练，和顺仍是其中的一练。

1929年，实行省县两级制，腾冲县下辖5区、34乡、5镇、1251个自然村。第一区辖4乡1镇，和顺是其中的一乡。

1939年，腾冲县设5区、25乡、5镇，第一区辖4个乡，和顺是其中的一乡。民国《腾冲县志稿》载，和顺乡计分七单，村巷甚多，即东山脚、上村、大石巷、李家巷、尹家巷、贾家坝、寺脚、上庄、下庄、尹家坡、蕉溪村。

1944年，腾冲县辖4镇、22乡，和顺是其中的一乡。

1949年12月15日腾冲解放后，设立26个小区、2个直属村，和顺是小区之一。

1950年10月，腾冲县设10个区，区下设1个镇、2个乡、106个行政村。和顺乡归第一区（城保）管辖。

1952年3月，调整行政区划，腾冲县设10个区、184个乡（镇）。和顺乡属一区（城关）管辖。1953年7月，和顺从第一区划出，归入增设的城关区。

1955年年底，乡级进行调整，城关区改为城关镇（区级），和顺乡重归一区管辖。

1958年11月，腾冲县实行人民公社化。至年底，全县有11个人民公社，和顺属东方红公社。

1959年3月，全县调整为33个人民公社、191个管理区，和顺是其中的一个公社。1962年3月，全县调整为40个人民公社，和顺是其中之一。

1963年1月，腾冲县调整为14个区、3个直属公社，和顺为直属公社之一。

1964年，腾冲县调整为21个区（大公社）、192个小公社（大队）、6个街道办事处，和顺公社是21个大公社之一。和顺公社辖大庄、贾家坝、和顺、上村4个大队。

1984年11月15日，公社改区，大队改乡，实行区乡制。腾冲县设19区、1镇、1乡（区级），和顺为1乡，辖十字路、水碓、大庄3个办事处（即后来的行政村），有7个自然村，即和顺（李家巷、大石巷、尹家巷、十字街）、大庄、下庄、东山脚、张家坡、贾家坝、水碓。

2001年，和顺乡改为和顺镇。至2018年年底，建制无变化。

2018年，和顺镇辖水碓、十字路、大庄3个行政村，21个村民小组。

镇落布局 和顺镇主村落在坐南向北的帅头坡北麓，面对老龟坡，右邻来凤山，左邻马鞍山，地势高爽，眼界开阔。村前有发源于村东陷河、龙潭、酸水沟的“三合河”环绕而过，形成了“河顺乡、乡顺河、河往乡前过”的秀美景象。河外是平坝田畴，春天秧苗如茵，秋来稻谷金黄。坝中，有大盈江自东北而南横穿而过，一眼望去，“只见盈（银）水进，不见盈水出”。坝子四面青山环抱，东翔来凤，南腾黑龙，西架马鞍，北望擂鼓，完全按古代风水理论“枕山、环水、面屏”的要求布局。

民居建筑均依山势层级而上，聚落自东沿山麓蜿蜒向西，依次是水碓、尹家坡、赵家月台、寸家湾、大桥巷、李家巷、黄果树、大石巷、赵家巷、尹家巷、寺脚、贾家坝、张家坡等。主横向通道主要有三条，上通道从尹家坡至中心小学门口至中天寺至张家坡，街巷井然；中通道从寸家湾月台到李家巷头，过十字路，至寺脚；下通道自水碓沿寨脚蜿蜒至张家坡脚，是全镇最长的一条环村道路，路与其下的三合河平行，过去，路下不允许建住房，沿路整个村落到此为止。其纵向的村巷以大桥巷、李家巷、大石巷和尹家巷为主巷，其余近百条较短小的巷道或纵或横，分别与三巷道相接，形成聚落中的交通网络；各主次巷道均依山形自然弯曲起伏，全部用火山石铺筑，路面平整洁净，极大地方便了居民的生产生活。

和顺先民选址聚落与优化人居环境密切相关。和顺坝子不大，宜于开垦种植水稻的面积有限，要保证日益增加的人丁口粮，保护耕地就成为一件十分重要的事情。和顺先民将村落建在依山的坡地上，就可以不占水田。尽量节约民居用地，即使是官宦富豪，也极少居住深宅大院。所有的巷道都比较狭窄，属于“高墙窄巷”一类，从而节省出种植旱地作物的土地。村落依山而建，错落有序，可有效防止水患。

村庄社区

至2018年，和顺镇下辖3个行政村，即水碓、十字路、大庄；8个自然村，即上庄、下庄、东山脚、水碓、上村、大寨子、张家坡、石头山。

水碓社区 位于和顺镇东南部，东邻腾越镇，南邻清水乡，面对来凤山，背靠黑龙山。至2018年，水碓社区区域面积2.48平方千米，辖5个村民小组，有596户1778人。全社区耕地面积1880.06亩，林地面积1622.85亩。农村常住人口人均可支配收入12769元。

水碓社区一角（2018 年）

水碓社区是和顺古镇旅游景区的重心。辖区内有全国最大的乡村图书馆——和顺图书馆，一代哲人故里——艾思奇故居，三教合一的宗教场所——元龙阁，滇西著名侨校——益群中学，规模宏大的刘氏宗祠和李氏宗祠，还有水车、水碓、水磨、洗衣亭、湿地、水碓水库等。2012 年被列入全国第一批中国传统村落名录，2012 年获“云南省文明村”称号，2017 年获“全国文明村镇”称号。

十字路社区 位于和顺镇西南部，西邻荷花镇，南邻清水乡。至 2018 年，十字路社区区域面积 6.66 平方千米，辖 11 个村民小组，有农户 1002 户 3035 人。全社区耕地面积 3047.33 亩，林地面积 3782.25 亩。农村常住人口人均可支配收入 12332 元。

十字路辖区内有寸、尹、贾、张四大宗祠，弯楼子民居博物馆及众多古民居。以旅游服务业、农业、畜牧业、石材加工、藤编、土特产品加工为主。2015 年获“云南省文明村”称号。

大庄社区 位于和顺镇北部，老龟坡南麓，东部与腾越镇观音塘社区、凤山社区相接，西北部与中和镇东坪村、大村山水相连，西部与荷花镇明朗、雨伞两村隔山相望，南部与本镇水碓社区、十字路社区“划大盈江而治”。至2018年，大庄社区区域面积8.26平方千米，辖5个村民小组，有636户2236人。全社区耕地面积3594.12亩，林地面积4441.65亩。农村常住人口人均可支配收入11605元。

大庄社区经济来源以种植蔬菜、油菜、养殖、油料加工为主，旅游业在逐步发展。辖区内有钏氏宗祠、杨氏宗祠、金川月池、和顺图书馆大庄分馆。2017年，获“书香社区”称号。

十字路社区一角（2011年）

大庄社区一角（2012年）

自然地理

地理位置 和顺镇位于腾冲城西南 4 千米处，坐标为北纬 25° 01′ 17″ ~ 25° 01′ 22″，东经 98° 26′ 37″ ~ 98° 26′ 49″，东西最宽 4.1 千米，南北最长 4.45 千米，总面积 17.4 平方千米。东与腾越镇接壤，南连清水乡，西与荷花镇毗邻，北接中和镇。镇政府原址在文昌宫左侧，于 2006 年迁至大庄社区。

地质地貌 和顺镇坐落于一个群山环抱的小盆地之中，这种盆地，云南方言称作“坝子”。和顺境内最高海拔 2091 米，最低海拔 1490 米。

和顺位于北东向断裂—大盈江断裂、龙陵—瑞丽断裂带上，境内断裂发育、岩浆活动频繁。新生代新近纪上新世晚期发生大面积强烈断块抬升，产生裂隙式的岩浆喷发，造成熔岩台地，岩浆堵塞河流，形成和顺等湖盆。地质界最新研究成果表明，和顺坝子东面的来凤山和南面的黑龙山，是由新生代更新世早期喷发的火山熔岩堆积而成的，火山喷发的时间距今约 100 万年。坝子北面的老龟坡，是新生代更新世晚期的火山遗留，喷发时间距今约 3 万年。位于坝子西面的马鞍山，是第四纪全新世的火山遗留，为腾冲众多火山中最为年轻的火山之一，喷发时间距今约 7000 年。喷发时，大盈江从腾冲盆地流入和顺盆地的水被封堵，加上盆地中溢出地表的地下水，形成一个火山堰塞湖。在和顺盆地中的硅藻土，即是生存于湖泊中藻类植物堆积。盆地中以陷河头、酸水沟为中心地带的湿地，即是湖泊遗迹。

自马鞍山形成后，和顺坝子的火山进入了间歇期，地壳运动相对稳定，但至今这些火山仍未死去，只是处于休眠状态。震撼大地的火山运动，已经成为遥远的过去，涅槃后的四座火山，是和顺坝中充满灵性的景观，如今成为人们进行科考旅游的资源。

和顺地处横断山脉南端、高黎贡山山脉南段西侧较开阔的边缘地带。由于燕山运动期间地壳隆起，构成当今地貌骨架，呈北高南低、东西两侧高、中部较低且多宽谷盆地

火山与农田（2010 年）

的地貌大势，属腾冲中部火山熔岩台地，为 2 ～ 4 级台地，坡度较缓。

和顺境内有大盈江穿境而过，龙潭、酸水沟、陷河头的泉水年产量达 0.16 亿立方米左右，三处泉水汇成一条小河，沿着和顺主村落向西南流淌，形成一条全长 1.5 千米的环村河道，最后汇入大盈江。

气候 和顺接近北回归线的低纬度区，海拔在 1490 米以上，属亚热带高原山区气候，夏无酷暑，冬无严寒，四季如春，气候较温和，1951—2018 年，年平均气温 15℃ ～ 17℃，干燥度 0.46 ～ 0.55，年平均降雨量 1400 ～ 1600 毫米，年日照时数 2000 ～ 2200 小时，最多年 1962 年，为 2326.7 小时；最少年 1957 年，为 1955.8 小时。每年 12 月日照最多，有 250 小时左右；7 月最少，有 79 小时左右。全年分干湿两季，干季为每年 11 月到次年 4 月，雨季为每年 5 月到 10 月。

自然资源

水土资源　和顺坝子地质深层是坚硬、致密的花岗岩，无水渗透，形成隔水层。蜂巢状的火山岩，孔隙里能纳水，为含水层。富存于蜂巢状的安山玄武岩中的地下水，由于受下层花岗岩阻隔，沿着被错移的火山岩溢出地表，形成和顺盆地地下水源。位于坝子东南侧水碓村中的龙潭、坝子东边的酸水沟和陷河头以及坝子西南张家坡的河池，均

陷河湿地龙眼头地下水源（2015 年）

系溢出地表的地下水形成。和顺盆地的地下水，属重碳酸、偏硅酸的钙镁型水，含多种对人体健康有益的微量元素，特别是游离的二氧化碳，每升水中的含量高达3400毫克，被地质矿产部专家评定为“国内少见的优质矿泉水”。辖区内还有碳酸泉，位于和顺酸水沟，水温23℃，涌水量2升/秒，矿化度0.26克/升，酸碱度6，含氟量5毫克/升，可溶性二氧化硅91毫克/升。

和顺境内土壤属于火山灰和风化火山岩形成的土壤，为黄红壤，母岩为花岗岩、砂页岩、砾岩，少数发育在变质岩及河流冲洪积物上。表土层多为灰褐色，块状结构；心土层为黄棕色、黄红色轻壤土，棱块结构，因富含磷、钾及其他微量元素，土地肥沃，利于植物的生长。

植物资源 和顺镇山环水绕，四季如春，因此田园春暖，绿野阡陌，自然生态环境极佳。处处树木葱茏，四时鲜花不断。

镇内共有110株挂牌保护的古树名木，其中，100年以上的45株，100年以内65株。分级别为省级保护4株，即元龙阁大月台的云南樟1株、高山榕1株，树龄255年，魁阁的秃杉2株，树龄500余年；市县级保护43株，乡级保护27株，村级保护36株。古树群落3处，为张家坡秃杉林36株，张家坡云南樟7株，东山脚紫薇12株。

1995年2月，云南省林业厅、云南省林学会出版的《云南名木树》，魁阁的“双杉”、水碓龙潭的两棵“滇榆”被列入保护名录。“双杉”株高各为21米、19米，树龄逾500年，“滇榆”树龄约250年。20世纪80年代初，考察者测得“滇榆”株高均为34米，胸径各为166厘米、154厘米。滇榆果味甘甜、果肉如沙。

魁阁双杉（2015 年）

位于和顺张家坡的“千手观音”古树群也颇具特色，古树群由7棵拔地参天的百年古樟树相依而成。其中5棵古树沿着一直线而列，近观如绿色华盖，擎天巨伞；远望似千支手臂，舒展张开，与远处的魁星阁遥遥相望。

和顺处于南亚热带季风常绿阔叶林地带和中亚热带常绿阔叶林地带的交错地段，主要有暖性针叶林、常绿阔叶林、落叶阔叶林和灌丛。暖性针叶林代表林种为华山松林、云南松林、秃杉林、杉木林；常绿阔叶林代表林种为栎类林、樟类林、木荷林、香叶树林；落叶阔叶林代表林种为桤木林、西南桦林、喜树林、滇楸林；灌丛主要分布在石头山区域，代表种类有马缨花、刺花椒、悬钩子、三棵针、刺莓、龙胆草、紫茎泽兰、蒿、蕨类等灌木、藤本、草本植物。和顺镇树种主要有杉木、秃杉、云南松、华山松、西南桦、桤木、木荷、喜树、桉树、栎树、香柏、香樟、香叶树、红豆杉、银杏、紫薇、滇朴、滇楸、杜英、榕树、杨树、大叶柳、垂柳、樱花、桂花、茶树等。经济林果及其他类的树木主要有浙江红山茶、核桃、桃、李、梅、枇杷、杨梅、板栗、梨、木瓜、柿子、丁香、香椿、棕榈等。

2007年，和顺森林资源调查统计，和顺镇林地面积14485.5亩，特色经济林面积1434亩，林业用地按种类分为生态公益林地和商品林地，有生态公益林面积169.5亩，均为有林地，林种为特种用途林中的风景林；有商品林面积14316亩，其中有林地9286.5亩、灌木林地526.5亩、人工造林未成林地577.5亩、无立木林地138亩、宜林地3787.5亩。

元龙阁大月台的高山榕和云南樟（2011年）

古树名木挂牌保护（2014年）

此外，和顺镇还有种类繁多的花卉、草、药等植物。花卉种类包括山茶、玛瑙茶、白茶、杜鹃、紫薇、蔷薇、玉兰、木兰、栀子、粉团、月季、菊、春兰、美人蕉、凤仙、金银花。山林之间，河岸田园，长有各类杂草，装点着自然环境，如萍、藻、茅、紫草、夏枯、马鞭、凤尾、青蒿、菖蒲、益母、龙胆、车前。另有黄精、沙参、三七、黄连、柴胡、麦冬、大黄、菟丝子、五味子、覆盆子、何首乌、马兜铃、金银花、龙胆草、蒲公英、半夏等各种中草药。

和顺的竹子也品种繁多，如紫竹、苦竹、观音竹、实心竹、刺竹、荆竹、麻竹、油竹等。

动物资源　和顺有野猪、野兔、麂子、豪猪、狐狸、果子狸、野猫、松鼠、竹鼠、

湿地、白鹭（2013 年）

刺猬、穿山甲、变色龙、蛇、大鲵、小鲵、青蛙、蟾蜍等动物，坝子里有白鹭、鹧鸪、猫头鹰、乌雕、喜鹊、麻雀、雉、秧鸡、杜鹃、布谷鸟、啄木鸟、翠鸟、野鸭等鸟类成群结伴栖息或飞翔。随着聚落的繁荣和文明的进化，这些野生动物逐渐减少，有的已经绝迹。

1962 年，和顺依据国务院《关于积极保护和合理利用野生动物资源的指示》施行护、养、猎并举的狩猎方针，禁猎珍稀或特产鸟兽。自 1991 年 3 月起，封山禁猎，和顺林业站陆续开展“天保行动”“春雷行动”“绿盾行动”“飞鹰行动”“爱鸟周活动”“春绿行动”等行动，并对风景旅游区、集贸市场等交易场所和酒店、饭店、食馆等经营场所出售、贩卖、食用野生动物及其制品的违法行为进行有效打击，较好地保护了野生动物资源。

人口　民族

人口总量

明、清至民国时期，和顺人口增减受生产力水平、战乱等综合因素影响起伏不定，大部分时段出生率高、成活率低，自然增长缓慢。1939 年，和顺有 7 个保，66 个甲，765 户 7017 人，其中，男 3345 人、女 3672 人。1949 年 1 月，全县开展人口普查，和顺有 6 个保，72 个甲，743 户 6696 人，其中，男 3198 人、女 3498 人。2010 年，全国第六次人口普查，和顺有 1706 户 6560 人。2018 年，和顺有 2234 户 7049 人，其中，男 3400 人、女 3649 人，性别比为 93.2。

人口密度　和顺属坝区，人口密集，其中十字路社区人数较其他行政村人数稍多。2000 年 11 月，人口密度为每平方千米 332.99 人。2010 年 11 月，人口密度为每平方千米 377.01 人。2018 年，人口密度为每平方千米 405.11 人。

人口结构　据 1982 年人口普查资料显示，和顺公社大学人数 33 人，占 0.69%；高中人数 365 人，占 6.72%；初中人数 1357 人，占 24.98%；小学人数 2300 人，占

42.34%；文盲半文盲人数805人，占14.81%。2018年年底，和顺镇总人口7049人，其中，研究生学历4人；大学学历237人，占3.36%；大专学历261人，占3.7%；高中611人，占8.67%；初中2928人，占41.54%；小学1805人，占25.61%；学龄前儿童920人，占13.05%。

2010年11月，第六次全国人口普查，和顺镇60岁以上人口有1098人，占全镇总人口6560人的16.74%。2018年，和顺镇人口总数7049人，其中，0～17岁有1345人，18～34岁有1604人，35～59岁有2586人，60岁以上有1514人。

源流迁徙 和顺镇有寸、刘、李、尹、贾、张、杨、钏、许、赵十个大姓。寸、刘、李、尹、贾等五姓，原籍四川重庆府巴县，其五姓开创祖寸庆、刘继宗、李黑斯波、尹图功、贾受春等于明洪武十五年（1382）奉命随蓝玉、沐英征鹤庆、丽江、金齿而来到腾越。此后，驻军腾越，各姓族人均以军功得封。如刘继宗授总旗官，尹图功授指挥赠武略将军，寸庆领卫指挥职兼随军参赞，李黑斯波、贾受春亦授指挥。明初设镇守云南总兵官，沐英后人世袭此职。作为沐氏部下的和顺五姓祖人，也得袭官授田，卜居阳温暾村，自此世代留守边地。

此后又有张赵等五姓自外地迁来。郡人李根源诗："续来又五姓，张赵许钏杨。"即来自湖南的张姓，来自南京的赵姓、钏姓，分别来自湖南与江西的杨姓，来自河南的许姓。张、赵、钏、杨到腾越时间约在明洪武末年，许姓则是正统初年随王骥征麓川而来。成化前尚有曾、蒋、丘、番、文、冯诸姓。

民族结构 和顺最早的土著是佤族。腾冲荷花汪家寨、朗蒲一带的佤族，至今还说："我们的祖坟在和顺张家坡马头山。"和顺《张氏宗谱·小引》也有此类记载，证明此地原来确为佤族所居住。和顺现今的居民则以汉族为主，其祖先多为明代洪武以后来自四川、湖南、南京等地的汉族。

1964年6月，第二次全国人口普查，和顺总人口4662人，其中，回族49人、白族36人。1982年7月，第三次全国人口普查，和顺总人口5432人，其中，回族64人、白族62人。2018年年底，和顺有7049人，其中，汉族人口6561人，占总人口的93.08%。有回族、白族、傣族、傈僳族、佤族、阿昌族、彝族、哈尼族、壮族、苗族、拉祜族、纳西族、景颇族、德昂族、蒙古族、满族等少数民族，其中，回族116人、白族193人、傣族75人、佤族33人、彝族22人、纳西族10人、阿昌族9人。除回族、白族外，其他少数民族大多因婚嫁而落户和顺。

姓氏族谱（2018 年）

姓氏组成　明成化十六年（1480），副千户尹忠领衔，土主庙住持普应铸庙钟，钟壁具名，计有李姓 45 人，寸姓 30 人，刘姓 22 人，尹姓 18 人，张姓 6 人，杨姓 5 人，番姓、贾姓、丘姓、冯姓、赵姓、文姓各 2 人，钏姓、阮姓、王姓、口姓各 1 人，共有 16 姓 142 人。该大钟 1958 年毁于“大炼钢铁”，有拓片传世。该土主庙位于文昌宫左侧，民国《腾冲县志稿》引碑志称：“初立寨时，后山駁马坝有古木，时往祭之。嗣取其木以建庙，其材皆本山木。”

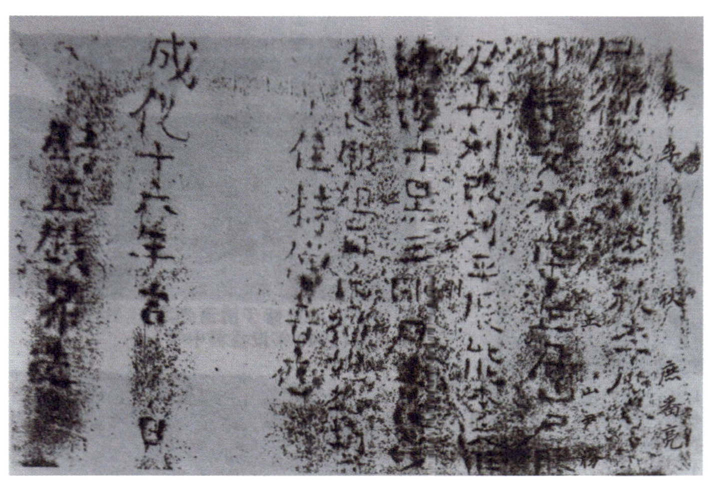

土主庙成化钟壁拓片（2018 年）

镇域经济

经济概况 清朝到民国，和顺经济的主体是华侨经济。和顺人通过赴缅甸等地创业打拼，谋求发展，和顺对外贸易规模不断扩大，水平不断提高，民国初期达到高峰。和顺华侨不断把外贸收益投入家乡生产建设，和顺的经济发展水平不断提高。

中华人民共和国成立后，和顺经济经历了计划经济和社会主义市场经济两个时期。计划经济时期，20 世纪 50 年代至 70 年代初，全镇以农林牧副生产发展为主。70 年代后期，全镇开始了农业、工业、商业发展新时期，随着改革开放的深入发展，对外商业贸易不断扩大，旅游业飞速发展，全镇经济飞跃增长。

种植业 600 多年前，和顺土著佤族在此聚居，生产工具落后，生产力水平较低，主要靠刀耕火种、打猎获取食物维持生活。直到明洪武年间（1368—1398），军屯戍边在此。由于运程较远，道路崎岖，军粮有限，为了生存和更好地保境安民，许多军士便与当地居民开垦荒地，扩大耕地面积，种植粮食作物来弥补军粮不足。他们把中原的先进生产工具、先进种植管理技术运用到生产、生活中，传播到当地的农民手中，和顺农业获得一定发展。

自 1949 年后，尤其是中共十一届三中全会以后，和顺的农业发展较快，通过克土掺砂增强土壤通透性、坡地改台地、治理大盈江、疏浚河道、升级农机具、改良农作物品种、提升栽培技术等，实现科技兴农，全乡人民生活有很大改善，归侨、侨眷逐步改变依靠侨汇生活的局面。至 1980 年，和顺粮食总产量达到 208.5 万千克、产烟草 2 万千克、石场收入 20 余万元；修建蓄水池 1 个，安装自来水总管，架水管 2 千米，自来水入户进大部分社员家；装置喷灌站 2 个、排水站 1 个；有汽车 1 辆、大中型拖拉机 9 台、手扶拖拉机 9 台、农副产品机械 49 台，实现农副产品加工和部分农活机械化。

20 世纪 90 年代以来，和顺全力推进农业转型发展。2018 年，实现农、林、牧、渔

耕作（2011 年）

业总产值 4380.8 万元，其中，农业产值 3301 万元，林业产值 508 万元，畜牧业产值 504 万元，渔业产值 67.8 万元。全年种植农作物 19882 亩，其中粮食作物 13320 亩。发展种植优质、高效、生态的莲子、草莓等特色农业 766 亩，实现产值 363.7 万元，发展藕田养鱼、稻田养鱼 300 亩，实现产值 24 万元；粮食总产 4740.9 吨，油菜籽总产 432 吨。退耕还林 185 亩，林木活立木总蓄积量 138130 立方米，林木年净生长量 9777 立方米，森林覆盖率为 74%。肉类总产量 287 吨；生猪存栏 356 头，出栏 1200 头；家禽出栏 84000 羽。兑付农业支持补贴 59.03 万元。全镇有耕地面积 8521.51 亩，人均耕地面积 1.2 亩，农田有效灌溉面积 4550 亩。

畜牧业　和顺由于特殊的地理位置，畜牧业以家庭养殖和自然放养为主。改革开放后，适应镇域生态环境保护需要，养殖业规模减小。

20 世纪 40 年代，和顺人寸少元在土锅铺李家园开办家禽养殖场，聘请专家担任技术员，规模养殖。张培荣在下庄进行家禽、家畜养殖。

1953 年农业合作化之后，和顺贯彻执行“公养私养并举”的方针。除少数“单干户”和照顾部分少数民族保留牲畜之外，大牲畜折价入社归集体所有，羊仍以私养为主。

1958 年人民公社成立后，全部大牲畜和羊折价为集体所有。

1958 年，县药材公司在和顺下庄建立养鹿场，养殖马鹿。

到20世纪60年代左右，随着生产力水平的不断提高和人民生活水平的改善，传统的品种已不能满足人们的养殖需要，开始寻求一些优良品种。1960年左右，引入保山大耳猪与本地小耳猪进行杂交，逐渐形成二元杂交后代，成为本地母猪主导猪种。引入的德宏水牛的适应性、耕役性较强，一直以来存栏数都比较稳定，1968年后基本保持在300头左右。

1970年，和顺开始进行动物防疫，由大队兽医协助区兽医站进行防疫，免疫病种有：气肿疽（黄牛）、牛出败（水牛），猪瘟、猪肺疫、鸡瘟、禽霍乱。

1980—1986年，先后引进陆川猪、荣昌猪、内江猪、新淮猪进行杂交改良，改良效果不佳。20世纪80年代中期以后，逐步推广配合饲料养殖技术，并积极引进外地鸡种。

1989年开始，引进巴克夏、杜洛克瘦肉型种公猪各一头，进行品种改良。但由于和顺大力发展旅游业，导致养殖业发展受到一定制约，生猪年底存栏量从1968年的4000多头，减少至2016年年底的596头。

1993年后，云南推广“八改”养猪技术，开始对农户进行猪舍改造指导和科学养猪培训，农户建起了卫生圈，逐步实现了人畜分离。

20世纪90年代以后，重视鸡瘟、鸡霍乱的免疫工作，多选购外地的脱温新品种鸡，养鸡业有了很好发展。联产承包责任制实施以后，大牲畜和羊又折价下放给农户饲养。以游牧饲养方式为主，饲养管理有个体、集体两种形式。

1995年，和顺乡兽医站在县兽医站统一部署下，开展口蹄疫双苗气雾免疫。1998年开始，实行以市场检疫为主的产地检疫，以后逐年加大了检疫力度。

2003年以后，由于和顺旅游业的发展，养殖业受到冲击，养殖户逐步减少。

2008年，全镇实施“春秋两季集中免疫向有计划的综合免疫”动物免疫工作，开始推行动物免疫“整村推进”；全面落实猪瘟、猪高致病性蓝耳病、口蹄疫、禽流感等重大动物疫病强制免疫工作。

2011年，遵照新的国家检疫报检程序，产地检疫变为申报检疫，市场检疫不再开展。强化落实猪瘟、猪高致病性蓝耳病、口蹄疫、禽流感等重大动物疫病强制免疫工作；积极推广“一猪三针”免疫注射。2013年，全面推行生猪“321”免疫注射（猪瘟、猪蓝耳病、口蹄疫三种疫苗两个部位一次注射）。每年春秋两季进行普遍防疫，每月又进行一次动态补针。

2018年年底，全镇生猪存栏356头、大牲畜存栏129头，兰存栏293只，家禽存栏2.2万羽，禽蛋产量146吨；生猪出栏1200头，肉牛出栏80头，羊出栏120只，家禽出栏8.4万羽。2018年，实现畜牧业总产值504万元。

旅游业 21世纪初，和顺旅游业起步发展，和顺以“中国侨乡”独特的魅力，吸引着全国各地的人到和顺旅游或从事商业活动。

2007年，和顺有民居旅馆30户。2012年，全镇有民居旅馆200多户、床位达2500多个，民居餐馆达60多户，古镇接待能力和服务水平得到较大提高，年接待游客50万人次，实现旅游总收入8500万元。2014年，和顺旅游从业人员达2900人，实现旅游净收入3000多万元，旅游收入占居民人均纯收入的70%。

2018年，全镇有民居餐馆157户、客栈旅馆384户、商铺283户，5000多个床位，接待游客81万人次，实现旅游总收入1.22亿元。旅游经济蓬勃、快速、健康发展。

乡镇企业 1949年后，和顺先后开办缝纫社、食品厂、养猪场、碾米加工厂、卷烟

古镇花海引游人（2015年）

和顺寸师傅食品有限公司车间（2018 年）

厂、藤编、运输队、小型水电站、基建队等乡办小型企业。和顺缝纫社刺绣组的刺绣作品和马兴朝的藤编作品曾到北京参加工艺美术作品展览。

改革开放以后，全镇企业经济蓬勃发展。20 世纪 80 年代，有建筑、粉丝、米线加工、农机修理、铁厂、碾米、磨面、榨油、食馆、砖瓦、啤酒、海绵、藤器等企业；藤器生产飞跃发展，年产藤器 12 万件，产量和质量均居全县首位。1984 年，全乡有乡社办企业 19 个，从业人员 500 人，占总劳动力的 25.5%，产值较高的是建筑队和综合厂，综合厂年产粉丝 5 万多千克。20 世纪 90 年代初，乡社办企业逐步解体或转为私人经营。2000 年年底，腾冲县旅游局与和顺乡政府联合发起组建腾冲县和顺侨乡旅游发展有限责任公司，2003 年，公司被云南柏联集团兼并。

社会事业

医疗卫生

乡村医生　明清时期，和顺的医疗主要靠中医，也有从缅甸引进的药物和医术，各种规模的医馆和药房与民居混杂其间。和顺先后开设了刘启信的“芝隐堂”、张溶的

"春和堂"、赵书生的"赵氏药室"等中医药堂。

清朝末年，不少和顺人开始海外留学，学习国外的西医技术。民国初年，华侨李祖昌在和顺创立昌明工艺社，专营配治成药。张沄的群益制药厂虽开在缅甸，但配治的六神丸、镇惊丸等成为和顺人安神的良药。1926年12月，日本留学归来的张德辉在县城开设腾冲第一所西医医院——东方医院，并开办医护培训班，此后，其毕生致力于妇幼卫生和新法接生，在腾冲行医50年，医治了无数沉疴圣症。

1934年，尹大典携全家从缅甸回乡，购得曼德勒英华医院全部药械，至1936年在和顺成立诊所行医，为军民效力，并积极参与防治腾冲鼠疫，使危害大减。

1949年前，和顺有药店6铺，医生6人。

医疗机构 1958年，取消私人诊所，成立和顺联合诊所，后称公社医院，尹大典、余学仙先后任院长。1969年10月，和顺镇卫生院（时称和顺公社卫生所），在原属于周莲果家的二大队私家住宅上建成，创建基金5500元，用于购买药品及诊疗用品，仅开办门诊。至1972年，县卫生局拨专款5000元，在水碓村建盖新的和顺镇卫生院。1980年，公社卫生所有医生7人，各大队设合作医疗室，有医务人员17人。

2007—2012年，全镇完成了三个社区卫生所的选址新建工程，乡村卫生网络逐步健全，疾病预防控制体系日益完善，重大传染病防治成效明显，中医药事业稳步发展。新农合、城镇医保工作有序开展。2016年5月，在水碓村上二社75号修建的和顺镇卫生院投入使用（另一个位于和顺工业园区）。医院主附建筑面积约1000平方米，钢混结

和顺镇卫生院（2018年）

构二层，外观做古镇风貌修饰，主辅工程总投资 300 余万元。卫生院辖 3 个村卫生所，服务半径约 7 千米，医疗服务覆盖人群约 1.2 万人。2018 年卫生院职工总数 23 人，其中，在编在职 19 人，临时工 4 人。卫生院编制床位 9 张，现有实际住院病床 11 张，观察床 14 张。固定资产 475 万余元，承担着全镇的基本医疗、公共卫生、医保、新农合、乡村一体化管理等医疗卫生工作。

建立健康档案　截至 2018 年，完成居民健康规范电子化档案 6786 人份，建档率 96%；完成 0 ~ 6 岁儿童健康管理 526 人，管理率 95%；孕产妇健康管理 130 人，其中高危 34 人，管理率 100%。婚检、出生缺陷、新生儿疾病筛查三项工作均不是定点医疗，故未开展。65 岁以上老年人有 1091 人，全面开展体检工作共体检 731 人，管理率 67%，对行动不便者采取上门服务。完成高血压患者规范管理 856 人，管理率 100%，完成糖尿病患者规范管理 239 人，管理率 100%，全镇排查出重性精神病 55 人，管理率 100%。儿童预防接种证建证率 100%，纳入国家免疫规划疫苗适龄儿童接种率达 98% 以上，开展家庭医生签约服务工作，全镇总人口 7049 人，签约 1056 人次。

医保与新农合建设　2007 年以来，云南柏联和顺旅游文化发展有限公司无偿为和顺镇农业户口居民缴纳新型农村合作医疗个人承担部分基金，大大缓解了群众看病难的问题。2007—2012 年，新农合参合率均为 100%，共减免门诊和住院患者 93620 人次，补偿金额 222.99 万元。2018 年，镇新农合应参合数 6048 人，实参合数 6048 人，参合率 100%，自筹新农合资金 108.86 万元，共减免门诊患者 32804 人次，补偿金额 69.28 万元，住院患者 56 人，减免费用 18.64 万元。

文化繁荣

文化发展　清末，寸亮卿发起成立“颇极一时之盛”的“秀峰诗社”；民国时，寸品升等发起成立“莲花诗社”。此后，随进步思潮的不断涌现，咸新社、阅书报社、崇新会等团体相继成立，后以图书馆为中心开展具有边地特色的文化活动，举办集邮展览，开展洞经、滇戏、花灯、话剧等演出，推进了和顺新文化运动的发展。1936 年，崇新会创办《和顺乡》乡刊。

中华人民共和国成立后，和顺的文化事业蓬勃发展，民间文艺得以传承，各类公益演出、广场舞大赛等人民喜闻乐见的文化活动欣欣向荣。

从 20 世纪 80 年代开始，和顺进一步加强文化教育振兴工作，“艾思奇纪念馆”开馆，和顺图书馆“中华再造善本藏书楼”落成。2009 年 4 月，中共中央宣传部领导到腾

书法家罗杨主讲的和顺讲堂（2018 年）

和顺文化站全景（2018 年）

冲视察，对和顺图书馆赞赏有加，尤为侨胞及乡人创建斯馆之远见卓识而惊叹，以中宣部名义慨赠《中华再造善本》一套，其中包括经部 1629 册，史部 3172 册，子部 1760 册，集部 2590 册，丛部 60 册，共 789 种，9211 册，价值 336 万余元。

2017 年，组织开办“和顺讲堂”，邀请国内知名专家学者到和顺现场授课，丰富群众精神文化生活，截至 2018 年年底，共举办 6 期。

至 2018 年，申报了舞狮、洞经古乐、滇戏、《阳温暾小引》说唱、传统民间刺绣等非物质文化遗产项目和传承人，并录入县级名录；实现数字电视全覆盖。舞龙舞狮、洞经表演、送春联、“欢欢喜喜过大年”等传统民间文艺活动在各节庆时节均有开展。

和顺文化站　1984 年 11 月，和顺乡文化站成立；2001 年 10 月，更名为和顺镇文化站；2003 年 11 月，改称和顺镇文化广播电视站。

2009 年，和顺镇文化站建设被列入中央转移支付建设项目和云南省兴边富民工程建设项目建设点。9 月开始，在大庄村下庄自然村、镇政府左侧，新建综合文化站，总投资 80 余万元。新建文化站占地 1700 平方米、主体工程为框架局部二层、建筑面积 375 平方米。配备书刊阅览室、电子阅览室、多功能活动厅、培训教室，含办公、保管、卫生、值班室的综合用房等功能室。2011 年 2 月竣工投入使用。

2012 年 2 月，镇党校与文化站合并为和顺镇文化广播电视服务中心，免费开放借阅室、电子阅览室、镇情展室、运动场等场所，提供报刊阅览、图书借阅、篮球、乒乓球、共享工程电子阅览、培训、文艺排练等功能服务。

大庄社区农家书屋（2017 年）

和顺文化站内图书阅览室（2018 年）

2012 年 12 月，为进一步挖掘、整理、传承和保护丰富的和顺文化，成立了和顺文化研究会。

2015 年 10 月，腾冲撤县改市，腾冲县和顺镇文化广播电视服务中心更名为腾冲市和顺镇文化广播电视服务中心，并下设腾冲市和顺镇综合文化站。

2016 年 5 月，硬化活动场地 680 平方米，文化站基础设施进一步完善。其后至 2018 年，文化站没有大规模的设施建设。

文化活动室 1997 年 7 月，大庄村委会、老年协会、和顺图书馆和文化站组建了大庄文化室。2008 年 8 月 24 日，“和顺图书馆上庄分馆”在大庄钏氏宗祠正式开馆。2010 年，相继建成水碓社区农家书屋、大庄社区农家书屋、十字路社区农家书屋。每个农家书屋拥有图书平均在 4000 册以上，书籍种类涉及农业、科普、法律法规、文艺等。三个社区各配备 1 名文化干事作为文化管理员，确保文化活动室环境整洁，管理规范。整合农家书屋、党员远程教育、文化信息资源共享工程和体育活动场所，形成功能较为完备的村级文体活动场所，文化活动场所面积均达 200 平方米以上。

体育活动

学校体育 1948 年，益群中学老师陈茂耘带领学生成立了第一支女子篮球队。

1964 年，腾冲县第一届中学生运动会，益群中学足球队获第一名。

2018 年，益群中学有 200 米跑道运动场一个；和顺中心小学、柏联希望小学各有非标准跑道运动场 1 个。

群众体育 20 世纪 30 年代，和顺成立崇新足球队，活动场地在駇马坝。1941 年，成立崇实（TS）篮球队，开辟有 TS 篮球场，存在到 20 世纪 40 年代末。

益群中学足球场（2019 年）

滇缅抗战博物馆前小河边有门球场 1 个，地掷球场 1 个。和顺老年协会利用场地开展门球、地掷球等体育活动，同时利用文昌宫、元龙阁大月台、尹氏宗祠等活动场地开展太极拳、太极剑、舞龙、舞狮、文艺表演等形式多样的文娱体育活动。

2008—2018 年，先后在上庄、东山脚、下庄、泰安庄、下庄蜡油坡、贾家坝、李家巷、上庄安装健身路径 8 处。

社会保障 2007—2012 年，累计发放各类农民直接补贴 700 多万元，多渠道解决农村剩余劳动力。共输出劳务人员 4500 人次，实现劳务收入 6750 万元。成立了莲藕、油菜、干腌菜三个专业合作社。入社社员 1200 多户，带动就业 5000 多人次，增加农民收入 5000 多万元。2010 年 5 月，“柏联和顺养老保障金”设立，公司每年向符合条件的和顺居民发放养老金。

2018 年，持续实施柏联和顺养老保障和幼儿教育保障制度，全年兑付柏联和顺养老保障金 83.68 万元、幼儿教育保障金 25 万元。发放城市低保资金 10.36 万元、农村低保资金 23.5 万元、农村医疗救助专项资金 6.87 万元、临时救助资金 6.04 万元、高龄老人补助 13.49 万元；为全镇农民实施民房保险，入保率 100%；残疾儿童入学率 100%，发放残疾人各项补助资金 56740 元；发放优抚对象补助专项资金 43.9 万元。2018 年，新型农村社会养老保险参保人数 1877 人，参保资金 31.08 万元。

基础设施

水利工程

沟渠塘坝　至2018年，和顺镇有老西沟、跃进闸东沟、跃进闸西沟、大沙沟4条0.3立方米/秒以上的沟渠，有碾房沟、酸水沟、中沟、小沙沟4条0.3立方米/秒以下的沟渠；有小（2）型水库水碓水库一座，有中型闸（跃进闸）一道；有大寨子人饮和上庄人饮工程2件；有龙潭、酸水沟池塘、金川月池、游泳池4个小塘坝；有斗沟及田间沟道86条，形成纵横交错的引水网，为和顺的生产生活提供便利。

人畜饮水　1979年之前，和顺的人畜饮水全部是到沟、河、井、塘里人工挑回家用。1979年，本着“民办公助”的原则建成了和顺二、三、四大队人畜饮水工程，修筑千方池、寺脚、贾家坝、张家坡4个水池蓄水4344立方米。架设水泥管2.7千米，钢管6.923千米，受益人口3319人、大牲畜239头。1983年，完成大庄自来水的建设工程。1995年，水碓自然村用上自来水后，全镇自来水普及率达100%，在腾冲是最早的一个镇。2004年，完成引水管道的改造，全部用热镀国标钢管。2006年完成千方池的盖板。2006—2007年，和顺镇古镇管网入地（四线入地），兼顾消防栓口。2012年，对张家坡、石头山片区的人畜饮水管道及消防设施进行提升改造。2014年，建400立方米蓄水池2个，安装钢管6.767千米。大寨子人畜饮水工程有蓄水池7个，抽水机6台，装机156千瓦，管网29.76千米，消防栓235个，以水箐头和元龙阁龙潭作为取水水源，供水1327户，7796人（含外来人口）。面对古镇的快速发展，基本能满足需求，供水保证率99.05%。

引水蓄水　通过引水灌溉和顺农田的有始建于解放前的老西沟、碾房沟、酸水沟，1971年和1973年先后兴修的跃进闸东沟、西沟。1995年开始陆续完成对沟渠的三面支砌。2001年12月20日水碓水库竣工，主要引蓄龙潭水，总库容37.5万立方米，水库坝址高程1593.8米，坝顶高程1564.5米，正常蓄水位1545.7米，为小（2）型水库，坝

跃进闸（2016 年）

型为硬壳土坝，建成后灌溉水碓上、中、下三片田。2012 年，对水碓水库进行除险加固，2018 年进行了清淤治理。酸水沟池塘、龙潭、游泳池、金川月池 4 个小塘坝总蓄水量为 36 万立方米，20 世纪曾为农业灌溉提供过水源，现已成为水利景观。

河道治理 明正德以来，和顺的河道治理从不间断，最早使用淘河、加固堤坝、种植柳树等方式保护河堤。1997 年以来，和顺镇高度重视河道治理，分段、分期对大盈江和顺段及和顺小河进行治理，其中，大盈江和顺段双边 3.82 千米，和顺小河治理 2.82 千米。2008 年对和顺大庄桥至三官殿大桥进行防洪治理，2010 年继续对大庄桥至柳树湾段进行防洪治理，砌筑齿墙 7 道，有效消除了洪灾隐患，河道排水畅通，保护了全镇 4000 多亩农田免受洪涝灾害，对公路、桥梁起到了保护作用，人民生命财产得到安全保护。先后实施和顺大沟干支渠防渗工程项目、东大沟防渗工程、湿地污水处理池建设、人工湖除险加固改造工程，实现了农田水利灌溉全覆盖，创造了和顺水利工程建设新跨越。

2017—2018 年，投资 6700 万元实施和顺水生态修复治理工程。项目主要包括：截污工程、水碓水库治理（128 亩）、河道清淤工程、陷河湿地修复治理（726 亩）、污水处理厂建设等 5 个分项工程。全镇辖区水体得到进一步净化，水质得到进一步提升。

能源电力

20 世纪 90 年代以来，和顺开始进行以节柴改灶、沼气池、太阳能为主的农村能源建设，给予农户一定的建设资金补助。至 2018 年，和顺居民普遍接受了新的能源使用方式。

节柴改灶 2003—2013 年，完成节柴改灶 78 户，补助资金 7800 元；补助安装太阳能 77 户，其中，水碓社区 22 户 24 平方米，补助资金 1200 元，大庄社区 42 户 45 平方米，补助资金 2250 元，十字路社区 13 户 30 平方米，补助资金 1500 元。

沼气池建设 2005—2013 年，和顺镇共完成沼气池建设 37 口，补助资金 43000 元。其中，大庄社区建设 28 口，补助资金 31750 元；十字路社区建设 6 口，补助资金 6750 元；水碓社区建设 3 口，补助资金 4500 元。

设备改造 2007 年，和顺镇实施管网改造工程，实施电力、电信、电视、给排水管四线入地，总线路长 29228.5 米。安装五台箱式变压器（840 千伏安）。同时实施了高位水池、变压器室、变压器及配电屏等安装工程。

亮化工程 2017 年，实施水碓传统村落亮化工程，安装单盏路灯 157 盏，安装单盏仿古煤油壁灯 415 盏，安装控制柜 6 个。

古镇夜景（2017 年）

道路交通

道路建设 作为古代西南丝路重镇，和顺古道通达，改革开放以来，不断加大道路建设投入。1986 年 12 月，由华侨和本镇居民集资，政府拨款，修建从游泳池旁至小山脚的“侨光路”。2007—2012 年，实施和顺路、兴地睦边项目、古镇环村道路、庄桥路、高花园路等建设，完成田间道路建设 8 条，总长 9147 米。全镇主路硬化率达 98%，岔路硬化率达 92%，形成了三纵三横的旅游环线格局。2012—2018 年，累计投入资金 3.3 亿元，新建和改建道路 22 条，总长 16 千米。积极配合做好腾梁路建设工作，全镇主路硬化率达 100%，岔路硬化率达 98%。

古驿道 和顺境内古驿道主要有金银堆至镇夷关、财神殿到土锅铺、双虹桥过大庄到中和三条。

镇域公路 2018 年年底，和顺镇域内有城市公路 2 条，共 6.8 千米，即腾梁路 5.5 千米、侨光路 1.3 千米；有乡道、村道 11 条，共 17.7 千米。其中，主要有和顺马鹿园—十字路村 2.3 千米，东山脚—元龙阁 2.6 千米，庄桥—魁阁 2.2 千米，窑厂大门—镇邑关 2.4 千米，尹家巷脚—芭蕉关 1.4 千米，大庄村委会—叠水河 3 千米；其余均为几百米的路段。

古建民居（2017年）

著名侨乡

“穷走夷方急走厂”，是当年和顺人的真实写照。在历史的风雨岁月里，一批又一批和顺人，为谋生存，寻梦远方。他们走出群山的围困，进缅甸，下南洋，闯荡天下。他们勇于开拓，奋力拼搏，经商创业，抱财归家。很多和顺人成为商界翘楚、侨领名流，他们心怀故国，情系桑梓，有着深厚的家国情怀，在促进国家交往，引进先进科学技术，传播新思想、新文化，支持国内革命，支援抗战及捐资家乡各项公益事业方面，做出了不可磨灭的贡献。对外商贸的发展使世代农耕的和顺进入一个辉煌的繁荣时期，成为云南著名的侨乡。2018 年，侨居海外的和顺人有 3 万之多，分布在缅甸、美国、英国等 13 个国家和地区。和顺华侨以缅甸居多，他们与缅甸人民和睦相处，融入了当地经济社会的发展，建立了深厚的胞波情谊，在促进中缅国际贸易和增进两国关系方面发挥着积极的作用。同时，他们积极从事爱国活动，支持祖国的发展，支援家乡公益事业，谱写了中国侨乡的不朽篇章。

走出国门

明清交往使者　明、清时期，中缅战事不断，最后以“朝贡体制”维系两国关系。在中缅交往过程中，需要专门的“通事”来沟通两国的关系，有部分明、清时期出国的和顺人就专司此职。他们既通国学，也晓缅甸语言文字，有的任职于中国朝廷，有的受聘于缅甸王室，对中缅两国的贸易往来做出了贡献，既促进了两国关系，也在文化交流等方面起到了桥梁作用。

明代，随着海外贸易日趋兴旺及与东南亚各国交往的频繁，于洪武四年（1371）设“鸿胪寺”，专司礼宾仪式职责。永乐五年（1407）再设“四夷馆”，共有8馆，其中便有“缅甸馆”，四夷馆职能为培养国家间迎来送往和进行文牍往来的语言、文字的翻译。清代以来，仍保存有四夷馆和鸿胪寺的建制。在四夷馆及鸿胪寺担任教习、序班职务的，历代都有旅缅华侨。受明朝宫廷招聘传译的、精通中缅语言文字的和顺缅甸华侨有寸文斌、寸玉、寸惜阴、寸肤养、寸应官、寸登云、寸秉东、贾武、刘国献等。清代，

清朝光绪二十一年（1895），尹蓉（左三）、毛应德（左一）、寸开泰（左二）在曼德勒云南会馆的合影

19 世纪 90 年代华侨在缅甸开办的制鞋店

有尹学才、尹士楷、尹士汾、李枝荣、李兆安等人。其中，尤以寸玉任职时间最长，功绩最为卓著。明末清初之际，清军挥师南下，偏安一隅的明永历帝仓皇逃奔云南，历腾越经八莫一道入缅，和顺人尹襄时任鸿胪寺序班通事并随永历帝奔缅。

出国谋生 和顺历来人多地少，难于耕作生息，在本地自谋衣食的条件受到限制，只能往毗邻的缅甸发展，明代就陆续有人移居缅甸。

1942 年 3 月，日军侵占缅甸，大量和顺华侨逃难回国。抗战胜利后，多数又陆续返回缅甸。

1951—1956 年，经公安部门批准，一部分和顺人外出缅甸。

和顺家风长廊之和顺民谚（2019 年）

“过了霜降，各找方向”“槭木开花，游子回家”“穷走夷方急走厂”这些谚语形象地反映了和顺人为生活寻找出路而三五结伴、数十成群地赴缅谋生的状况，这其中有不少人通过顽强打拼成为名商巨贾，但并非人人都能富裕起来、满载而归。很大一部分人也历经艰辛蹉跎，在侨居国或遇变乱，或被当地人歧视欺凌，或因经营不善等，经商的落得个血本无归，打工的赚不到多少血汗钱，甚至客死异国，魂魄无归。以腾冲人的话说，到异国谋生者，既有“甜荞（侨）”，也有“苦荞（侨）”。

改革开放后，国内政治稳定，经济繁荣，人民生活改善，安居乐业，出国谋生人员逐渐减少。

华侨分布

总体分布　2018年年底，和顺镇有2234户7049人；有海外华侨3万余人，分布在缅甸、泰国、美国、加拿大等13个国家和地区，是云南省著名的侨乡。和顺华侨最初主要集中在缅甸，随着时间的推移，一部分人又从缅甸向印度、泰国、印度尼西亚、新加坡、日本、加拿大、英国、美国、法国、澳大利亚等国家迁徙，也有一些华侨从和顺迁往世界其他地区。

侨居缅甸　侨居缅甸的和顺华侨以缅北地区居多，历来以八莫和阿瓦（古都阿瓦）、瓦城（新都曼德勒）为侨居中心，沿伊洛瓦底江岸、现代铁路火车站沿线而扩展定居，主要分布在密支那、果领、皎脉、勐拱、腊戌、瑞沽、格萨、抹允、东枝等地。

八莫，位于伊洛瓦底江东岸，为中缅贸易吞吐咽喉，汉唐时已有互通的驿道，是腾冲侨民奠基立业的发祥地。明末清初，腾越有三成、谦和、三盛隆等商号在此经营。清乾隆时，腾商在此有“丝花行”。嘉庆年间（1796—1820），和顺人寸魁武在八莫经营棉花、棉纱。该地华侨的创业人有李必成、李文魁、张宝廷等。

曼德勒，又名“瓦城”，位于缅甸中部的内陆，地处伊洛瓦底江东岸，是缅甸故都。

清朝和民国时期，和顺侨商已遍布此地，形成行业齐备的商业系统。许多商号的分支机构分布于缅甸各大城市，并逐步延伸到日本、菲律宾、英国、法国等沿海各国家和美洲等地区。历史上，曼德勒是和顺华侨最多的城市，也是和顺侨商的居中点。主要商号有：正泰号、三成号、美兴和、福盛隆、宝济和、保盛和、永茂和、文瑞记、玉顺兴、万春商行、义成商行等。

密支那，位于伊洛瓦底江西岸，缅甸北部克钦邦首府。和顺商号较多，有三盛隆、永和兴、福和美等。

果领，位于缅甸北部，距离缅甸古都曼德勒 300 千米，在曼德勒至密支那铁路线上，是和顺华侨的聚集区，有同济兴、永祯昌、富滇公司、祯怡公司等和顺商号、公司。

皎脉，位于缅甸北部掸邦，气候温凉。原为缅甸大山茶叶集散地，和顺人居此较多，有玉兴祥、益群制药厂等和顺商号、公司。

勐拱，位于缅甸北部，雾露河流域，盛产翡翠。明清时期，和顺侨民即到此谋生。和顺华侨寸尊福、张宝廷、张兰亭等均在此地经

美兴和商号一家（19 世纪末）

在缅甸的和顺人（2015 年）

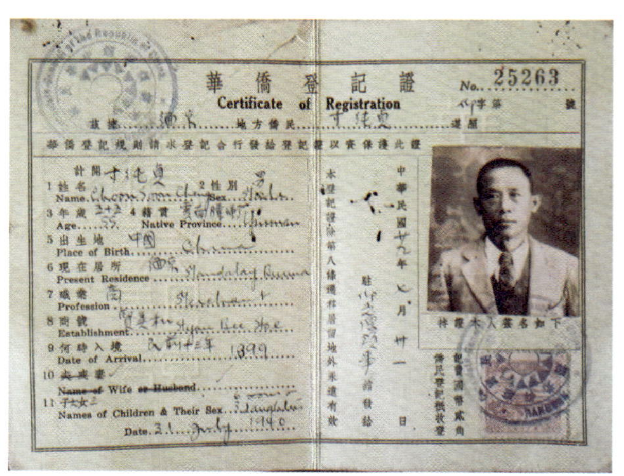

華僑登記證 No. 25263

Certificate of Registration

1 姓名 Name　2 性別 Sex
3 年歲 Age　4 籍貫 Native Province
5 出生地 Place of Birth
6 現在居所 Present Residence
7 職業 Profession
8 商號 Establishment
9 何時入境 Date of Arrival　1899
10 夫或妻 Name of Wife or Husband
11 子女 Names of Children & Their Sex
Date 31 July 1940

1940 年的华侨登记证

营翡翠。

腊戌，位于缅甸北部掸邦，是重要公路汇集及货物集散地，为滇缅公路起点，是缅甸曼德勒通往木姐、中国云南省的必经之处。清代，和顺华侨在此开设商号众多，有三寅祥、永茂和分号、文瑞记分号等。

瑞沽，位于伊洛瓦底江畔，明永历帝逃缅时曾小住于此。侨民李琼芬曾任英政府江轮公司包办。侨商以和顺籍为多。

抹允，位于曼德勒至密支那铁路线上，是和顺华侨主要居住地。和顺商号有美利源、广兴盛、玉盛祥等。

华侨组织

清朝乾隆以后，由于和顺出国人数增多，侨居地稳定，商务繁荣，财力渐丰，各种华侨社团组织逐渐成形，以联谊乡人、相互照应。“丝花行”“家族会”等同乡会组织，是腾冲最早的商业组织和侨团组织。清末，和顺华侨参与建立阿摩罗补罗（今洞缪）观音寺、瓦城云南同乡会、八莫关帝庙、勐拱关帝庙等华侨组织或会馆。后受“戊戌变法”思想影响，又经历英国殖民缅甸，和顺华侨深感必须改良家乡社会，宣传、接受先进思想和先进科学，在家乡成立咸新社，在缅甸成立和顺崇新会、旅缅和顺联谊会。另有以益群中学旅缅校友建立的益群校友会，其数量之多，难以统计。乔治·居里《英国占领缅甸以后》一书中写道：“中国人在八莫及曼德勒有良好的商业基础和严密的团体。”

瓦城云南同乡会 在瓦城云南同乡会未成立前，洞缪观音寺兼备云南同乡会的功能。清乾隆三十八年（1773），滇籍华侨在离曼德勒市区约 11 千米处，修建了洞缪观音寺（又称阿瓦云南观音寺）。这是一座中式的四合院三进型式建筑，为现存缅甸华侨最古老的纪念建筑和中缅友好纪念建筑。曾于嘉庆十五年（1810）、道光九年（1829）、道

旅缅云南同乡会 2 周年纪念照（1949 年）

光十七年 3 次遭受火灾，现存建筑为道光十八年兴工。寺内有《重修观音寺》碑文，捐款人多以和顺华侨为主。

清道光三十年（1850），缅王迁都曼德勒，和顺华侨尹蓉倡议在此修建会馆，获敏同王划地 30 亩。尹蓉提议将丝花行（滇侨组织）所抽得积金缅币 10 万余盾作为建馆资金，另募捐 10 万盾，于光绪二年（1876）在曼德勒建云南会馆（最初叫腾越会馆，后改迤西会馆，辛亥革命后称云南会馆），作为瓦城云南同乡会的主要活动场所。尹蓉为云南会馆和云南同乡会首任会长。在历任会长中，和顺华侨有寸尊福、尹兆国、钏文春、刘振仕。云南同乡会内设秘书、财政、会计、稽核、总务、管理、施棺、坟山墓园、文教、交际、佛教、桂香会、福利等机构。实只设会长、财政，其他职员（后之理事）由殷实商号轮替，共同做好同侨福利、济困扶危等工作。选列职员商号 21 家，和顺即有永茂和、永生源、怡盛祥、荣盛昌、玉生祥、宝济和、广茂祥、玉顺兴、民生公司等。

1942 年 4 月 2 日，云南会馆被日军炸毁。1948 年，尹兆国任战后第一届云南同乡会会长，主持重修战火中损毁的云南会馆，于 1950 年秋在遗址上建成新会馆，成为曼德勒华侨活动的中心。正门上题写“云南会馆”，左右门楣为“彩云南现、紫气东来”，两边楹联为“循故址、易新形，净洗劫灰光往绪；集众思、会群力，永留胜绩志乡情”。

1963—1977 年，钏文春任第二届云南同乡会会长；刘振仕任第三届、第四届云南同乡会会长。1980 年后，任云南同乡会副理事长的有尹梓刚、李祖泌（三届）、李厚生等；寸合益、李培生先后任监事长；寸爱邦长期担任云南同乡会理事、组长等职。

19 世纪末的八莫关帝庙

20 世纪 90 年代末的和顺联谊会大门

八莫关帝庙 清道光年间（1821—1850），中缅贸易兴盛，八莫成为云南华侨入缅甸的必经之路和聚居地。于是，以和顺华侨为主，倡修八莫关帝庙，内有古书塾、华侨学校。清末至 20 世纪 30 年代，和顺华侨绝大多数以八莫为立足点，艰苦创业，发家致富。光绪初年，和顺华侨许美士任“客长”（华侨会长），后又有和顺刘惠卿、刘玉和、刘振泽、钏相基任会长。

旅缅和顺联谊会 旅缅和顺联谊会的前身为 1923 年在缅甸抹允成立的和顺旅缅同乡促进会和 1925 年在缅甸曼德勒成立的和顺青年会。1925 年 11 月，为统一组织名称，统一活动，在曼德勒云南会馆举行会议，更名为和顺崇新会。1949 年后，中缅建交，以“和顺崇新会”为主体，曾一度扩展为“新中国旅缅青年联谊会”。不久，定名为“旅缅和顺联谊会”，提出以热爱祖国、热爱家乡、联系同乡感情、互助互爱、促进中缅友好为办会宗旨。1995 年，向在缅甸的同乡募捐，在曼德勒建云和寺为会馆，与旅缅益群中学校友会合署办公。

2003 年 6 月 22 日旅缅和顺联谊会第六届职员一览表

表 1

名誉主席	尹子刚	寸爱国	寸镇华	李生纬	刘振纪	张超达
	王仲英	寸品兰	张昌达			
主席	李祖才					
副主席	李培生	寸合益	张玲芬	李继昌	刘瑞生	李曰修
	张建才	刘境恒	李祖萍	李生敬	寸待雄	钏嘉强
	李锦玺					
秘书组长	寸源中					

续表 1

副组长	张义才	李祖泌	李祖仪	尹安泽	贾生康	李生正
	李生显	寸育倩	寸如榆			
外文秘书	张义才	李祖清	刘富盛	寸守昌		
财政组长	李益生					
财政副组长	刘境恒	张瑾才	钏本瑛	刘富贵	刘富孝	李景耀
稽核组长	寸镇荣	寸守昌				
总务组长	李厚生					
总务副组长	张君诏	寸时全	寸仕鸿	李培中	刘富瑞	赵伟民
	刘贵荣	贾思义	刘富义			
福利组长	钏本庄	（原来组长张品达因健康欠佳离任）				
福利副组长	李继荣	寸爱武	杨达顺	李凤兰	许联凤	许灿明
	李菊芳	尹安定				
互助组长	尹安洪					
互助副组长	李祖灿	李生显	赵多旺	寸育仲	钏嘉硕	李继庆
	张兰达	李继标	寸育杰	李祖昂	寸待佑	寸育伟
	寸仕茂	李宏光	钏相邦	寸育仪	李元平	尹龙苍
	李有光	刘富强	张聪才	刘富弟	李宗耀	

密支那和顺联谊会　1989 年 9 月 15 日，在缅甸密支那成立和顺联谊会，并向在缅甸的同乡募捐，建和光寺为会馆，1996 年落成。密支那和顺联谊会每年 8 月 16 日举行同乡聚餐会。张兴达任首任会长。

金多堰慈善总会　金多堰位于缅甸伊洛瓦底江东岸之滨的江边码头。早期的云南马锅头来到这里，有缅甸朋友问他们从哪里来，他们用生疏的语言回答说“金多来得很远”，“金多”是缅语“我”的意思，半句缅语，半句汉语，成就了金多堰这一地名。金

和顺会馆（2014 年）

金多堰（2014 年）

多堰对于云南人有着特殊的意义，它是一代代华侨奋发拼搏、开拓创新的精神象征。

1962 年，“金多堰土地祠—财神庙管理委员会”成立，是缅甸曼德勒地区云南、福建、广东多省籍侨团共同建设的慈善平台。2015 年，缅甸金多堰慈善总会挂牌成立“华助中心”。该中心是中华人民共和国国务院侨务办公室为反映海外侨胞诉求，与当地侨团合作，共同维护侨胞权益而设立的，是国务院“海外惠侨工程”的一部分。华助中心成立后，进一步发扬缅北华人在艰苦条件下满怀亲情乡情、守望相助的金多堰精神。

2018 年和顺驻缅甸社团一览表

表 2

名称	地点	首任会长（总理）
洞缪观音寺	阿瓦	尹蓉
瓦城云南同乡会	曼德勒	尹蓉
中华会馆	曼德勒云南会馆内	寸尊福
云南同乡会	曼德勒云南会馆内	寸尊福
华侨书报社	云南会馆内	寸尊福

续表 2

名称	地点	首任会长（总理）
旅缅和顺崇新会	曼德勒	李景山
和顺旅缅青年会	汉人街	李敬轩、李祖华
贺奔和顺同乡促进会	贺奔埠	李善初
抹允和顺旅缅青年会支部	抹允	李映三
果领和顺旅缅青年会支部	果领埠	寸仲猷

归国华侨联合会

侨联组织　1952 年，和顺民间成立和顺侨联联谊会，进行国内外华侨的对接联谊事宜。1956 年，在县人民政府的统一部署下，和顺乡在和顺侨联联谊会的基础上成立侨属工作委员会，在县侨务科的指导下，组织归国华侨在图书馆学习时事政策。1966 年“文化大革命”开始后，和顺乡侨务组织瘫痪。1980 年 10 月，为团结归侨、侨眷，加快家乡建设，和顺人民公社决定恢复和顺侨务组织，成立和顺人民公社归国华侨联合会，各大队成立侨联小组。出席和顺人民公社归国华侨联合会（第一届）代表大会的代表 39 名，大会无记名投票选举产生 11 名委员，委员会选举主席 1 人，副主席 2 人，秘书长 1 人。1980 年以来，镇侨联已历时六届。第六届侨联于 2013 年 7 月 27 日换届选举结束，

20 世纪 50 年代归国华侨到图书馆看报

归侨侨眷代表大会（2013 年）

全镇 43 名归侨侨眷代表中选举产生了 11 名委员，并由李建华担任侨联主席，同时还聘任了 10 位海内外顾问。全镇成立了 3 个社区侨联组织，21 个侨联活动小组，形成了镇、村、组三级侨联工作网络。

和顺历届党委、政府均十分关心重视侨联工作，加强对侨联工作的领导，并在机构、编制和经费等各方面都给予大力支持。重视发挥归侨、侨眷的参政议政和示范带头作用，全镇有 50 余名归侨侨眷被推选为县（市、省）以上人大代表和政协委员，镇归侨、侨眷多人多次被评为国家和省、市、县“归侨侨眷先进个人”。

服务华侨 和顺侨联组织建立后，拓宽思路，加强组织建设，使全镇侨联工作逐步走向规范化、制度化。认真贯彻落实各级部门关于归侨侨眷的政策法规，有效提高了社会各界和侨界人士的侨法意识，使为侨服务，依法行政、依法护侨的意识更加深入人心。镇侨联认真履行《中华全国归国华侨联合会章程》所赋予的参政议政职责，深入村组，积极反映侨情民意，倾听侨界群众的呼声，围绕侨界普遍关心的热点和难点问题，向各级党委、政府建言献策。

侨联和益群中学以侨情校谊为纽带，广泛联络“三侨”校友和各界人士，有效推动了全镇侨务工作。侨联坚持重大节日活动制度，组织全镇归侨侨眷举行茶话会、联谊会等，活跃侨界群众精神文化生活。春节、中秋等节日活动期间，邀请返乡侨领座谈，邀请优秀侨胞代表给族人致辞，一起与华侨及侨眷用唱歌、朗诵、舞蹈等方式表达对祖国、对和顺的深厚感情，以及对家乡未来的美好展望。

共建侨乡 多年来，和顺的海外华人华侨凭着自己的聪明和勤劳积累了大量的财富，为世界多国经济发展做出了积极贡献。和顺镇广泛团结联系海外侨胞和归侨侨眷，共同致力于和顺经济社会发展。镇侨联积极“走出去”谈家乡发展变化，听海外侨胞对

新西兰华侨杨晓东捐赠《四库全书》(2016 年)

家乡发展的意见建议，聚侨资支持侨乡建设。2009年，华侨贾思义夫妇向和顺中心小学捐款140万元，建设了义济楼，同时，在益群中学每年捐资10万元设立“贾思义奖教奖学金”。2010年9月，贾思义又每年捐资小学教育基金2万元，以奖励每班前3名学生。2011—2014年，华侨李祖才每年捐资10万元支持益群中学教育事业发展。2016年，新西兰籍华侨杨晓东捐赠《四库全书》《四库全书补遗》《四库全书荟要》等珍贵藏书共计1543册。得益于侨力、侨资的帮助，和顺教育、文化等事业得到较快发展。经侨联初步统计，改革开放以来，和顺镇收到海外侨胞对家乡的教育事业及公益事业捐赠达1500余万元。

致力侨居国发展

任职宫廷 清代，旅居缅甸的华侨受到缅王的器重，受聘于缅王宫廷任职的和顺人越来越多。如和顺华侨尹蓉，居缅50余年，不论内政外交，缅王都要与他磋商。他目睹蒲甘王、们董王争位时的惨杀情状，对宫廷内幕知之甚详，深受们董王、锡袍王的敬重。和顺侨商寸士端，被锡袍王任命为皇宫侍卫队队长兼教练。许名宽，在缅甸曼德勒先后侨居数十年，由于“诚信孚人”，“缅王、贵爵、富商、巨贾，咸待以诚”，官长、

19世纪的缅甸皇城

客商皆以重资托为经营，因而受到缅王宠信，凡中华顾问及商旅事务均总办，敕赐总理大臣，并蒙赐銮驾，出入不禁，中缅两国都信赖他，以他为侨界领袖。缅王锡袍喜食中式佳肴，特聘华侨寸建柱担任“御厨师”，待之优厚，交谊深笃。

反对殖民侵略 清光绪十一年（1885）十月，英军攻陷曼德勒，缅王锡袍之孙疆括（伍雍哆）聚集军民和华侨阻击英军，失败后避居和顺，侨商张成濂为他向清廷上书求援。英国占领缅甸期间，和顺华侨张成濂、张成瑜、张德馨发挥精通各种语言的特长，以“译员”“随员”“脚夫”“驮夫”等身份，监视英人的行径和刺探情报，上报朝廷。

经商办实业 侨居缅甸的华侨，自觉地遵守缅甸的法律，做中缅两国政府和人民友好的桥梁和纽带，为当地的经济、政治、文化做出了重要的贡献。

和顺华侨所到之处，有的开荒种地，兴办实业；有的开办食馆、旅社、裁缝铺、理发店等。华侨过去多经营棉纱、玉石、宝石、茶叶、米谷、华洋杂货等，现在多以农产品、土杂、纺织、服装、医院、石油产品、汽车、摩托车、玉石、宝石、餐饮经营为主。如张宝廷在勐拱开采玉石，尹乐惠开设大光明印务局，李生纬开办棉花厂，李曰吉开设富滇公司，永茂和商号在眉苗开办泰印达茶厂等。

张沄在缅甸探研医学精义，潜心研究热带、亚热带气候常见病、多发病药物，研制出“腹利药水”等三十多种药制剂。1927年在缅甸八莫创建“益群（群益）制药公司”，产品不但在当地销售，还远销曼德勒、仰光等大城市。后缅甸沦陷，夫人孙淑[illegible]回国与

抹谷开宝（19世纪末期）

他人于 1958 年创立腾冲东方红制药厂，并将曼陀罗药水秘方贡献给祖国。历经 50 余年的发展，东方红制药厂已成为云南省生产中成药的重点企业之一。

和顺华侨丝织业百年不衰，所产黄丝织品是缅甸人民喜爱的上等“笼裾”原料。华侨在缅甸销售中国黄丝的同时，聘请技术人员到阿瓦和瓦城传授纺丝技术，促使阿瓦成为缅甸丝织业中心，至今阿瓦和曼德勒仍是缅甸纺织业的重要基地。缅甸盛产的棉花、棉纱，通过侨商运回国内，分销上海、昆明等地。在八莫、瓦城等主要城镇，有许多华侨开办的商店，从事茶铺、轿行、饲养、堆栈、艺匠、教员等职业。

兴办教育 和顺华侨历来有兴文重教的传统，辛亥革命前，和顺华侨开始办学校。辛亥革命后，和顺旅缅华侨纷纷带头办新学。光绪二十五年（1899），尹梓鉴在缅甸八莫创立英华学校。光绪三十年（1904），又于仰光倡办中华义学堂。清末，张成清在八莫华侨中集资创办中西学校。1916 年，寸尊福、李德贤等在曼德勒创办昌华学校、新民学校。1919 年，尹瑞琳、尹瑞瑜等在皎脉创办新民学校。1927 年，李善初、尹继周、张永达在密支那创办新民学校。1929 年，李生泽、李生沛等在果领创办中山学校。

抗战胜利后，和顺侨领尹兆国推动曼德勒华侨打破省籍地域区分，创办曼德勒华侨学校，后更名为曼德勒华侨中小学校。1945 年，在皎脉原新民学校校址上，协助中国远征军创办兴华小学。1950 年增办初中，定名缅北中学，小学部仍称兴华小学。

1978 年后，缅甸华人华侨教育不断发展，多省籍华人华侨在华文教育上团结协作，不分彼此，形成蓬勃发展局面。如曼德勒的福庆孔子课堂、云华师范学院、密支那育成学校、东枝兴华中学等侨校，和顺籍华人华侨多参与其中，发挥重要作用。

1947 年华侨学校庆祝辛亥革命纪念日

家国情怀

为国尽责 清末，在英帝国主义者侵缅、窥伺中国云南时，和顺华侨张成濂出自爱国之情，欣然为祖国尽忠效劳。光绪年间腾越厅《禀请札委举人张成濂坐探英缅情形》说："窃自九月英缅构衅以来，叠奉宪札，密饬查勘关隘，整顿边防……访得熟悉缅情之人，本地举人张成濂，生长缅国，其父母妻室俱在缅城，因会试回腾，卑厅素闫知，即敦请来署，晓以大义，不必北上，仍回新街坐探英缅实情，随时密报。濂亦慨然许诺……"为侦探英帝侵略行径，保国卫乡，张成濂毅然放弃进京考会试，安排亲信或冒充侨商，或乔装赶马人，深入中缅边界，追踪英人动向，然后把侦探到的情况一一作书报知当时中国政府。

清光绪三十三年（1907），和顺侨民张成清任缅甸仰光《光华日报》的撰述，撰文揭露英帝国主义侵略缅甸的罪行和阴谋。

参加民主革命 清光绪二十一年（1895），中国在甲午战争中失败，中日《马关条约》签订的消息传到北京。张成濂、寸辅清等云南赴京会试举人，在积极参与康有为、梁启超组织的"公车上书"运动中，联络并领衔云南籍举人62人，向朝廷递呈《为和议将成，国势愈危，敬呈御侮方略十条呈文》，表现出了与国家同呼吸共命运的爱国情怀。

光绪三十年（1904），和顺人寸辅清赴日留学，次年参加同盟会。此后，又有李曰祺、寸嗣伯在日本加入同盟会。他们与在家乡和缅甸的华侨有直接联系，影响十分深远。光绪三十二年，以反对清朝政府、宣传民主革命为主旨的《云南杂志》在东京创刊，和顺华侨给予支持，李根源《〈云南杂志选辑〉序》中谈道："经费方面，由杂志社致函国内同乡与缅甸华侨劝募。结果有缅甸华侨张成清、李瑞伯、刘玉海等劝募得五千余元……"和顺张成清、寸辅清、李曰垓为《云南杂志》撰稿。与此同时，黄兴等到缅甸秘密发展同盟会组织，和顺华侨李德贤化名李敬贤入会，寸尊福化名寸河亭入会。李曰垓由京师大学堂毕业回滇过仰光，由黄兴、李德贤介绍入会。光绪三十四年，杨振鸿至缅甸，介绍和顺华侨张成清入会。张成清创建“云南死绝会”，宣言“告滇人与北京政府断绝，助缅甸、安南、印度独立……”英国所置仰光总督察其与缅人有异谋，捕杀之。

和顺华侨积极支持河口起义、永昌起义、广州黄花岗起义。吕志伊《同盟会琐录》载:“党人在西徼革命之基始立。宣统克强先生到仰光，志伊随之，赴皎墨晤寸尊福，商筹款及滇西起义事，尊福言心甘……是年底克强先生自皎墨返阿瓦、仰光回至香港，遂有次年 3 月 29 日黄花岗之事。”寸尊福先后多次为起义捐输资金。

辛亥革命前，张文光在腾冲与缅甸分别建立自治同志会，不少和顺华侨加入该会。辛亥九月初六腾越起义，和顺人积极参与。辛亥九月初九昆明起义，和顺寸辅清、李曰垓等人参与其事。李根源等攻下五华山后，寸辅清即辅助李根源草拟安民告示，李曰垓担负军政部次长兼秘书长重任。1911 年，李根源、寸尊福、刘品三等，为表彰尽瘁革命而死于干崖的同盟会会员秦力山，同立了“革命党员秦公鼎彝之墓”。护国运动中，李曰垓奋笔疾书有“昆仑山下，谁非黄帝子孙；逐鹿中原，合洗蚩尤兵甲”名句的《讨袁檄文》。李曰垓随后出任护国军第一军秘书长。李曰基在云南讲武堂时亦参加辛亥重九起义，后参加护国讨袁斗争，并任四川督军公署课员、靖国第一军总司令部参谋。

抗日救亡 抗日战争期间，和顺侨胞通过多种形式、多种途径和方法积极宣传抗日救国。在九一八事变期间，为及时传递抗日救国消息，旅缅华侨尹大典从缅甸购买无线电收音机一台，捐赠给和顺图书馆。和顺图书馆利用收音机，搜集各种信息，先后刊印出了《和顺图书馆无线电三日刊》、《和顺图书馆无线电刊》（1945 年更名为《每日要讯》），分送县内各机关、学校、商店和龙陵、保山、潞西等县，边地民众迅速获得中国战场和世界反法西斯战场的战讯，成为腾冲民众了解抗战时事的重要渠道。后来，由和顺图书馆馆长李生庄创办的《腾越日报》，刊发的抗战消息更多，影响更大。在缅甸曼德勒的和顺华侨张岑达，是《缅京日报》创办人之一。1941 年时值鲁迅逝世 5 周年，他倡导召开纪念会，并推出抗战特刊。和顺华侨积极开展宣传抗日爱国，也影响到了学校，益群中学提出“造就抗战中后方各部门中的战斗员”，学校大门两侧刷出“读书不忘救国，救国不忘读书”的标语。

当缅甸、滇西失守，国难乡难当头之时，和顺侨胞在极其艰危困苦中仍不惜牺牲，

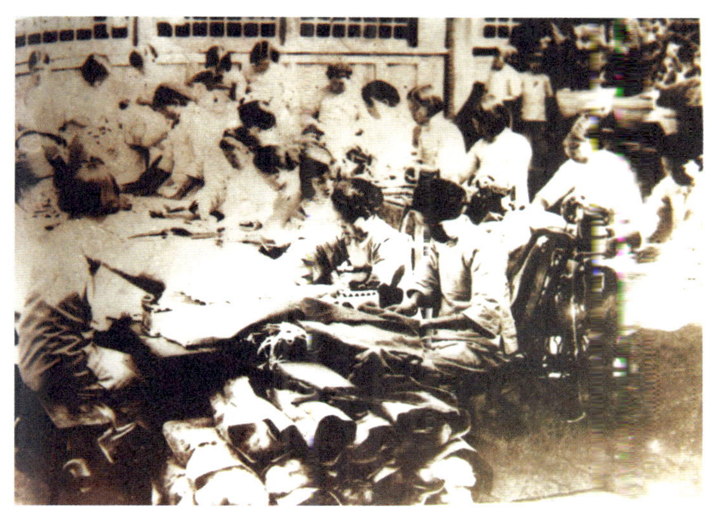

20 世纪 40 年代和顺妇女为抗日将士赶制寒衣

坚持爱国抗日活动。和顺华侨寸嗣徽受陈嘉庚感召，在仰光与其他侨领组织华侨救灾会（筹赈会），动员人力物力，支援人民抗战。和顺乡在全县率先成立“反日会”，发表《和顺乡反日会宣言》：“倭奴之欲宰割我吞吃我者，已非一日……我国民无不发竖目眦，椎心泣血！呜呼，国家兴亡，匹夫有责。故我乡人特组织此反日大会，与倭寇经济断交，誓不购买仇货，以为政府后盾。并愿吾乡如是，他乡亦如是，全国凡有血气者莫不如是！”侨乡民众带头检查、抵制以至烧毁大量日货。李曰祐等几位老华侨每人定期供给遭日军轰炸而失去父母的上海孤儿生活费。日军侵占缅甸，大批华侨逃难回国。在危险苦难中，和顺华侨投身于抗日救亡运动，组织华侨抗日会，捐款捐物，协助中国远征军筹集粮秣、担任向导、搬运弹药、慰问伤员。

滇西抗战是中国抗战史重要的一部分。滇西抗战的胜利，使中国战场得以稳定，重

1944 年益群中学女生慰问远征军伤病员

庆政权不至于腹背受敌。在这场战役中，反攻腾冲城的指挥部就设在和顺。1944 年 7 月，二十集团军总司令部、五十四军军部、预备二师、三十六师、一九八师师部驻扎和顺，和顺大多数人家驻有反攻的部队。

远征军滇西大举反攻光复腾冲期间，从 7 月 1 日大军进村直到腾冲光复至 11 月全体军队调离和顺乡为止，乡人对中国远征军预备二师、一九八师两个师和三十六师的一部分计近万人，在人力物力方面竭尽全力支援。全乡所有的猪羊家禽逐户登记在案，每天顺序安排宰杀供给军队。各师按连队到乡公所领取粮食肉蛋蔬菜。到后期乡里所有的猪鸡等杀光了，便到荷花、蛮东、缅箐一带买来供应军队。每天十字街集市老百姓已买不到蔬菜、肉食。全乡人为了光复家乡节衣缩食奉献。人力方面，全乡十七八岁到四十岁的青壮年人由所在巷道的保长列出名单，按当日的需要顺序轮流分配，为远征军运送军需物资。在远征军攻克来凤山和围城巷战期间，和顺乡的青壮年上前线冒死为军队运送弹药、抬担架救护伤员、担任向导，一些乡亲还献出了宝贵的生命。女教师女学生也组织起来到野战医院慰问伤员。和顺乡人在敌占时期遭受着空前的浩劫，在远征军反攻期间军民同仇敌忾，不惜流血牺牲配合远征军消灭敌人，光复国土。

1944 年 9 月腾冲收复后，和顺侨胞在国内外重建家园、重创新业，并慰劳抗日将士，出力出钱修建国外抗日将士墓园、纪念碑。

支援解放战争 解放战争时期，以益群中学赴昆学生为主的和顺青年秘密参加“民青”组织，保护并资助中共地下党组织，给人民解放军捐献所需医药，在昆明参加一二·一爱国运动，一些青年还直接奔赴滇南参加边纵，反对国民党的反动统治。一些爱国华侨秘密通过寸树声给人民解放军（边纵）捐献医药，帮助中共地下党员、民主人士躲过反动政府的通缉、逮捕，到缅甸作暂时避难后，转赴香港再到解放区。

支援抗美援朝 1950 年 6 月，美国发动朝鲜战争，和顺青年李生华、尹文和、张

20 世纪 50 年代缅甸华侨捐献的飞机

孝仲、钏相廉、张泰达等踊跃报名参军。抗美援朝战争期间，以和顺人为主的归侨侨眷支援抗美援朝，捐款旧币 50 亿元（折合新人民币 50 万元）。所捐款项全部用于支援祖国购买飞机大炮，抗击美国侵略者，又一次表现了和顺华侨的爱国热忱和对祖国人民的赤诚之情。1952 年 10 月，永茂和经理李镜天作为归侨代表，参加中国人民赴朝慰问团，赴朝鲜慰问中国人民志愿军。

建设家乡　和顺华侨素有爱国爱乡热心公益的传统，他们在家乡不断修桥筑路，建造公共设施，发展文化教育事业。

明代，寸玉改修家乡河道，解决长期水患的困扰；倡建三合河石桥，方便乡人出行。

清代，不少华侨在家乡起房盖屋、买田置地、建设家园，捐资兴修庙宇、道路。乾隆四十一年（1776），重修中天寺玉皇阁，碑记云：“住持僧正亲往老厂、红厂、戛鸠、阿瓦、新街共募得六百一十二两。”道光十一年（1831），修和顺老桥牌坊，1921 年建新桥，1939 年建新牌坊。道光十五年重修财神庙，碑记云：“缅共收银三百二十三两九

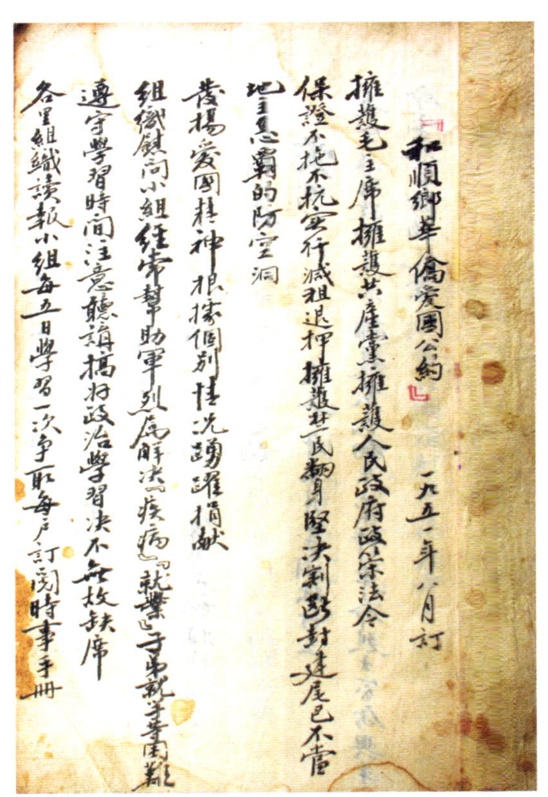
「和順鄉華僑愛國公約」
一九五一年八月訂
擁護毛主席 擁護共產黨 擁護人民政府政策法令
保證不拖不抗 實行減租退押 擁護共同綱領 堅決割斷封建尾巴 不當地主惡霸的防空洞
發揚愛國精神 根據個別情況踴躍捐獻
組織慰問小組 經常幫助軍烈屬解決『疾病』『就業』子弟就學等困難
遵守學習時間 注意聽講 搞好政治學習 決不無故缺席
各里組織讀報小組 每五日學習一次 爭取每戶訂閱時事手冊

1951 年和顺乡华侨爱国公约

钱八分。”咸丰四年（1854）重修观音寺，碑记云：“新街、瓦城银二百九十八两五钱五分。”光绪十一年（1885）同知陈宗海倡修、尹其懋捐资督修腾冲、保山间潞江桥，各巷修筑的栏杆、月台、石坊、洗衣亭，均由华侨捐献经费。光绪十九年重修魁阁时，在缅华侨捐功德洋银 113 盾。

清朝末民国初，华侨引进先进技术和人才，兴办了火柴、藤编、印刷、纺织、造纸等实业。光绪三十一年（1905），寸嗣伯经缅赴日留学，毕业归国时随身携带铅印机、石印机各一部至腾冲，开设印刷局。20 世纪 40 年代又由和顺张德生继续经营，后成为腾冲印刷局。

清光绪三十一年（1905），和顺寸辅清留日归国，创立永昌师范学校；1909 年，李景山等人创立和顺两等小学堂；1915 年，寸辅清任腾冲县立中学首任校长。其后，李启慈创办了县立女子国语讲习所，李生庄创办省立腾越边地简易师范。创办益群中学的捐款者共 522 户，其中，国外华侨 414 户、家乡归侨侨眷 108 户。1939 年，腾冲县立中学改为省立中学，和顺华侨和全县华侨捐资扩建校舍。李根源《雪生年录续编》云：“……惟校舍缺如，腾人在缅经商者颇众，决定五儿希泌偕腾冲省中校长熊怡琴前往缅甸，用余名义向侨缅腾商募捐……历三月，始归，共募捐得缅币 10 万盾，建筑腾冲省中校舍，费用绰绰有余。”

1958 年，和顺、洞山有 45 名侨胞捐资人民币 2.5 万元支援农业生产。

和顺华侨在云南会馆庆祝元宵暨和顺荣膺魅力名镇之首联欢会（2006 年）

1961 年 5 月，旅缅华侨捐资 1800 余元，在尹家巷洗衣亭东侧修建双孔石拱桥，命名为“跃进桥”，后成为三官殿至和顺大寨子主干道。

1985 年，由国内外乡人集资，政府拨款，修建从涛泳池旁至小山脚的“侨光路”。

1988 年，益群中学校友、侨胞捐资修建的双虹桥畔湖心亭，即“雨洲亭”落成。

1995—2001 年，旅泰华侨张孝威累计捐款 13 万余元，整修大石巷道路、大石巷脚至高台子环乡路中心小学北侧道路，后在中天寺重建工作中又捐资数十万元。旅泰华侨张栋才，捐资 12 万余元重修贾氏宗祠至张家坡坡头道路。和顺图书馆建“藏珍楼”，缅甸华侨尹义虎、尹义龙、尹丽珍各捐款 1 万元。旅缅华侨李祖才捐款 4 万余元，重修元龙阁大门。旅缅华侨李生纬、李生龙、李生诏和李生谧四位共同捐资 8 万余元，建成水碓龙潭中“龙凤亭”。

走夷方之路（2006 年）

大众哲学家艾思奇

艾思奇在和顺文化的浸润和家学的陶冶下，积极投身革命，经受斗争洗礼，刻苦钻研马克思主义理论，探索马克思主义哲学中国化的发展，为马克思主义哲学中国化做出了重要贡献，是毕生推进马克思主义哲学中国化、时代化、大众化的典范。艾思奇撰写的《大众哲学》，在社会上产生了强大震撼力和影响力，开创了马克思主义哲学通俗化、大众化的先河，以通俗生动、引人入胜的举例，诠释了马克思主义哲学的基本原理，使艰深玄奥的哲学从书斋走向人民大众，成为中国哲学大众化的开山之作，也是在中国传播马列主义理论的启蒙之作，并奠定了艾思奇在马克思主义哲学研究和传播中的地位。艾思奇编写的《辩证唯物主义讲课提纲》和主编的《辩证唯物主义　历史唯物主义》等著作，也成为马克思主义哲学中国化、现实化、通俗化的典范。毛泽东称赞艾思奇为"党在理论战线上的忠诚战士"。

家学渊深

出身名门　1910年3月2日，艾思奇（原名李生萱）出生在和顺乡水碓村。据李氏家谱记载，其先祖名叫李黑斯波，明代奉命驻守腾冲，到艾思奇这辈已是第十八代后裔。

祖父名李德润，字泽之，自幼聪明好学，童龀即能遍诵诸经，院试中被录取为文庠生。后随父避战乱到缅甸经商。因不能以文章立业而深感遗憾，晚年回到和顺故里奋发苦读，以示范儿孙。乡人称誉其“能律己”“待人耿直无饰”。祖父的品格，对艾思奇的成长具有深远影响。

父亲李曰垓，学贯古今，熟读《资治通鉴》和先秦哲学著作，是云南少数民族教育的先驱，后加入孙中山领导的同盟会，投身资产阶级民主革命运动，曾任云南军政府军政部次长。袁世凯复辟期间，出任蔡锷为总司令的护国军第一军秘书长，曾作《讨袁檄文》，被章太炎誉为“天南一支笔”。辛亥革命后，李曰垓回到故里，大力倡导科学救国，创办学校，兴修水利，人称“良吏美政”。母亲寸宽福，忠厚善良，博爱乡里，奠定了艾思奇关爱民生的思想基础。

艾思奇从小受父亲言传身教，深知反帝反封建救国兴邦的道理，李曰垓经常教导子女：“哲学是一切学术的概括，欲究事物之至理，宜读一些哲学书为宜。”对于做学问，他告诫艾思奇：“为文务使人人能读，妇孺皆知，要能起到启蒙作用。”这对艾思奇运用通俗的行文和授课方式传播马克思主义哲学，产生了很大的影响。

五叔李曰基，早年毕业于云南陆军讲武堂，参加辛亥昆明重九起义，后赴日本留学。归国后任孙中山护法大元帅府军事参议院中将参议。艾思奇从小接受父亲与叔叔文武之道、张弛之间、中西融合且兼收并蓄的浸润，思想开明，思维理性。

大哥李生庄，年轻时思想进步，秘密加入中国共产党。曾是东南大学学生会负责人，是五四时期云南新文化的主要传播者之一，曾任《腾越日报》第一任社长，创立过云南省立腾越简易师范学校，著有《云南边区问题》一书。李生庄对西洋哲学也颇有研究，通过他，艾思奇很早接触到了西方哲学以及马克思哲学。

追求真理 艾思奇两岁时，被爱国将领蔡锷收为“义子”。1912年，艾思奇随母亲寸宽福迁居昆明，7岁读私塾，11岁，考入了公立麒麟寺国民小学读四年级。

1923年，因父亲受军阀唐继尧的排挤，全家被迫流亡香港。1924年，艾思奇就读于广州岭南大学香港分校（教会学校）。校内课程设置以圣经、国文和英文为主，艾思奇在班上各科成绩优良，唯独对《圣经》课不感兴趣。一次，校长讲到圣经中的福音：“当人打你的右脸时，你再让他打你的左脸。”艾思奇听后愤忿地站起来反驳说：“我国之所以贫弱，就是因为受了帝国主义的欺凌和封建势力的压迫而不敢反抗的结果。我坚决反对圣经中的这段话。”

确立唯物史观

宣传唯物史观 1925年，艾思奇考入了云南省立第一中学。当时的省立一中在共产党员李国柱的秘密组织和筹划下，成立了“青年读书努力会”，15岁的艾思奇开始接触到马列主义，读到了陈独秀创办的《新青年》《向导》等刊物，还担任了校刊《滇潮》的编委并发表多篇文章。其犀利的文笔、进步的思想、优良的成绩，受到进步教师楚图南、罗稷南的关注与称赞。在市学联组织的一次讲演会上，艾思奇做了题为《什么是唯物史观》的演说，生动直观，深入透彻，使师生们刮目相看。

1926年，北京发生“三一八”惨案，昆明学生运动掀起了新高潮。惊慌万分的军阀唐继尧下令逮捕学生，得知艾思奇是李曰垓的儿子，更是骨干分子时，唐继尧暴跳如雷，命便衣和军警前往抓捕。恰好艾思奇不在家，妹妹趁特务搜查时，偷偷溜到街口给哥哥报信，使艾思奇得以安全地转移到父亲的学生李沛阶家的阁楼上，躲避了两个月。

后艾思奇乔装成一个英国牧师的家庭教师，取道越南经香港，于1926年年底到苏州。

1927年，艾思奇前往南京，找到正在东南大学学习西洋哲学的大哥李生庄。当时，李生庄已加入中国共产党。在大哥的影响下，艾思奇参加了党领导下的外围组织“新滇社”，积极宣传唯物史观。蒋介石发动“四一二”反革命政变后，军阀孙传芳到处抓人，李生庄被列入黑名单。艾思奇去宿舍找李生庄时，被军警抓走，在狱中受到严刑拷打，并被判处死刑。后经大哥和父亲多方奔走，才被保释出狱。

1925年艾思奇在省立一中

研读马恩著作 1927年春，艾思奇第一次东渡日本求学。因为父亲李曰垓认为，中国落后的根本原因是工业不发达，缺乏振兴实业的人才，遂送艾思奇去日本学习工业。在日本，艾思奇开始真正接触马克思主义著作，阅读了《反杜林论》《费尔巴哈论》等日译本书籍。

1928年春，因胃病回国休养的艾思奇在昆明组织马列主义研究团体，钻研从日本带回的马列著作和西洋哲学。用“小吆”“SG”“三本森”“店小二”“李东明”等笔名，为《民众日报》《市政日报》副刊撰稿，介绍新文化、新哲学。其间，还将《国际歌》《马赛曲》和他翻译的《伏尔加船夫曲》交给好友聂耳在昆明组织音乐会教唱。

恢复健康后，艾思奇再赴日本求学，经过严格的考试，成功被日本福冈高等工业学校录取，成为第一个考取这所名校的云南留学生。在校期间，他认真研读专业课的同时，兴趣广泛，求知欲强，广泛涉猎自然科学、社会科学等各种知识，后来在李公朴主持的流通图书馆工作时，被同事们誉为“百科辞书”。但艾思奇对马克思、恩格斯以及各国哲学流派的理论著作更感兴趣，总想从这里找出对宇宙和人生的科学真理。读到马克思、恩格斯的著作，艾思奇感到豁然开朗，对整个宇宙和世界的发生发展有了比较明确的认识。

日本留学时的艾思奇

为了领悟原汁原味的马克思主义哲学真谛，艾思奇努力学习德语，翻着字典坚持阅读马克思、恩格斯的德文原版著作。在学习马克思主义理论时，艾思奇注意联系中国的具体实际，进行深刻的思考。当时的中共东京支部联系许多留日进步同学，每周到神田的青年会学习一次，虽然艾思奇已搬到了大岗山居住，离青年会很远，但他从不缺席，每次到会总是潜学善记，刻苦钻研，有时还会把自己从社会上调查的感受和体会用理论做出解释。

探索马克思主义哲学中国化

高举“大众哲学”旗帜 1932 年后，艾思奇阅读有关马克思主义的书，不但相信共产主义社会必然实现，更开始有意识地将其变为行动，决心参加革命斗争。从日本回国后，萌生去德国马克思和恩格斯的故乡求学，但最终因经费问题未能成行。父亲一再敦促他回家乡腾冲县兴办实业。艾思奇决心离开家庭独立生活，毅然从昆明到了上海。

经留日同学郑思群介绍，艾思奇到上海福建华侨办的泉漳中学任理化教员。当时的泉漳中学有中共党组织，经常开展革命活动，艾思奇很快参加了党的外围组织“上海反帝大同盟”，每天忙于集会、写标语、发传单。

1933 年，“上海反帝大同盟”负责人杜国庠到泉漳中学考察，艾思奇因思想活跃，理论基础深厚，被推荐至“中国社会科学家联盟”工作。5 月，泉漳中学被解散，艾思奇首次使用化名“艾思奇”撰写了第一篇哲学论文《抽象作用与辩证法》，发表在社会科学家联盟主办的《正路》杂志创刊号上。从此，艾思奇走上了宣传马克思主义哲学的道路。随后，他连续发表了一系列哲学文章，引起了广大读者的关注。

1934 年 6 月，24 岁的艾思奇加入李公朴主持的《申报》流通图书馆读书指导部，并担任《申报》副刊“读书问答”专栏的撰稿工作。同年 11 月，该专栏从《申报》独立出来，改为《读书生活》半月刊。艾思奇作为编辑之一，开始为《读书生活》每期写一篇哲学讲话，开篇的题目便是《哲学并不神秘》，用生动通俗的语言，撩开了哲学神

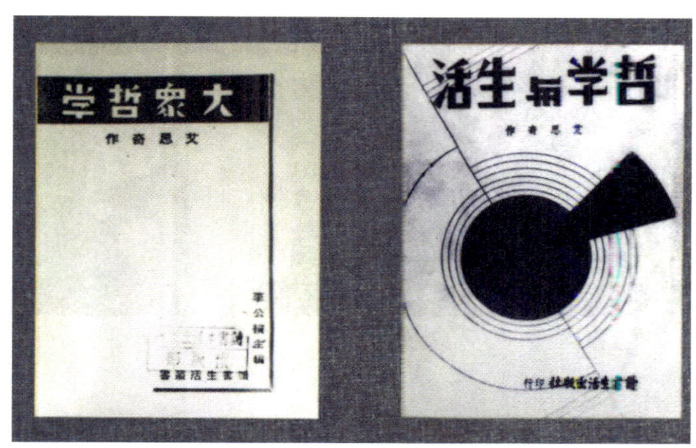

《大众哲学》《哲学与生活》封面

秘的面纱，使哲学从高高在上的神坛走到了广大民众的日常生活中。截至 1935 年 11 月，共发表 24 篇。1935 年年底，这些文章结集出版，并命名为《哲学讲话》。李公朴为该书亲笔作序：“这本书是用最通俗的笔法，日常谈话的体裁，溶化专门的理论，使大众的读者不必费很大的气力就能够接受。这种写法，在目前出版界中还是仅有的贡献。”这本书的畅销引起国民政府关注，不久即遭到查禁，再版时只好更名为《大众哲学》。

《大众哲学》在宣传马克思主义的启蒙运动中起到了重要作用，当时不少青年读者就是在它的影响下，走上了革命的道路。《大众哲学》的问世，也引起远在陕北的毛泽东注意。在当时边区经费很紧张的情况下，毛泽东致电叶剑英和刘鼎：“要买一批通俗的社会科学、自然科学及哲学书。大约共买 10 种至 15 种左右，要经过选择真正是通俗的而又有价值的（例如艾思奇的《大众哲学》，柳湜的《街头讲话》之类）……作为学校与部队提高干部政治文化水平之用。”《大众哲学》将艾思奇与延安及陕北公学，紧紧联系在了一起。

延安洗礼　1935 年 10 月，艾思奇秘密加入中国共产党。1937 年 10 月，在党组织的安排下，与周扬等一批文化界知名人士奔赴延安。消息传开，毛泽东高兴地对身边工作人员说：“搞《大众哲学》的艾思奇来了！”

到延安后，艾思奇就被派到抗日军政大学任主任教员，兼任陕甘宁边区文化界抗敌协会主任。他曾给 1000 多名抗大学员上露天大课。此外，他还在陕北公学任教，并兼任马列学院哲学教研室主任。

一天，艾思奇收到中央办公厅派人送来的一封信，信是毛泽东亲笔所书，写道：

艾思奇在延安

思奇同志：

你的《哲学与生活》是你的著作中更深刻的书，我读了得益很多，抄录了一些，送请一看是否有抄错的。其中有一个问题略有疑点（不是基本的不同），请你再考虑一下，详情当面告诉。今日何时有暇，我来看你。

毛泽东

信里有毛主席摘抄的《艾思奇哲学与生活摘要》的手书。其中有一段话："根本道理是对的，但'差别不是矛盾'的说法不对。应该说一切差别的东西在一定条件下都是矛盾。一个人坐椅摇笔濡墨以从事作文，是因为人与作文这两个一定的条件把矛盾的东西暂时统一了，不能说这些差别不是矛盾。大师傅煮饭，把柴米油盐酱醋在一定的条件下统一起来。店员与作家也可以在一定条件下统一起来。半工半读，可以把工、读统一起来。差别是世上一切事物，在一定条件下都是矛盾，故差别就是矛盾，这就是所谓具体的矛盾。艾的说法是不妥的。"

艾思奇反复思索着毛主席这一段评述，茅塞顿开，深深佩服其不凡的思维能力。而毛泽东写好信后，感到言犹未尽，于是便立即来找艾思奇交谈，在屋内因陋就简，坐在炕沿上说："我们虽是初次见面，但以文会友。我们早该是朋友了嘛！……生活条件艰苦，委屈你了年轻人。不过，这只是暂时的。你出生的家庭环境优裕，又长期在条件较好的日本、上海学习、工作，希望你既做革命的理论家，又要做吃苦耐劳的实干家。"随后，两人就艾思奇的《哲学与生活》和其他哲学问题进行了长谈。从此，毛泽东一直把艾思奇视为可以交谈哲学、深入交换对各种问题看法的密友。

1938 年 1 月 13 日，艾思奇又收到了毛泽东派人捎来的一封信：

思奇同志：

我没有《鲁迅全集》，有几本零的。《朝花夕拾》也在内，遍寻都不见了。军事问题我在开始研究，但写文章暂时还不可能。哲学书多研究一会再写还更好些，似不急在眼前几天。

梁漱溟到此，他的《乡村运动理论》有许多怪议论，可去找他谈谈。有空可来谈，但请在星期一星期五两天以外之晚上。

敬礼

毛泽东一月一二日夜

几天后，艾思奇夜访毛泽东。两人畅谈哲学及各种问题，浑然忘时，竟至通宵。1938 年，毛泽东在延安组织哲学小组，艾思奇、何思敬等人每周三晚，聚在杨家岭毛泽东的窑洞里，漫谈马列主义新哲学。后来，为了进一步推动马克思主义哲学的研究，毛泽东又倡议成立“新哲学会”，艾思奇与何思敬任负责人，毛泽东作为会员之一经常参加讨论和研究。年底，延安马列学院成立，艾思奇调任该校任哲学教研室主任。除讲课外，开始翻译马克思、恩格斯著作，并为国民党统治区的进步刊物撰写文章。

1939 年，哲学小组讨论的主要内容是《实践论》《矛盾论》。随后，中央机关学习小组纷纷成立，艾思奇任中宣部哲学小组指导员。按中宣部要求，艾思奇与吴黎平编写

毛泽东致艾思奇信手迹

毛泽东致艾思奇信手迹

1937 年 9 月，艾思奇（前排左三）、何干之（前排左一）在八路军西安办事处与邓颖超等合影

《唯物史观》，艾思奇还编了《哲学选辑》。

1940 年，艾思奇创办了陕甘宁边区第一本大型综合学术期刊——《中国文化》，并亲自担任主编。在创刊号上，毛泽东发表了《新民主主义的政治与新民主主义的文化》一文。艾思奇为该刊撰写了《论中国的特殊性》《抗战中的陕甘宁边区文化运动》《当前文化运动的任务》等文章，产生了广泛而重要的影响。

1941 年，艾思奇任中共中央研究院中国文化思想研究室主任，研究抗战以来中国各派的哲学思想，撰写《抗战以来几种重要哲学思想的评述》。次年，延安整风，艾思奇主编《马克思、恩格斯、列宁、斯大林思想方法论》。整风中，他仗义执言，反对"逼、供、信"，有针对性地撰写《"有的放矢"及其他》《不要误解"实事求是"》等文章。

普及推广辩证唯物主义、历史唯物主义　1943 年春，艾思奇调任《解放日报》社副刊部主任，针对蒋介石抛出的《中国之命运》一书，写了《〈中国之命运〉——极端唯心论的愚民哲学》，在《解放日报》发表。

1944 年 7 月，在"审干"运动中，艾思奇被撤销中央总学习委员职务，被批斗几次。后来，周恩来给他进行了甄别。1945 年，艾思奇出席中共第七次代表大会。当年 8 月，担任《解放日报》副总编辑；次年底，被任命为总编辑。1946 年，再版《论中国特殊性及其他》一书。

1947 年 5 月，艾思奇受中共中央委托，与张冲夫妇商谈在东北的云南军队起义之事，又在晋察冀边区的建屏县西柏坡，参加中共中央工委召开的土地会议。年底，撰写《社会发展史》。1948 年 10 月，在河北建屏马列学院讲授，并在《人民日报》上发表了《反对经验主义》一文。1949 年，随马列学院迁入北京，编写、修改《历史唯物论——社会发展史》，又撰写发表《关于社会发展问题的若干历史观点》。

1949 年 7 月，艾思奇当选为中国新哲学研究会筹备会常务委员会副主席。从此，他专门从事马克思主义哲学的教学与研究。

中华人民共和国成立后，艾思奇在中央人民广播电台播讲《社会发展史》，全国各地有 50 多万人收听和学习过，成为全国最大的“课堂”。不久后，其节目讲稿被编印成《历史唯物论——社会发展史》一书，出版发行达 100 多万册，影响不亚于《大众哲学》。艾思奇先后担任中共中央高级党校党委常委、哲学教研室主任、副校长；首届政协代表、政务院文教委会委员、西南军政委员会委员、国家对外文委常务理事，北京大学文学院教授；第一、二、三届全国人大代表，中国哲学会副会长。1950 年，为高等学校教师作系统的政治理论课广播讲座。1951 年冬，参加中央土改工作团到安徽宿县工作。

1952 年，艾思奇撰写《认清资产阶级思想的反动性》一文，尔后，治学严谨的艾思奇在接受领导和同志的批评后，对文中的片面错误作自我批评。

1954 年，艾思奇出版《辩证唯物主义纲要》。1955 年，撰写《胡适实用主义批评》和《批判梁漱溟的哲学思想》两篇论文。冬季，应邀赴波兰参加哲学学术讨论会。1956 年，被选为中共第八次代表大会代表。1957 年春，在中国哲学史问题座谈会上，对冯友兰的哲学观提出了异议。1958 年夏，回校参加整风“反右”运动，结束后，被下放到河南。9 月，任开封地委副书记和登封县委第二书记。在“大跃进”和“人民公社”运动初期，他曾赞扬过群众的激情。后来，“浮夸风”“共产风”泛滥，他针对“高指标”“高速度”问题，给省委负责人写过信。1959 年，他有针对性地发表《破迷信，立科学，无往不胜》《无限和有限的辩证法》等文章。

1961 年，艾思奇作为哲学组长参与编写高等学校文科教材，主编的《辩证唯物主义 历史唯物主义》，成为中华人民共和国第一本较为系统准确地论述马克思主义哲学基本原理的教科书。该书概括了中国革命实践的宝贵经验，具有中国化的特点，代表了当时中国马克思主义哲学教学与研究的最高水准。该书成为中国普通高校及党校、干校的哲学教材，对于培育中国哲学理论工作者，教育广大知识青年、干部和群众树立科学的世界观和方法论，推进中国革命和社会主义建设事业，都起了巨大的作用。1962—

1964 年，艾思奇给高等院校作哲学辅导报告。1965 年 8 月，他在《红旗》杂志上，发表《唯物辩证法是探索自然界秘密的理论武器》一文。

“党在理论战线上的忠诚战士”　1966 年 3 月 22 日，艾思奇因急性心力衰竭抢救无效，在北京病故，终年 56 岁。追悼会上，毛泽东、刘少奇、周恩来、朱德等党和国家领导人送了花圈，毛泽东在他的悼词上亲笔写下“党在理论战线上的忠诚战士”。

2010 年清明节，正值艾思奇 100 周年诞辰之际，艾思奇的部分骨灰从北京迁葬到和顺镇水碓社区。

艾思奇毕生为宣传马列主义、毛泽东思想不懈努力，著作文章共 362 篇，翻译 6 篇，在《人民日报》上先后发表了 20 多篇文章，这些文章以通俗明快、深入浅出的论断，成为推进马克思主义大众化、中国化、时代化的经典之作。

魂归和顺

故居留存　1910 年 3 月 2 日，艾思奇出生于李家老屋，该老屋为一院木构“一正两厢”式的传统平房，里面居住着艾思奇的同祖亲族。

1911 年，艾思奇的父亲李曰垓在和顺镇水碓村（又名蕉溪村）山丘的最高处，开始筹建一栋中西合璧式二层砖木结构的四合院民居。李曰垓聘请香港专人设计，并将图纸寄回腾冲，委托家中亲友帮助建造。建筑面积 932 平方米，视野开阔，设计巧妙。

1918 年，房屋建成。整个建筑采用中西合璧式的风格。中式的大门，西式的窗户。墙脚是用当地特产火山石砌成，人称“清水石脚”，工艺十分精湛。四合院为走马串阁楼，木材全部用本地出产的上等楸木建成。高墙大院、通栏串楼，外墙砖石、门窗做工精细，点缀以西式阳台，整体造型带有西洋风格。这在 20 世纪 20 年代是和顺的一种时髦。

1967 年 12 月，云南省政府在艾思奇故居大门的左侧设立文物保护碑。

艾思奇故居外景（2007）

艾思奇故居（2011）

建艾思奇纪念馆 1979年，艾思奇夫人王丹一带着艾思奇的遗愿，回到了故乡，重访了李氏故居，拜访了父老兄弟姐妹，并与亲属商定，将故居捐献给国家。

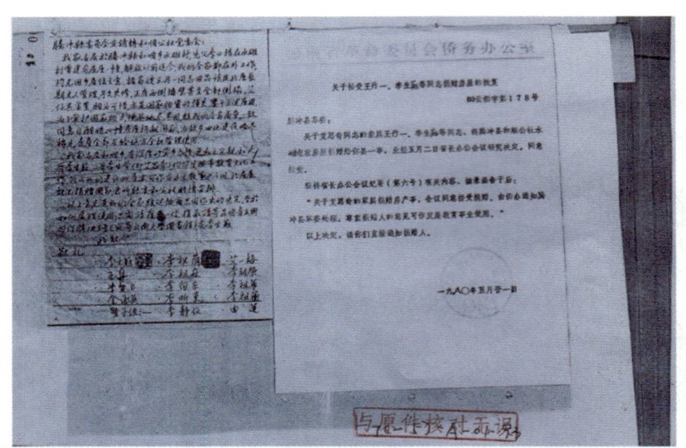

侨务办公室

以上决定，请你们直接通知捐赠人。

一九八〇年五月廿一日

1980 年故居捐赠的家族决定和批复

1980 年，艾思奇夫人王丹一及其弟李生勉等，将艾思奇故居捐赠给腾冲县人民政府。腾冲县人民政府开始着手修缮，全国人大常委会委员楚图南为纪念馆题写了“艾思奇纪念馆”匾额。

1984 年 10 月 1 日，经修缮后的艾思奇纪念馆正式对公众开放。1987 年，艾思奇纪念馆成为云南省政府公布的第三批省级重点文物保护单位。

1994 年，王丹一再次去云南，将艾思奇生前残存的藏书与手稿 844 种，2008 册，捐赠给了云南省图书馆，以此了却艾思奇魂归故里的心愿。

1997 年，云南省委、省政府将艾思奇纪念馆公布为爱国主义教育基地。

1998 年，王丹一再次将艾思奇生前遗物 137 件，无偿捐赠给其故居展室。

20 世纪 90 年代末，腾冲县人民政府对艾思奇故居进行修缮，并着手扩建。纪念馆内，中央电视台原主持人崔永元留言：“做人因思奇而真诚、哲学因大众而普通”，留言巧妙地埋藏了“思奇”“大众”四个字在里面。

2005 年 10 月 3 日，艾思奇铜像于纪念馆园中落成。

纪念馆展区　艾思奇纪念馆一共设有三个展厅，分为五大展区，图文并茂地展出了艾思奇人生的轨迹和哲学贡献。自 2005 年以来，艾思奇纪念馆先后接待了四十多批党和国家领导人，留下了很多珍贵的题词。其中，有全国人大常委会委员长吴邦国的亲笔签名，国务院总理朱镕基题写的“和顺和谐”等。

纪念馆展览的第一部分是“家学渊源”，介绍了家庭成员对艾思奇的重大影响；第二部分是“初历磨炼”，介绍了学生时代的艾思奇；第三部分是“大众哲人”，介绍了艾思奇早期的革命经历、写作《大众哲学》的历程；第四部分是“延安洗礼”，介绍了艾思奇在延安的成长经历；第五部分是“一代宗师”，介绍了艾思奇的研究成果和对中国哲学科学的多方面贡献。

艾思奇墓　1966 年 3 月 22 日，艾思奇因病在北京逝世。

据艾思奇夫人王丹一回忆：“艾思奇尽管少小离家老大未能归，但他对美丽的家乡和人民始终怀着深厚感情。他曾不止一次对我和孩子们说要一起回老家看看，却因种种原因始终未能如愿。”

1979 年，王丹一带着艾思奇的遗愿，回到了故乡，重访了李氏故居，拜访了父老兄弟姐妹。

2010 年 4 月，遵从艾思奇遗嘱的意愿，云南省各级政府及其亲友、群众，将他的部分骨灰从北京八宝山公墓迎葬于和顺水碓村后山之麓。

2016 年 9 月 3 日，王丹一逝世之后，家人遵其遗愿将她的骨灰送回和顺，与艾思奇合葬，挽联书：服膺革命数十年哲人典范永存昭国史，尽瘁神州一辈子鸳侣忠魂相继归故乡。

夫妻合葬的艾思奇墓位于和顺镇水碓村后山之麓。墓为覆斗状，坐东向西，火山石砌筑。墓基 2 级，方形，墓体正面嵌梯形大理石碑 1 方，直书镌“艾思奇之墓”。第二级墓基正面用大理石镶嵌，横书镌“卓越的革命家思想家哲学家教育家”。台基左三角立有《艾思奇简介》碑，楷书镌艾思奇生平简历职任。

2012 年 2 月，公布为县级文物保护单位。

2010 年艾思奇骨灰回和顺安葬

2016 年艾思奇夫人王丹一骨灰归葬和顺

艾思奇年谱

1910年 诞生 3月2日，生于云南省腾越（今腾冲）县和顺乡水碓村，原名李生萱。

1912年 2岁 随父母自腾冲迁居昆明，云南都督蔡锷收为“义子”。

1919年 9岁 因祖父李德润去世，随父母回腾冲和顺乡老家半年多。

1924年 14岁 在父亲李曰垓流亡地香港入广州岭南大学香港分校（教会学校）读高级小学高年级。

1925年 15岁 在香港读书一年后，因家庭经济困难，偕同弟妹返昆明。自习半年后，考入云南省立第一中学，插班读二年级。

1926年 16岁 在省一中积极参加学生运动，与进步同学举办工人夜校约两年。

1927年 17岁 因参加学生运动，险遭逮捕。取道越南逃往苏州，找大哥李生庄，不幸被捕，经李根源保释出狱。

赴日本求学，学习日语，自修德语，参加东京中共支部组织的“社会主义学习小组”。

1928年 18岁 “济南惨案”后回国，因病在昆明治疗。

大哥李生庄在昆明教中学，并兼《民众日报》副刊主编，艾思奇常向该报投稿。

1930年 20岁 病愈，再度赴日留学。秋季以优异成绩考入福冈高等工业学校冶金专业。学习德文以阅读马克思、恩格斯原著。

1931年 21岁 九一八事变后，激于爱国义愤返国回昆明。

1932年 22岁 8月，到上海泉漳中学任教员，参加“上海反帝大同盟”的活动，并在《中华日报》发表哲学短文。

1933年 23岁 写成《抽象作用与辩证法》发表在《正路》杂志创刊号上。经人介绍，到“社联”工作，写成《二十二年来之中国哲学思潮》等文。

1934年 24岁 6月，经“社联”安排，到《申报》流通图书馆读书指导部工作。后“读书问答”从《申报》中分出，改为《读书生活》半月刊，艾思奇为编辑之一。在《读书生活》上发表“哲学讲话”，成为实践哲学大众化的开端。在“量才业余学校”、陶行知山海工学团讲课。

1935年 25岁 《大众哲学》问世，此书为《哲学讲话》第4版易名出版。中华人民共和国成立前，《大众哲学》印行32版。10月，由周扬、周立波介绍加入中国共产党。

1936年 26岁 组织秘密的新哲学研究会和自然科学研究会。

任“读书生活出版社”总编辑，协助《资本论》中译本的出版。

1937 年 27 岁 《哲学与生活》一书出版。艾思奇创办《认识月刊》二期，旋停刊。又任《文化战线》旬刊等的编辑。

“八一三”事变后，艾思奇与上海文化界部分知名人士被调往延安。10 月，到达延安。

1938 年 28 岁 在延安抗日军政大学、陕北公学任教，担任陕甘宁边区文化界抗敌协会主任。延安马列学院成立后，艾思奇调往该校任教。

9 月，在毛泽东倡议下，于延安组织“新哲学会”。

1939 年 29 岁 任中共中央宣传部文化工作委员会秘书长。

毛泽东组织 6 人哲学小组，艾思奇为成员之一。

1940 年 30 岁 2 月，延安出版《中国文化》，艾思奇为主编。

陕甘宁边区文化协会第一次代表大会召开，艾思奇做工作报告。

延安举行新哲学会第一届年会，艾思奇做会务报告。

1941 年 31 岁 7 月，马列学院改为马列研究院，再改为中央研究院，艾思奇任该院中国文化思想研究室主任。

1942 年 32 岁 延安整风运动开始，毛泽东作整顿“三风”的报告。艾思奇主编《马克思、恩格斯、列宁、斯大林思想方法论》，作为整风必读文件之一。

5 月，参加了毛泽东领导召开的延安文艺座谈会。年底，参加陕甘宁边区党的代表大会。

1943 年 33 岁 年初，任《解放日报》社副刊部主任。艾思奇写批判《中国之命运》论文在《解放日报》上发表。

1944 年 34 岁 年底，参加延安高级干部的学习。

1945 年 35 岁 4 月，出席中共第七次全国代表大会。

8 月，任《解放日报》副总编辑。

1946 年 36 岁 4 月，任《解放日报》编辑室主任。年底，任《解放日报》总编辑。

1947 年 37 岁 3 月，国民党军队进犯延安，《解放日报》停刊。

5 月，赴晋察冀解放区，到达中央工委所在地河北省建屏县西柏坡村，参加土地工作会议。

年底，去北方大学工作；后又赴华北大学，任四部（研究部）副主任。

1948 年 38 岁 10 月，中共中央决定在河北建屏县重新开办马列学院，艾思奇调往该校任教。

1949 年　39 岁　春，北平（北京）解放，马列学院迁入北京，艾思奇讲授并出版《历史唯物论——社会发展史》。

7 月，在北京召开中国新哲学研究会发起人会议，艾思奇当选为筹备会常务委员会副主席。

参加全国政协筹备会及第一届政协会议。

1950 年　40 岁　被聘为北京大学文学院教授。

教育部邀艾思奇为高校教师作政治理论课的广播讲座。

1951 年　41 岁　冬，参加中央组织的土改工作团，到安徽宿县工作了四个多月。

1952 年　42 岁　回到北京，继续在马列学院任教。

1953 年　43 岁　8 月，当选为全国人民代表大会第一届代表。

年底，马列学院成立教研室，艾思奇被任命为哲学教研室主任。

1954 年　44 岁　在马列学院讲授辩证唯物主义，讲稿成书出版。

1955 年　45 岁　5 月，参加中苏友好代表团访苏。

秋，马列学院改为中共中央直属高级党校，艾思奇为校党委常委、哲学教研室主任，并兼中国科学院哲学社会科学学部委员。

中国科学院哲学所成立，艾思奇与潘梓年、金岳霖等筹办哲学刊物《哲学研究》，并参加出版筹备组工作，为编委之一。

冬，应邀赴波兰参加哲学学术讨论会。

1956 年　46 岁　当选为中共第八次全国代表大会代表。

兼任中国科学院哲学所历史唯物主义研究组组长。

1957 年　47 岁　春，参加中国哲学史问题座谈会。

1958 年　48 岁　因开展“反右”斗争，艾思奇返校。9 月，下放到河南，任开封地委副书记暨登封县委第二书记。

1959 年　49 岁　当选为第二届全国人民代表大会代表。

秋，下放结束，返回北京。

年底，中共中央任命为中央高级党校副校长，仍兼哲学教研室主任。

1960 年　50 岁　在中央党校第一次办自然辩证法学习班，编出第一部系统的自然辩证法著作《自然辩证法提纲》。

1961 年　51 岁　中共中央宣传部与高等教育部联名组织编写高教文科教材，艾思奇任哲学专业组组长，并主编《辩证唯物主义 历史唯物主义》一书。

1963 年 53 岁 曾一度主持中央高校党校的工作。

1964 年 54 岁 应中国科学院等单位邀请，作毛泽东哲学著作辅导报告。

1965 年 55 岁 当选为第三届全国人民代表大会代表。

冬，到通县南关镇和东北旺公社参加"四清运动"。

1966 年 56 岁 3 月 22 日，因心脏病病逝于北京，终年 56 岁。

3 月 25 日，在中共中央党校举行追悼会，毛泽东、刘少奇、周恩来、朱德、邓小平等送了花圈。彭真为追悼会主祭人，林枫主持了追悼会并致悼词。

历史贡献

代表作品 艾思奇一生勤勉，笔耕不辍，在学术生涯中出版了众多有影响力的著作，如《大众哲学》《哲学与生活》《艾思奇文集》等，主编的《辩证唯物主义 历史唯物主义》是中华人民共和国成立后第一本由中国学者自己编写的哲学教科书。这些著作的出版不仅影响了马克思主义在我国的研究和传播，同时对于出版界也具有一定的启示价值。

艾思奇主要代表作品一览表

表 3

出版年份	作品名	出版单位
1933 年	《抽象作用与辩证法》	《正路》杂志创刊号
1935—2009 年	《大众哲学》（初名《哲学讲话》，1949 年前曾出过 32 版）	人民出版社出版修订本
1936 年	《思想方法论》	生活书店
1938 年	《哲学的现状和任务》	《解放周报》
1941 年	《论中国特殊性及其他》	辰光书店
1950 年	《历史唯物论——社会发展史讲授提纲》	新华书店
1951 年	《历史唯物论——社会发展史》	三联书店

续表 3

出版年份	作品名	出版单位
1956 年	《辩证唯物主义讲课提纲》	中共中央高级党校出版社
1956 年	《什么是唯物论，什么是唯心论》	中国青年出版社
1956 年	《社会历史首先是生产者的历史》	三联书店
1960 年	《关于学习毛主席著作问题》	中国人民政治协商会议全国委员会学习委员会
1961 年	《辩证唯物主义　历史唯物主义》	人民出版社
1964 年	《唯物辩证法的范畴简论》	上海人民出版社
1977 年	《胡适梁漱溟哲学思想批判》	人民出版社
1978 年	《“有的放矢”及其他》	三联书店
1980 年	《哲学与生活》	云南人民出版社
1981 年	《艾思奇文集》(2 卷)	人民出版社
1982 年	《论文化与艺术》	宁夏人民出版社
1983 年	《唯物史观》(吴黎平、艾思奇合著)	人民出版社
1999 年	《艾思奇讲稿选》	艾思奇哲学思想研究项目组
2006 年	《艾思奇全书》(8 卷)	人民出版社
2012 年	《哲学与生活》(再版)	人民出版社

重要贡献　艾思奇在百孔千疮的旧中国，推出了催生进步革命的新哲学，在社会剧烈变革时期，坚决批判和抵制了竭力干扰中国历史发展进程的反动哲学，实现了马克思主义哲学的通俗化和大众化，助推了马克思主义的中国化，创造了一种新与旧交替的哲学精神和范式。他对丰富、发展和传播马克思主义哲学做出了宝贵的贡献，至今仍然具有重要的现实意义。

艾思奇在中国率先开辟了哲学通俗化、大众化的道路，第一次把哲学从哲学家的课堂里解放出来，成为广大群众手里的锐利武器。

艾思奇开拓哲学通俗化、大众化的道路，有四点鲜明的特色：一是把哲学与群众结合起来，为人民大众写哲学著作；二是形式上通俗化，内容上顺应时代之潮流，合乎人民大众之需要；三是深入浅出，生动形象，通俗易懂，借助于群众的语言来表达抽象的概念和深奥的哲理，从而把哲学迅速地传播和普及到人民大众之中；四是注重知识化和科学化，在通俗化、大众化的同时，又保持了哲学的科学性，做到科学化。

艾思奇为马克思主义哲学中国化、大众化做出了杰出的贡献。

哲学既要面向群众，又要面向现实，哲学大众化，不仅只是通俗化，它还包含着更深刻的内容——哲学中国化、现实化，也就是说，哲学不仅要与群众结合，更要与中国革命的实际结合，与群众的斗争实践结合，使马克思主义哲学具有鲜明的中国特色。艾思奇曾经指出，无论哲学的通俗化还是中国化都不是目的，更重要的乃在于哲学的现实化。

早在 1938 年 4 月，艾思奇就在《哲学的现状和任务》中旗帜鲜明地提出了马克思主义哲学中国化的主张。他以极大的包容性吸取哲学的精华，认为实现哲学中国化，应以研究新哲学辩证唯物论为中心，注意吸取其他哲学思想的合理的、积极的东西，正确地研究中国社会的特殊性，把握中国社会的客观现实和客观规律，正确解决中国无产阶级在本国革命斗争中的任务和战略策略等问题。艾思奇的著作，是结合大众所关心的现实问题而著，是马克思主义哲学初步中国化、现实化的第一个成功范例。

艾思奇注重哲学与人民大众相结合，马克思主义理论与中国实际相结合的精神，是值得我们哲学界、理论界永远弘扬的，他所走过的哲学通俗化、大众化和中国化、现实化的道路，对于我们在新的历史条件下探索哲学如何面向改革开放和现代化建设的实践，把握时代的脉搏，体现当今的时代精神，更好地为建设有中国特色社会主义的伟大事业服务，也是可资借鉴的。

艾思奇用马克思主义哲学理论教育了广大青年，培养了包括哲学理论工作者在内的大批革命干部。

艾思奇的著作，不仅对广大青年进行了启蒙教育，引导了大批青年走上了革命的道路，而且影响了许多知识青年热爱上马克思主义哲学，走上革命理论工作的道路。闻一多、朱自清等许多进步的教授也在读了之后深受影响。在整风运动中，艾思奇主编的《马克思、恩格斯、列宁、斯大林思想方法论》，成为干部必读书。在从事教学工作中，艾思奇用马克思主义哲学理论教育了大批新老知识分子、理论工作者和广大的革命干部，推动了中国革命事业的发展。他在新中国成立后写的《辩证唯物主义纲要》《辩证

2016 年 3 月，位于艾思奇故居的艾思奇大众哲学讲堂开讲

唯物主义 历史唯物主义》，既是开创性的又是基础性的哲学教科书，概括了中国革命实践的宝贵经验，对于培育中国哲学理论工作者，教育广大知识青年、干部和群众树立科学的世界观和方法论，推进中国革命和社会主义建设事业，都起了巨大的作用。

艾思奇对唯心主义哲学思潮及其毒害和影响，进行了有力的批判和斗争。

艾思奇曾总结五四运动至1933年哲学战线的斗争，重点揭露和批判了西方传入中国的生命哲学、新康德主义和唯意志论等现代资产阶级哲学流派。20世纪30年代至40年代初，以艾思奇为代表的马克思主义者，在“新哲学”论战中，对叶青等人的唯心主义反动哲学思想进行了批判。通过批判，对马克思主义唯物辩证法的产生对于人类认识史的重要意义、唯物辩证法规律的客观性和普遍性、运动与静止的关系、内因与外因的关系和作用、唯物辩证法的彻底性、实践在认识中的作用、社会历史发展的规律（如生产力与生产关系的矛盾运动等），都做了科学的深刻的论述。

在抗日战争和解放战争期间，艾思奇与社会上的反马克思主义，反辩证唯物论与历史唯物论的反动哲学思潮进行了坚决的斗争，重点批判陈立夫的唯生论、蒋介石的力行哲学和阎锡山的“中”的哲学。后来，他又先后写了《反对主观主义》《谈主观主义及其来源》《不要误解“实事求是”》《“有的放矢”及其他》等文章，帮助党的广大干部在革命工作中克服唯心主义、主观主义，坚持实事求是的思想方法和思想路线。

在新民主主义转变到社会主义改造和社会主义建设的过程中，艾思奇做了大量的哲学理论宣传和批判的工作，帮助知识分子、干部和广大群众，从旧意识、反动思想的影响和束缚中解放出来。1955年，艾思奇发文批判胡适实用主义和梁漱溟哲学思想，对于肃清大地主大资产阶级的唯心主义反动哲学思潮的流毒，帮助知识分子、干部和人民群众树立马克思主义的科学世界观和人生观，自觉坚定地为社会主义事业而奋斗，发挥了重要作用。

艾思奇为中国理论工作者树立了具有高尚品德和优良学风的光辉榜样。艾思奇不但为中国革命和社会主义建设事业，奉献了自己的全部智慧和精力，做出了令人敬佩的卓越贡献，其学术品格也极其高尚，他勇于坚持真理，修正错误，对于自己理论工作中存在发生的某些缺点和个别失误，绝不文过饰非，而是勇于接受批评，并在报刊上公开纠正。其德其行，堪称表率。

学习艾思奇深厚的爱国情怀、坚定不移的共产主义理想信念，在当代中国依然具有非常重要的意义，这就是一代哲人的“永恒价值”和“常青意义”。

重教兴文

和顺的教育在中国乡村堪称典范。两次出任腾越同知的陈宗海撰联赞：此地极边陲，何期士气民风不亚中原人物；历朝多俊彦，且看桃娇李艳皆含大造生机。发展文化和教育，成为一代又一代和顺人的共识。耕读为本，有教无类，私塾、书馆、义学堂等，渐次普及，成就人才甚众。清末废除科举后，和顺人办小学、中学，人文蔚起，远近称誉。清朝末民国初，和顺人的思想空前活跃，代表新思想、新文化组织——咸新社、崇新会应运而生，创建了全国乡村最大的图书馆——和顺图书馆和著名的华侨中学——益群中学。儒家文化与外来先进文化的荟萃交融，形成了开明开放、独具特色的侨乡文化，为和顺注入了文化之魂，各类人才纷纷脱颖而出，培育出一批又一批走出国门留学深造的英才学子和经济社会发展的栋梁之材。数百年的重教兴文，铸造了和顺和谐美好的社会风气，培育了和顺人良好的文化素养，为和顺社会和经济可持续发展提供了不竭动力。

和顺教育

家教庭训　明代随军赴滇的和顺先祖，多具有较高的文事武略素质，重视对后人的教育。屯戍以来，设帐育人，教化子孙，形成浓郁的教育氛围。六百多年来，和顺人普遍重视家教庭训。对“富贵难传三代，诗书可继百世”的至理认识深刻，家庭的长者言传身教，为子弟树立了良好的榜样。和顺人堂联的书写镌刻很讲究，除传承耕读文化外，治家、做人、处事等各方面的内容都涉及。有的把朱子治家格言工整地抄录，贴在中堂的板壁上，有的则把治家格言刻在中堂的插梁上，或中堂的走廊石栏杆的花板上，作为传代的家教庭训。如清末举人张德洋写给李兆安的堂联“立纪立纲光国学，克勤克俭振家声”；李根源写给张德辉的堂联“好将仁术培元气，立纪沉宁见化工”；李启慈写给钏加全的庭训“忠勇爱国之本，孝顺齐家之本，仁爱接物之本，信义

庭训（2018年）

立业之本，和平处世之本，礼节治事之本，服从负责之本，勤劳服务之本，整洁强身之本，助人快乐之本，学问济世之本，有恒成功之本”等都是家教庭训的典型，让儿孙耳濡目染，世代传承。

“勤劳、孝友、砺志、奋发”的道理，妇孺皆知。如张德洋的祖父早逝，子孙全赖寡居而穷途卖茶的祖母尹氏玉珍教养，尹氏教子孙奋志力学兴基。伯父张成瑞偕诸弟经商致富，于八莫创设“瑞兴祥”号，侨界享誉。堂兄张德溶、张德泽苦学中秀才，张德洋中举，家世大兴，俊彦齐聚。

从割马草做起的尹其顺、寸光斗、寸必美后入缅经商，诚信致富。这些鲜活的人物事迹激励子弟砺志奋发。

良好的家庭教育形成了良好的家风，促进了良好的社会风气。村间长者遇到孩童骂人打架，都会及时教育，顽劣不听者，可直接进行惩罚，家长绝无异言，还要感谢。

为了使更多的孩童受到教育，各村寨、各巷都办起学堂，或宗祠，或宽家大院，较早普及初小教育。和顺文盲少，就连老妈、老奶都有不少的识字人，这在云南的乡村实属罕见。

义学书馆 清雍正十二年（1734），腾越知州孔毓瑱与署州侯如树创设和顺义学，从此和顺教育渐次普及。

乾隆年间（1736—1795），举人寸式玉辞官归梓，主讲来凤书院8年，后在中天寺设书馆教授生徒，进士江舻即出其门。

嘉庆、道光年间（1796—1850），尹直臣及尹祖濂、尹祖澜父子三人设帐讲学，连绵三十余年，时人以“眉山三苏”誉其父子为“腾郡三尹”。尹家父子培养英才甚众，明经进士寸太斗、寸光斗弟兄及其父辈寸心德均出其门。

在发展和顺教育、栽培英才、开创文风方面，外地良师如尹艺、董大纯、赵端仁、赵端礼、范开明等，均有重大贡献，使得原有根基的和顺教育到了清代中后期更为繁荣，为近代教育的蓬勃发展、人才的脱颖而出奠定了坚实的基础。

和顺教育，不仅对教师聘请打破了乡党局限，而学子的受教也打破了地域的局限。凡到乡中求学者，一样乐教。清水乡镇夷关清嘉庆辛酉（1801）进士江舻受业寸式玉门下，最具代表。刘宗鉴执教期间，邻乡邻县来就读者极多，其中以蛮允周知仁（字静斋）最为出众。李根源说：“周静斋知仁来和顺从刘子明先生受业十年，称通才。归蛮允，终身惟读书教书，造成今日蛮允一方之文化，其功可谓大矣。要亦和顺学派沾溉之所及也。”正是和顺兴学育人的良好环境的影响，慕名到和顺求学的土司及邻乡邻县学子世代不断，和顺之教育文化影响边地源远流长。

道光二十六年（1846）至同治元年（1862），道光甲午（1834）举人尹艺在翕秀山馆、中天寺书馆授徒。“乐此英材辈，云梯好共登”。他师德高尚，男女老少都知晓“尹先生者最良”。

咸丰六年（1856），董大纯聘教和顺，前后十年。尹祖澜又在和顺义馆，与董大纯易子而教，其长子其槐，次子其桐均为秀才，形成尹家“父子祖孙作述一堂”的家学文风。

同治十一年（1872），赵端仁到乡设帐授徒，前后十年。光绪九年（1883），其弟赵端礼来乡教书五年。二赵先生以立志、敦品、苦学，严格要求学子，均是良师良友。弟子中成名的有张成濂、寸辅清、刘宗鉴、刘声仁、李景山、寸翊德等。

光绪初年，芭蕉关范开明在和顺设馆，《缅甸亡国史》的作者、被章太炎称为“弘廓深远张半达”的张成清就在其门下受业。李根源说：“成清慧而力学，为范先生所契。”光绪年间（1875—1908），乡人刘宗鉴、尹子章、尹梓鉴、寸辅清、寸翊清等设帐乡里。另有杨之镕、杨策贤叔侄到和顺设帐授徒。

和顺教育的兴起，离不开历代地方官员的重视和倡导，如孔毓瑱、吴楷、陈宗海、黄炳堃等，或兴建义学，或自捐、倡捐兴学经费，或兼教生员，或兼掌书馆。从而培养了大批人才，先后出现了李瓒、寸玉、寸式玉、许名宽、尹荣、李枝荣等故郡英才。据和顺明清两朝科甲题名录载，和顺先后有举人8人，秀才403人。

清河义学堂捐资功德碑（[illegible]年）

创办新学　清光绪二十四年（1898），和顺侨领寸尊福创立腾冲最早的女校——和顺明德女子学校。李景山兼任校长。学校免交学杂费，供给学生早、晚餐，提倡妇女解放，反对缠足。

光绪三十一年（1905），和顺举人张德洋在张氏宗祠内开设新学——清河义学堂。李启慈撰《寸干臣君传》云：“清光绪三十一年，郡人张德洋孝廉，创清河义学堂

1950 年弘农国学专修馆师生照

20 世纪初的和顺女校师生

20 世纪初的两等小学堂

于族内，采用新制，改良教法，自为主任，聘君佐之，一时从游极盛，且为吾腾办新学之导。”

光绪三十一年（1905），和顺寸辅清留日归国，创立永昌师范学校。

光绪三十四年（1908），为接纳各初等小学堂毕业生，全乡议定在文昌宫开办高等小学堂。李景山任校长。宣统元年（1909），增设初等班，成为两等小学堂，学制初等四年，高等三年。1912 年，赵藩公务到腾，请其书“和顺两等小学堂”校牌和校训“高必自卑，合德智体而并育；小能见大，通天地人者为儒”。1913 年，学生发展到 600 多人。

1912 年，李启慈创办女子高小。1927 年，李启慈接任和顺两等小学堂校长。

1919 年，和顺大庄杨春增在杨氏宗祠开办“弘农国学专修馆”，杨春增躬亲执教先后达 31 年。李根源为“弘农国学专修馆”书匾额并吟诗称誉：“大庄尚国学，特立专修馆。无锡有先进，希踪未为晚。”把弘农国学专修馆与自己和章太炎等曾讲学数次的无锡国学专修馆相提并论。弘农国学专修馆的学子，除杨氏子孙外，有教无类，不分地域、贫富、贵贱和智愚，对本村、本乡和县内外学子亦兼收并容，一视同仁。而且所收学费低微，贫者全免，还发给纸笔、课本。馆中由杨时育从上海选购经、史、子、集等大量书籍储藏，选聘剑川施复泰、杨丽洲，腾冲刘明德、吴家保、李长翠、刘湘云、尹黎周到馆传授国学。弘农国学专修馆的课程，以儒家经典为主，有条件时，亦设数学、英语、音乐、美术等课。该馆办学时间长，培养人才多，直至 1950 年，就读学子共 700 余人。

1939 年，文瑞记捐资创办腾冲女中，云贵监察使李根源致函省教厅为之立案，倡名“文辉女子中学”。

1940 年，由乡人、侨胞集资创办著名的华侨中学——益群中学。

1942 年至 1944 年 9 月，腾冲沦陷期间，自然村、巷纷纷办起秘密小学，王于家坡办“天水学社”，李家巷办“崇实小学”，大石巷、尹家巷合办“四单公立小学”，张家坡办“清河学堂”等，其中“崇实小学”规模较大，学生 100 多人。

和顺中心学校　1940 年，两等小学堂改名为“和顺中心学校”，校长由益群中学校长寸树声兼任，中、小学统一管理。腾冲沦陷期间，乡人继续秘密分散办学。腾冲收复后，恢复中心学校，尹氏、李氏等宗祠设立分校。

中华人民共和国成立后，“中心学校”改称“中心小学”。

1956 年，中心小学与益群中学分开管理。

1984 年，大庄、水碓两分校办成完小，与总校分开，总校与于家巷分校仍为和顺中心小学，校址在寸氏宗祠。

和顺中心小学（2018 年）

柏联希望小学（2018 年）

1999 年 1 月，学校新选校址在原益群中学大操场建校。

2000 年 10 月，和顺中心小学被认定为云南省“二级一等示范小学”。

2001 年 2 月，新校区建成。3 月，水碓完小与中心小学合并，一起迁入新校园。学校占地 16 亩，建筑面积 1743 平方米。

2003 年，中心小学自李氏宗祠、寸氏宗祠、尹氏祠堂等，迁入大操场新校舍。乡人彭安宁捐建“安宁楼”；旅缅侨胞贾思义、张景济夫妇捐建综合楼（含报告厅），竣工后命名“义济楼”。

2005 年，大庄完小另辟新址，移至上庄路口并更名为和顺柏联希望小学；2006 年 3 月 18 日，和顺柏联希望小学正式揭牌。

2007—2012 年，完成中心小学教师宿舍楼、食堂以及义济楼建设，进一步加大奖教力度。

2018 年，和顺镇有完全小学 2 所，小学共有 18 个班，在校学生 575 人，教师 33 人，

安宁幼儿园一角（2018年）

适龄儿童入学率及初中入学率均为 100%。

和顺幼儿园 和顺幼儿教育起始较早，1949 年前称“幼稚班”，附属于小学校；1949 年后称“学前班”，小学入学前普遍入学就读一年；20 世纪 70 年代末，和顺所辖十字路、水碓、大庄三个大队都单独办有幼儿园。后十字路、水碓幼儿园统一于寸氏宗祠开办乡幼儿园。

2005 年 3 月，乡人彭安宁资助建园资金建新园，幼儿园自寸氏宗祠迁入尹氏祠堂旁新园址，命名“安宁幼儿园”。9 月，大庄完小于上下庄之间的新校园建成（原在杨、钏二宗祠内），和顺结束宗祠办学历史。和顺幼儿园开始走“政企联资、学校办园”之路。

2011 年 8 月，云南柏联和顺旅游文化发展有限公司提供“和顺柏联幼儿教育保障金”，每年 25 万元。从此，实现和顺幼儿免费入园。

2013 年 8 月，和顺镇大庄幼儿园正式挂牌。

2018年，和顺镇两所幼儿园共有9个班，在园（班）幼儿355人，教员15人。幼儿入园率为100%。

益群中学

创办“益群” 为了发展文化教育，引进先进技术，培养人才，1939年，和顺人议定兴办一所私立初级中学，校址设于文昌宫。成立董事会，公议李根源为第一任董事长，推举李启慈为代校长。李启慈、钏玉阶赴缅甸向华侨宣传、募捐，李德和、李祖华在国内筹办开学事宜。公议寸树声为第一任校长。1940年4月25日，举行开学典礼，校名定为“益群”，取其有益于群众之意。益群的学生来自四面八方，有的来自腾冲各区（乡），有的来自梁河、盈江等地，有的来自国外侨区，除汉族外，还有回族、傣族、佤族、白族、傈僳族、景颇族等少数民族学生。益群学费低廉，对贫苦学生实行免费，还设有奖学金，真正体现了有益于群众的宗旨。截至2018年，益群中学培养学子近2万人，遍布世界各地。

1940年4月25日益群中学开学典礼

20 世纪 40 年代在后头坡修大操场

办学理念 首任校长寸树声确定了“教育与社会打成一片，生活与教育打成一片”的办学理念，学校始终不渝奉为指导思想。办学之初，寸树声兼任和顺图书馆馆长、中心学校校长、乡农村委员，益群中学和和顺图书馆高度融合。益群中学办学育人，强调“乡村学校教学的目的应该是养成在教室里，在图书馆里是优秀的知识的学习者，而出了教室图书馆又是优秀的生产者——一种新型的人才”。益群师生穿短裤、着草鞋。在学业之余，还亲手辟操场、挖游泳池，打扫全乡街道巷里、维护公共卫生，还经常协助乡民兴修水利、种小春（油菜、小麦）、发展副业、植树造林、美化环境，学校形成了艰苦朴素、发奋学习、自力自强的良好校风。学生品学优良，许多学生考入昆明、重庆、广州、上海等地高等学校。

发展脉络 1942 年夏，日军入侵，腾冲沦陷，学校于 5 月 8 日被迫停课。1945 年，益群复校上课，招收复一班学生。1953 年，因侨汇不通，学校经费拮据，呈请政府接办，获准，更名为“腾冲县第二中学”。1956 年，为光大侨胞爱国精神，云南省政府决定恢复“益群”校名，并由云南省教育厅颁定为“云南省腾冲县益群中学”。1957 年普办高中，成为腾冲县第二所完全中学。1972 年，建 4 幢 2 层教学楼。1985 年，国家拨专款 50 多万元，建 4 层教学楼。1987 年，学校迁入新校址。经过历年建设，学校基础设施逐步完善。1994 年，学校被云南省评定为“二级完全中学”。2018 年，益群中学有初中 8 个班、高中 30 个班，在校生 1922 人。在编教职工 167 人，专任教师 161 人。其中，高级教师 40 人，一级教师 58 人。

特色教育

创新教育模式 小学生参加中学的课外活动，五年级开始学英文和国语文法。成绩

1985年从缅甸到益群中学读书的首批侨生

优秀者可以跳级，免试升入初中。中学课程设国文等18门课程，还开设缅文、英语会话、经学等。益群学生知识面广，基础扎实。

招收复一班学生 1945年，益群复校上课。1940年学校创办后，第1班学生由于1942年腾冲沦陷，没有毕业，学校决定为没有毕业的学生设立复一班。复一班的学生复校后，保持了学校创建初期的优良学风，开启了学校新的旅程，发挥了重要的承前启后作用，为益群中学的传承与发展发挥了重要的作用。

开办侨生班 由于缅甸政局动荡，1985—1989年，学校先后接纳了缅甸瓦城、密支那、腊戍、木姐、南坎、洋人街等地华侨学生82人到校入学，有的高中毕业，有的初中毕业，还有的高小毕业。侨生毕业后，返回侨居地，在侨胞中产生广泛影响。1989年后，

益群中学鸟瞰图（2019年）

缅甸政局趋于平稳，缅甸华侨学校陆续开班，华侨学生能够就近入学，益群中学侨生班暂停开办。2017年，侨生班恢复开班，2017—2018年，共有侨生班2个，学生45名。

支教国外华侨学校 1992年2月，受国务院委托，益群中学选派一名教师到老挝沙湾那吉崇德华侨学校任教一年半。1995年2月开始，接受缅北南坎华侨会的邀请，先后选派了20人次到缅北南坎华侨佛经学校任教，帮助侨校解决中文教师紧缺困难，通过民间教育文化交流，为侨胞办实事。

社会办学 和顺各界特别是华侨大力支持益群中学办学。1939年，李彦彦赴缅甸向华侨募捐，侨胞热情赞助。1941年秋，校长寸树声又赴缅甸向华侨募捐，不仅腾冲华侨的踊跃捐输，广东、福建华侨以及印度、缅甸朋友均解囊捐助。两次共募捐5万余缅币（合6万银圆）。至1952年，学校教育经费一直由和顺旅缅崇新会支出。设立会定后，1965年前，海外华侨对学校修缮、购置有所捐助。1990—2003年，学校共接受缅美泰等10名华侨、港澳台同胞捐赠资金96万元，其中，奖教奖学基金76万元，建校资金20万元。2009年，设立“贾思义奖教奖学金”“柏联奖教金”“柏联奖学金”“柏联德育奖”。2010年，设立“燃灯基金”助学金。2011—2014年，接受华侨李祖才捐赠资金40万元。

校友会 1948年，由旅昆和顺华侨学生30余人在昆明倡议成立益群中学昆明校友会。校友会设立理事会，以有事共同商议、联络校友之间的感情为主旨，同时创办《益友》刊物。解放前，校友会组织校友秘密学习中共方针政策、毛泽东《新民主主义论》。部分进步校友曾参加一二·一运动，聆听李公朴、闻一多的演讲，投奔边纵部队，并秘密向同乡和侨商劝捐，购买部队急需药品，送交部队。1950年后，由于形势变化与校友

20世纪初旅缅益群校友组织的“益友”篮球队

益群中学华侨学生返校恳亲（2016 年）

各奔东西，活动中断。1994 年 2 月，经昆明市民政局登记批准恢复成立，为昆明市侨联团体会员。

在缅甸曼德勒及国内的芒市、瑞丽等地都先后成立有益群校友会，其中，由于地缘优势，瑞丽益群校友会在对外联谊上尤为活跃。20 世纪 80 年代，从益群中学毕业的侨生又成立了缅北益群中学校友会，为华文教育发挥积极作用。校友会中部分校友积极开展内外联谊、引智引资，为家乡、母校教育、公益事业做出巨大贡献。

百年会社

咸新社 清末以来，有感于国家积弱积贫、列强瓜分中国，和顺的志士仁人怀着富国兴邦的抱负，学习新知识、研究新学问立志改造社会，在家乡兴起了一场变革之风。

咸新社成立十三周年纪念（1918年）

咸新社牌匾（2015年）

光绪三十一年（1905），张德洋、李景山、李德贤、寸辅清等人在和顺乡成立一个发起维新改良运动的社团组织——“咸新社”。这是和顺人民于清末最早在边地创建的革新社会的社团组织。尹梓鉴在《和顺图书馆成立始末》中记载：“甲辰余设教和江……乙巳旋梓，尝与张君虚谷、春燕贤昆玉谈……乃相约乡人组织咸新社，改良风俗，每午后会聚文昌宫东楼演讲，提倡教育。翌年张氏清河学堂始从事新教授。未几，普及腾冲，此新学之滥觞。”

咸新社以汉景殿（现和顺图书馆所在地）为社址，购买图书，供人们免费阅读，研究时事。倡导除旧维新，破除迷信，反对缠足，提倡鼓励男子孩童人人入学，扫除文盲，发展工业，促进农事。咸新社首先是兴办新学。光绪三十一年（1905），张德洋在张家坡张氏宗祠内首先倡办清河义学堂，采用新教授方法授课。其次倡办工业。咸新社成立“和顺公司”，光绪三十三年，由和顺公司提供经费，让李启善到日本留学，学习制纸、石印技术；让寸嗣伯到日本学纺织。公司由日本购进当时先进的半自动织布及织毛巾机共25台，组织妇女织布，增加收入。咸新社组建乡间防卫队，名“团练局”，以维持全乡社会治安。

咸新社创办之初，“即与全乡绅耆计议并取得全乡父老之一致支持和赞许，首先决议先将全乡各庙宇之田粮香租全部汇集合一，为筹办有益乡里之各种事务基金”。咸新社系民间社团组织，因受到来自各方面的阻力，终使各寺庙的香租未能按原议定的方案集中，亦因受到封建保守势力的破坏，数年后入不敷出而瓦解，但咸新社深深影响了后来和顺思想文化的建设。

崇新会 五四运动后，改造社会的声浪更加高涨。生活在英殖民地缅甸的和顺爱国华侨，特别是一批有抱负、有作为的学子，在海外接触到许多西方文化和各种哲学思想，继承咸新社老一辈的遗志，于1923年先后成立和顺旅缅青年会、促进会。

崇新会会员证封面（2008年）

崇新会印章（2007年）

20世纪30年代的每日要讯（2017年）

1925年，和顺旅缅华侨中的知识青年于缅甸抹允成立崇新会，家乡和顺亦同时在青年会的基础上，改组成立崇新会，总会设在缅甸。之后，每年在缅甸举行1次周年大会。该会以“改良风俗为宗旨，改造本乡为己任”，旨在“使家乡达于文明进化之域”，《崇新会章程》中把“辅助教育，改良风化，公益建设”作为政纲。崇新会在和顺发起铲除迷信的活动，破除包办婚姻，提倡自由婚姻，提倡天足运动、从俭运动、文明结婚等。

在崇新会第五周年大会上，会员出版纪念刊，对本乡存在而需铲除的种种封建的、迷信的、落后的社会问题进行批判和揭露，并宣传崇新会的各种主张。本次会后，在缅甸仰光印制《和顺崇新会周年纪念刊》，每周年出1期。1936年，纪念刊改为《和顺乡》。

崇新会在家乡和顺的崇新运动，虽然遭到封建保守势力的反对，并设置种种障碍，阻挠运动的开展，但也得到更多乡人的支持与参与，有力地推动了和顺的社会改革和思想进步。

和顺崇新会运动持续15年，至1940年结束。

阅书报社 1924年，成立和顺阅书报社。

阅书报社由和顺青年会寸嗣徽、李湛春、李祖华等人发起，在无任何基础的情况下，在主村落十字街租了一间铺子，挂起“阅书报社”的牌子。阅书报社聘请和顺教育界先辈李景山为名誉社长、李启慈为社长。

和顺阅书报社得到了国内外同乡的捐助。乡人寸尊福捐《四部丛刊》全套，李曰垓捐《武英殿聚珍丛书》全套，张成莘捐《续古逸丛书》和《二十一史》各1部。在缅甸募捐得的款项，由寸以庄到上海置办新书。

1926年，乡人李祖华赴缅甸曼德勒，任阅书报社驻缅甸经理，负责书报的订购。因水上交通便利，李祖华把向国内外订购的书报一概经缅甸转运转寄，这样书报到社，较之由国内陆运缩短一半以上的时间。由于消息灵通，使城乡读者都闻风而至来书报社阅读。

随着社务的不断发展，阅书报社的一间铺子已容纳不了大量的图书和众多的读者。1928年，阅书报社迁入咸新社原址，继承咸新社遗留下来的研究中国历史政治、经济、文化等制度的“九通”1部，计2323卷、996册，以及其他物品，并改组为和顺图书馆。

星光音乐会 20世纪30年代的和顺小学，曾有一批爱好音乐的教师，平时兼任各班级的音乐课，如遇节日、纪念日，就在学校举行小型的文艺演出。但演出时没有西洋乐器的配合，效果不佳，便于1937年组织了一个音乐团体——星光音乐会。主要成员除音乐教员寸守静、李祖显、寸镇兴、寸时宽等人外，还招收社会人士李继元、李月英、赵毓永等参加，聘请外乡人李跃星作星光音乐会指导。星光音乐会有《简章》，内容分九章十八款，分述宗旨、入会条件及各项规章制度。

星光音乐会在和顺崇新会缅甸经理部寸嗣徽等人的支持下，进口一批乐器如小提琴、黑管等，每样1对，从上海购到国产大型风琴1台。乡人李生庄是一位音乐爱好者，把自己购置的1台钢琴捐赠给音乐会。从此，星光音乐会组织健全，乐器齐备。在文昌宫的魁星阁设立会所，存放乐器、开会议事。因为钢琴、风琴陈设于大殿，不便移动，所以演奏训练，都在大殿举行。星光音乐会经常演奏《梅花三弄》等古典乐曲。

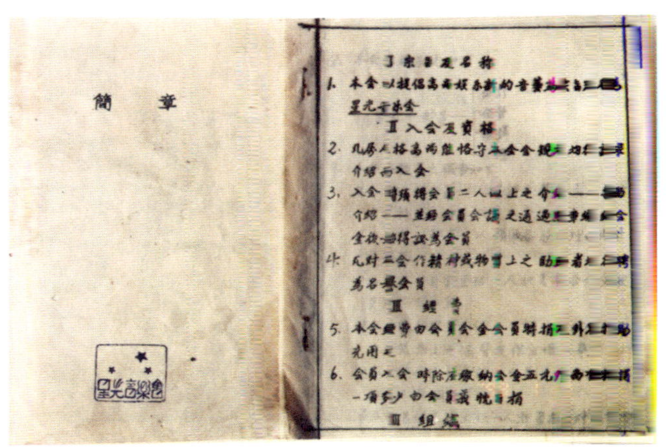

20世纪30年代的星光音乐会简章（2017年）

1942 年，星光音乐会因腾冲城沦陷而终止。部分乐器后归洞经会，因而和顺洞经会的乐器集中西之大成。

和顺图书馆

创建发展　和顺图书馆的前身是清光绪三十一年（1905）和顺青年知识分子发起组织的咸新社及 1924 年和顺青年会发起组织的阅书报社。

1928 年，和顺阅书报社在崇新会的努力下，正式发展成和顺图书馆，并迁到原咸新社社址。至此，和顺图书馆完成从初创到正式成立的历史过程。

由于图书馆的馆藏不断增多，原有馆舍不能满足需要，和顺人开始筹建新馆，和顺

和顺旅缅青年会（崇新会）1924 年在缅甸云南会馆成立时留影

和顺图书馆馆徽（200[illegible]）

崇新会会员通过募捐、发行奖券等途径，筹集到滇币1.7万余元，为新馆舍建设筹集到大部分经费。1938年春末，在和顺图书馆建馆十周年之际，新馆建成并投入使用。新馆设置书库、新闻阅览室、史志阅览室、图书阅览室及儿童阅览室，书籍21800多册，儿童图书3538册，订有各种杂志、报纸。和顺图书馆没有政府专项经费，其购书费用由华人华侨、社会贤达等捐资，购进大量图书。崇新会会员都能按时交纳会费和月捐，并捐书捐物，有的认定年捐，以克服经济上的困难。在图书馆创建和发展的前十年中，慷慨捐赠建设经费及古籍珍本、报刊、书架玻璃等实物者达两千多人次，贡献突出者逾百人。

和顺图书馆除了一般图书馆的功能外，还承担许多文化方面的工作。组织体育大会和星光音乐会；到国外或上海购买标本、仪器和课本书籍；选派、资送学子出国留学；开展平民教育，开办女子师范学校，创办益群中学。和顺图书馆内还设立了邮政代办所，并安排专人管理，经费由崇新会负责。“邮政代办所”的牌子，已被中国邮电博物馆确认为“中国邮电文物”。1934年春，归侨尹大典从缅甸带回一部收音机，后赠给和顺图书馆。图书馆把每日收听的新闻，摘录印制成《和顺图书馆无线电三日刊》，分送县城各机关、各乡镇、学校以至临近各县。七七事变后，图书馆把《和顺图书馆无线电三日刊》改为《每日要讯》。再加上以《和顺崇新会刊》《和顺乡》为舆论阵地，和顺图书馆一直是新文化的策源地。

建筑格局　和顺图书馆位于和顺主村落入口处，背靠依山而建、房舍密集自村落，门迎宽阔富饶的和顺坝子，两条小河从馆前流过，双虹桥卧于碧波之上。和顺图书馆建筑物由大门、中门、花园、馆舍主楼、藏书楼等组成，是一组中西合璧式的建筑群。大门为牌楼式，门额悬挂有和顺清代举人张德洋书“和顺图书馆”匾额，蓝底白字。拾阶而上为中门，是仿苏州东吴大学校门式样的“凸”字形宽平顶三门墙，门洞顶部呈半圆形，中门之上有李石曾“文化之津”石刻，以及胡适题写的“和顺图书馆”大匾。中门内为花园，园内花木扶疏，布局典雅。穿过花园即是图书馆主楼，为五开间土木结构的二层楼房，门额有廖承志题“和顺图书馆”匾额。两侧各突出向前半个六角亭，建筑立面玲珑别致。主楼后为藏珍楼，右侧为中华再造善本楼，左侧为文昌宫。

和顺图书馆（2010 年）

胡适所题和顺图书馆匾额（2018 年）

馆内藏书 2018年，和顺图书馆占地面积为5777.34平方米，建筑面积为4700平方米（含文昌宫和滇缅抗战博物馆旧址）。藏书共有11万余册，其中有一大批古籍、珍贵丛书、地方文献、重要报刊等，如清乾隆刻本《杨升庵全集》，手抄本《八一一楼梅花馆诗文集》，大型丛书、类书《武英殿聚珍版丛书》，大字本《二十四史》《四部丛刊》《古今图书集成》等；李根源捐赠的1000多册古籍线装书和著作，以及居住和顺时往来信函和著作手稿；《腾越州志》《腾越厅志》《永昌府文征》等地方史料；研究缅甸史及华侨史的第一手资料《华侨中心的南洋》《华侨宝鉴》《缅甸史略》《仰光日报》等。

馆藏书画 和顺图书馆馆藏书画160余幅，主要由李根源及社会各界人士捐赠。其中有价值的清朝、民国字画82幅，均由李根源赠送。

1949年，李根源回京时将自己收藏的字画留于和顺魁阁，时值和顺图书馆馆员刘玉璞发现有人计划偷盗余留字画，便将情况向乡公所报告，经商讨，决定将余留字画交由和顺图书馆进行保管。后由乡人与李根源联系说及此事，李根源便将余留字画赠予和顺图书馆。此外，由于条件有限，和顺图书馆馆藏书画长期沉寂于库房，以至于人们只知道和顺图书馆有“书”，而不知其有“字画”。

和顺图书馆还珍藏着部分名人手迹，如胡适所题“和顺图书馆”，熊庆来所题“民智泉源”，李石曾所题“文化之津”，郭绍虞所题“图书之府”，王云五所题“文化源泉”，李根源所题“文化鞠藥”，张天放所题“在中国乡村文化界堪称第一”，李曰垓所题“知识之门”，还有廖承志、楚图南、钱伟长、顾廷龙、周谷城、李希泌等人的题字。

历经磨难 1942年，中国远征军首次出征缅甸，因诸多不利因素导致战场失利，滇西大片国土沦于敌手。5月10日，和顺图书馆被迫闭馆。之前为保护馆藏书籍文典，由益群中学发动学生将大量图书搬运疏散到较为偏僻的石头山魁阁藏存，馆内仍留有不少书报、财物及益群中学教学仪具。当时的经理寸守纲、职员刘玉璞在馆与魁阁两处来回照料。

1944年6月27日，日军败退前最后一次侵掠和顺，数百名日军分兵两路包围和顺，准备大肆抢掠后火烧和顺。中国远征军预备二师四团三营营长骆鹏带兵解围，和顺图书馆才得以保存。7月，国民党军人进驻和顺，应预备二师政治部要求，雇人将疏散到魁阁的书籍搬回，重新开馆。为免遭破坏，师长顾葆裕手写一张“按奉陆军五十四军军长阙面谕，图书馆内不得驻军”告示贴于门外，予以保护。腾冲收复后，和顺图书馆正常开馆。战后世界政治经济发生重大变化，旅缅华侨的经营状况每况愈下，图书馆的经费

抗战期间订购了大量的抗日书刊（2008年）

来源更加艰难。但在馆长寸树声的带领下，馆务不仅没有萎缩，反而服务量更大，名气也更响亮。直至 1946 年，和顺图书馆的《每日要讯》依然坚持出刊、分送。

中华人民共和国成立时，和顺图书馆藏图书达 6 万多册，其中，古籍线装图书 6000 多册，工作人员为刘玉璞 1 人。20 世纪 50 年代至 60 年代中期，图书馆成为乡政府、县侨务科组织归侨、侨眷学习讨论的场所。“文化大革命”期间，馆藏图书损失达 7000 多册。

和顺图书馆馆刊 1928 年，和顺阅书报社正式扩建为和顺图书馆后，馆内订阅的缅甸华文报纸到达腾冲，虽需时一周，但较内地报纸仍快捷数倍，每届邮期，县城关心国事的读者，亦风雨无阻，相约来馆阅读。

九一八事变后，为满足人们对国事的关心，和顺图书馆特商得云南省第一殖边督办公署的同意，由那里带给官电一份，让图书馆以一寸见方的行书照录出来，张布在和顺十字街上。和顺孩童们会喊“打倒日本帝国主义”，老婆婆们会骂“挨万刀的日本人”。

1934 年，归侨尹大典赠送和顺图书馆无线电收音机一台，在馆内播音，公开欢迎乡人往听，开腾冲人民和无线电收音机接触的新纪元。是年秋天，馆方为普及消息，乃决定刊印所得新闻。由于那时广播电台播来的消息尚少，不便每天都印行，只好集积三天所得出刊一期，并取名《和顺图书馆无线电三日刊》。每期都及时分送全县各机关、各学校、各乡公所、各商号，以资扩大宣传，外县来函索求者，亦甚踊跃。

七七事变后，日本侵华战争全面爆发，民族危机更加深重，民众系念着国家的存亡，对每日新闻都急欲洞悉，天天都有很多人前来询问消息。馆方为满足民众愿望服务地方，宣传“全民抗战”之旨，提高大家敌忾同仇的心理，将收音机移至工作室内，以利工作。所得新闻，漏夜刻印，日出一张至三张不等，“如是者历十三看奇”（尹大典语），把三日刊改为日刊，称之为《和顺图书馆无线电刊》。在本乡巷闾里，托热心分子及早在通衢要道张贴，让人们随地可以就阅；在县城方面，也有专人迅速派送，上午十一时以前，也便都送到了。于是，前一日战事怎样，世界动态怎样，第二日很早便传遍全乡乃至全县了。因为消息的迅速准确，来函索阅的每天都见增加，刊印的数量也增到 400 多份。馆方经济薄弱，后来不得已才由阅者担负一点纸费，每月每份新币五角。

和顺图书馆第二任馆长李生庄于抗战爆发后，迅即创办了宣传鼓动抗日救亡的《腾越日报》，而且一切俱胜《和顺图书馆无线电刊》。当时，和顺图书馆正在加紧建造中西合璧式的新馆屋，准备庆祝建馆十周年，工作十分紧张。于是，1938 年年中把《和顺图书馆无线电刊》停刊了。但是，由于这份新闻小报深受读者欢迎，“旋因乡中父老督促而复刊”（尹大典语），继续担负起宣传抗战，鼓舞人民的历史使命。

1942 年 5 月 10 日，日军侵占腾冲。因形势的急剧变化，益群中学校长、和顺图书馆第三任馆长寸树声于 5 月 8 日将学生集合在礼堂上，上了“不当顺民，不做奴隶”的“最后一课”后宣布停课，和顺图书馆也只好关门。馆里的图书，由老师寸守刚和馆员刘玉璞负责，在益群中学学生帮助下，疏散到石头山的魁阁里藏起来，无线电收音机则由尹大典秘密地藏到张家坡靠山边的张德良家，后又转移至段应春家。《和顺图书馆无线电刊》被迫停刊。但是，后来日军宪兵大队还先后把收录抗日新闻的尹大典和曾刻印过《和顺图书馆无线电刊》的赵森林抓捕起来，施以刑讯。经过地方人士多方营救，一个多月后，才被释放出来。无线电收音机也才得以保存。

1944 年 9 月 14 日，腾冲光复，但抗日战争尚未结束，由于战争的创伤，和顺图书馆的《和顺图书馆无线电刊》在这时只能以壁报的形式出现，即将尹大典收录的新闻，用毛笔书写后，张贴在和顺十字街上和寸氏宗祠门口或文昌宫（益群中学校址）的大门口。不久，益群中学复校上课才又在和顺图书馆正式复刊，1945 年更名为《每日要讯》。

《每日要讯》不但像《和顺图书馆无线电三日刊》和《和顺图书馆无线电刊》一样，是用蜡纸刻写的 8 开油印件，每天及时收录、编辑，连夜刻印、裹装，第二天一早由专

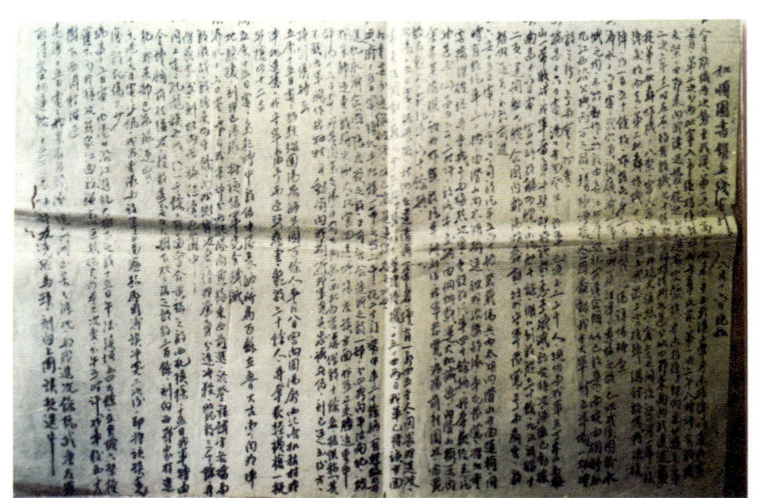

1944 年的《和顺图书馆无线电刊》(2017 年)

人分送、张贴于和顺乡内及县城，而且完全按照报纸的格式来设计排版。此时的《腾越日报》虽已复刊，但因沦陷中机器损失而改为刻印，比起《每日要讯》来相形见绌。因此，《每日要讯》的印数增加到 1500 份以上，还不能满足读者的需求。

遇有震动全国、震动世界的中国抗日战争和世界反法西斯战争的胜利捷报，《每日要讯》还用红油墨印刷，如 1945 年 9 月 3 日出刊的全为红色。其头条新闻是：“《日本降书已签订完毕》昆明九月二日广播：日本降书于东京时间今天上午十二点三十分，已经在美国密苏里号主力舰上，于庄严肃穆空气中签订完毕。”9 月 2 日，日本正式投降的签字仪式，当天即在和顺传开，第二天清早就见诸和顺的报端，并传遍全腾冲以及邻近的各县。

《和顺图书馆无线电三日刊》《和顺图书馆无线电刊》《每日要讯》自始至终成为学校进行时事政治和爱国主义教育的经常性教材，教师每天都要将此刊物读讲给学生；民众亦以此为不可缺少的精神食粮。如李家巷的李生用是位能书能画、多才多艺的匠人，非常关心国事，每当看到或听到哪里的国土又遭沦丧，日军又如何屠杀中国人民的消息时，都义愤填膺，怒不可遏，拍桌打掌，痛骂敌人，并且不吃饭以示抗议。

和顺的这份抗日新闻刊物由于大量报道“中共”“中共军队”的有关新闻，至 1946 年，国民党腾冲县党部书记李嘉祐便多次写信来干涉，凡提到“中共”“中共军队”，责令一律称“共匪”。在当时敢于订阅中共报纸《新华日报》，敢于悬挂毛泽东、朱德等肖像于馆内的和顺图书馆，和敢于阅读中共报纸的和顺中小学师生，根本不把这个命令放在眼里，继续刊行《每日要讯》；有关“中共”“中共军队”的新闻，仍称“中共”“中共军队”。这一来，使李嘉祐大为恼火，又连续发函至益群中学施加压力，露出剑拔弩张之势，非要改称为“共匪”不可。于是，在寸树声指示下，1946 年夏秋时节，只好将《每日要讯》停刊，以表示强烈抗议。

对这份前后刊行十余年，在腾冲及邻近各县起过重要作用的抗日新闻刊物，贡献最突出的有：腾冲沦陷前有尹大典（字庆五，1949 年后任省侨联委员、省人大代表）、李祖华（字秋农，益群中学第二任校长、县政协副主席、省政协委员）、李沛春（字汇园，和顺崇新会住缅甸经理、和顺图书馆馆务主任、益群中学教师）、寸树琼（字佩玖，和顺崇新会骨干、和顺图书馆馆务主任、和顺中心小学教师）、寸常年（字寿人，和顺崇新会骨干）、赵森林（和顺中心小学教师、和顺图书馆职员）；腾冲光复后，除尹大典、李沛春外，尚有李泽春（字润园，益群中学教师、和顺崇新会骨干）、李生魁（字耀北，和顺崇新会骨干、和顺中心小学教师）、李生仲（字亚伯，益群中学教师、和顺崇新会骨干）、寸时宽（益群中学教师）、寸尊正（益群中学教师）、李继元（归侨，退休于吉林）、寸爱国（和顺崇新会会员、旅缅从事华文教育）、寸镇华（华侨、爱国诗人、学者）、李祖显（和顺教师）等。他们中除一两人是侨眷外，均为爱国侨胞。他们长期义务劳动，夜以继日地工作，艰辛苦备尝，仍保持着满腔的爱国主义热忱。

在和顺图书馆的这份抗日新闻小报刊行的十多年里，和顺侨乡一直成为腾冲全县乃至邻近各县抗日新闻的发布中心和宣传中心，对激发和培养抗日救国的民族正气和爱国主义精神，起到了无可估量的作用。

图书馆保护　1972 年，腾冲县文化馆派尹之叟到和顺代理开馆。1976 年，图书馆交和顺公社管理，由归国华侨赵秀发负责。1979 年，身为云南省政协委员的赵秀发与在昆明的和顺籍委员刘国生、李镜天等联名，在省政协四届二次会议上，提交《请将和顺图书馆纳入国家编制，以便在现有基础上继续扩充，更好地为四化建设服务》的提案，引起省政府的重视。1980 年，和顺图书馆被正式纳入国家建制，作为腾冲县文化局直属二级事业单位。

1980 年后，在各级政府的关注下，数次拨款，按修旧如旧的原则对和顺图书馆大门、石阶和主楼进行整修和翻新，增添消防设施。1988 年，由国家拨款 15 万元，华侨捐资 9 万多元建造的藏珍楼竣工，建筑面积 266 平方米，楼上收藏古籍珍本，楼下收藏大量的民国文献和地方文献。1999 年，腾冲县将毗邻馆舍的文昌宫、土主庙、三元宫

中华再造善本藏书楼（2017 年）

所有权划归图书馆，使占地扩至 5500 平方米。2003 年，扩建景山园，全面修复文昌宫。2010 年，由中央拨款 350 万元，在景山园内建成善本藏书楼主楼 1 幢及两厢建筑，面积 667 平方米，珍藏中宣部赠送的“中华再造善本”。

2018 年，到图书馆借书、看书的读者约 3.82 万人次，到图书馆旅游参观的中外游客约 80 余万人次。

所获荣誉　1993 年，和顺图书馆被云南省人民政府公布为“云南省文物保护单位”；2003 年，被中国侨联命名为“爱国主义教育基地”；2004 年，被云南省委、省政府命名为“爱国主义教育基地”；2006 年，被国务院公布为“全国重点文物保护单位”；2009

和顺图书馆获全国重点文物保护单位授牌

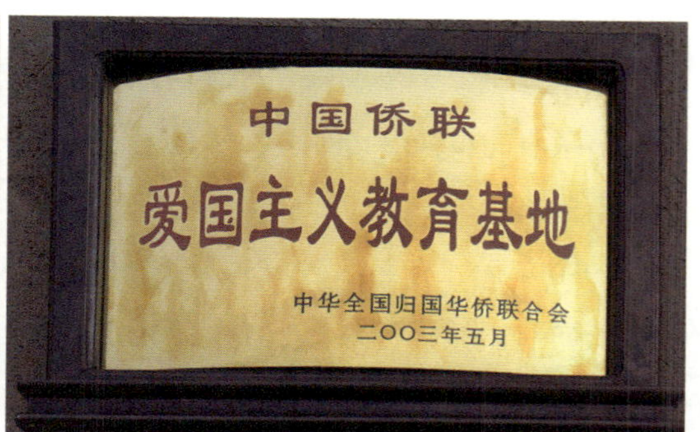

和顺图书馆获中国侨联爱国主义教育基地授牌

年，被云南省科技厅命名为“省级科普教育基地”；2012年，被命名为“全国人文社会科学普及教育基地”。和顺图书馆已成为图书、文博、爱国主义教育、科普教育、公共文化及对外宣传、旅游为一体的多功能综合图书馆。

博物馆　艺术馆

滇缅抗战博物馆旧址　滇缅抗战博物馆旧址位于土主庙、三元宫，是当年中国远征军二十集团军司令部旧址，曾在这里指挥反攻腾冲的战役。博物馆于2005年[illegible]月[illegible]日

滇缅抗战博物馆旧址（2010年）

开馆，时任中国国民党主席连战为博物馆题写了馆名，中央电视台《面对面》栏目在此制作了 3 期节目，接待了 50 余位当年参加过滇缅抗战的美国老兵，在全国产生了广泛的影响。

博物馆分为5个部分，包括山河破碎、悲壮远征、沦陷岁月、剑扫烽烟、日月重光。

和顺大马帮博物馆（2008 年）

通过大量老照片、纪录片、史实资料、油画、连环画等，和馆藏文物一起，真实记录、再现了那段悲壮的历史。展品有中国远征军、美英盟军、民众抗战等方面的文物共5000多件，另有1000多幅老照片。

2007年1月，滇缅抗战博物馆被命名为全国青少年爱国主义教育基地。

2013年，该馆内所展实物移至滇西抗战纪念馆。

大马帮博物馆 2008年10月1日，在和顺小巷开设"大马帮博物馆"。大马帮博物馆分为马帮馆、滇商馆及走夷方馆三个部分，展示文物2272件（马帮馆571件、滇商馆1126件、走夷方馆575件）和近百幅老照片，馆藏实物为乡人贾志伟提供的私人藏品；博物馆以其独到的设计，展示西南丝绸古道的历史、大马帮生活场景、滇商的辉煌、和顺人"走夷方"的生活方式，再现当年财富与文化积累的过程。

西南丝绸古道的马帮行走了2400多年。北方丝绸之路由于气候恶劣、战争频繁，从北宋时期就时断时续；南方丝绸之路一直延续到抗日战争；马帮则一直延续到新中国成立后。现在腾冲还有马帮。在民国时期，仅腾冲县就有14路马帮。和顺的永茂和商号在缅甸八莫有可以每天接待3000匹马的马店。清代末年民国初期，每天有二万多匹马、30多个国家的货物在这条古道上流动。

1944年，中国远征军第二十集团

军收复腾冲时，从当地一次就调集了骡马和驮牛2000多匹（头）。运输军粮20万公斤和大量弹药武器。大马帮为收复滇西立下了汗马功劳。1950年8月，腾冲所在的保山地区组织骡马近5000匹、赶马人1500多人，组成大马帮参加援藏。往返行程近2000千米，一路上走羊肠小道。过溜索、爬雪山，历经艰险，耗时115天，以损失骡马1600多匹的代价，把18万公斤大米运到西藏。为支援解放军进藏做出了贡献。这次援藏可以说是大马帮在西南古道上最后的辉煌。

大马帮博物馆是一座新概念博物馆，是一扇人们了解腾越文化和和顺文化的窗口。

皮影艺术馆　腾冲皮影戏，又称皮人戏、灯影子。在明代前期，随着大批中原军户征调屯田戍边而传来，皮影戏至今已有600余年。旧时在腾冲比较普及，多数乡镇都有皮影戏班。随着岁月的更替不断消亡，至2018年保存完好的，还有固东镇刘家寨戏班。刘家寨戏班，不仅在腾冲，也是在云南全省唯一存活下来的皮影戏班，堪称云南皮影戏的活化石。

2008年10月1日，在和顺小巷开设“皮影艺术馆”。共展出皮影靠子483件，其中，头靠236件、身带头靠106件。馆藏实物为乡人贾志伟提供的私人藏品。

腾冲神马艺术馆　2005年12月，在和顺文昌宫开设“腾冲神马艺术馆”，共展示神马雕版303块，其中，清道光以后的雕版145块、民国雕版136块、当代版22块，馆藏实物为乡人贾志伟提供的私人藏品。艺术馆反映了民俗宗教和神马艺术近200年来发展的历史。馆内复制了部分印版，为游客提供了参与互动印刷的平台，从中了解雕版印刷的流程，增添了趣味性。

皮影艺术馆（2009年）

神马艺术馆（2015年）

乡刊 集邮 书画

《和顺乡》刊 《和顺乡》是一份以传承、弘扬和顺优秀文化，加强海内外联谊和资政为宗旨的镇级刊物。办刊坚持高雅、清新的文化品位和风格，但凡和顺的文史源流、人文景观、风土习俗、名胜掌故，均有记载。同时，刊物突出和顺独特乡音、乡情，从中既可探知和顺六百余载文化之踪迹，又能见识今日和顺之风貌，是了解和顺文化之窗口和研究和顺文化的一个平台。

《和顺乡》前身为《和顺崇新会周年纪念刊》，创刊于1926年，每周年出一期。1936年起，《和顺崇新会周年纪念刊》改名《和顺乡》，出版不定期刊物《和顺乡》第一卷第一期、第二期和第二卷第一期，实则为半年刊。负责筹备编辑的主要有李祖兰、寸嗣徽等30人。因日军侵华，缅腾沦陷，和顺崇新会已无法正常开展活动，《和顺乡》一停便是半个多世纪。

1999年6月，经海内外乡贤倡议，经和顺乡党委、政府同意，《和顺乡》正式复刊。

《和顺乡》刊（2018年）

《和顺乡》编委会在和顺图书馆成立，复刊由和顺归国华侨联合会主办，杨发熹任主编，张孝仲、寸时畅等参与编辑，于当年出版《和顺乡》复刊第一期。2014 年,《和顺乡》进行改版，由和顺镇归国华侨联合会、和顺镇文化站主办，由张文才任主编、尹春晓等人负责编辑。

集邮 20 世纪 20 年代，和顺乡旅缅华侨寸嗣徽在海外以集邮为业余爱好，逐渐成为闻名一方的集邮家。他的邮票成箱满笼，邮册也精致考究。邮册上还装有防盗铃，是国外高档产品。他每年回家探亲，带回各地邮票，供乡中同好们赏玩或索取。这对乡人的集邮爱好起到了重要的启蒙作用。

20 世纪 30 年代后期，乡中知识分子李祖华、张溶等 6 人，组织了一个“双虹邮票社”。这个组织虽然活动时间不长，但影响了一代又一代的后人。数十年来，和顺集邮活动从未间断。作为支柱者，要数杨春生、杨润生、张孝仲、李栋生 4 人，多者集邮上万枚，少者也有四五千枚。最早的票品有清末蟠龙示、宣统登基票以及民国初年“光复纪念”“共和纪念”“邮政开办 25 周年”“中山陵”等，普票如帆船、农获、宫门、中山烈士和纷繁的改值加字票等。外票则有印度、缅甸、日本等国邮票。

20 世纪 80 年代，一些青少年集邮爱好者逐渐参加到集邮行列中。1982 年春节期间，腾冲县文化馆主办首届展览，邀请杨润生展出集邮藏品。1983 年元旦，杨润生应保山地区邮电局、地区群众艺术馆的联合邀请，到保山展出邮票，名称定为“保山地区首届邮展——杨润生同志的邮票展览”。同年 11 月，杨润生收集的《云南腾冲的邮戳》被云南省邮协筹备处征集，参加全国第一届邮展。在云南省第一届邮展中，参展的专题邮集获

和顺邮票（2013 年）

特别奖，杨润生被选为云南省集邮协会理事。1988 年，在杨润生的倡议下，联络全乡集邮爱好者，由乡文化站组织，成立“和顺集邮活动会”，成员有杨春生、杨润生、李春生、张孝仲、赵之翰，其余是青少年集邮爱好者，共 12 人。“和顺集邮活动会”是云南农村第一个集邮组织。在《云南集邮十年》一书中，被列入“1988 年云南集邮大事记”中的一项。“和顺集邮活动会”曾在乡中举办过 7 次邮展。

2013 年 5 月 19 日，中国邮政于“中国旅游日”到来之际，发行《中国古镇（一）》特种邮票一套，全套八枚，其中一枚就是云南腾冲和顺镇邮票，面值为 1.2 元，邮票的图案为百年古桥——双虹桥、小桥流水、古树蕉柳，既体现出了和顺的深厚历史底蕴，又展现了和顺完好的生态环境，是和顺的缩影。

书画　清朝末民国初，由于英属缅甸水路、铁路的开通，腾冲至缅甸八莫只有 8 个驿站，成为滇西通往国外的国际大通道。随着到缅经商的华侨越来越多，和顺乡人开设的商号大多数设于缅甸各大商埠，这些地方既是商家的集中地，又成为东西文化的交汇点。和顺藏有题赠侨商刘玉海、款署画于的花卉四条屏，有石侯甲戌（1934）秋于缅甸观音精舍画赠和顺侨商张成保（字佑之）的山水横幅，还发现为翡翠大王张宝廷刻制的边款是“己亥三月刻于缅都”的寿山石书画印章。民间还有李德和留日时赠送给西董的董采廷的山水油画、纸本，此画虽借鉴中国画，却又不是照搬和完全模拟，而是创造了属于民族的绘画风格。

清代至民国初年，腾贤及外地宦游、流寓的文人络绎不绝，对和顺的书画艺术起到交流和促进作用。腾贤中的江舻、赵端礼、黄槐清、杨之镕、李根源、周从镒、李

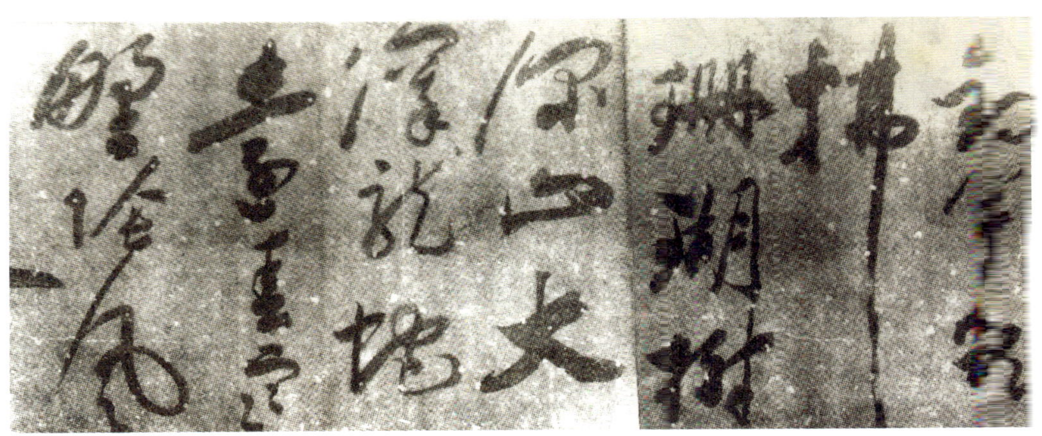

和顺尹氏藏文天祥行书长卷（影印部分）

治、段大勋、刘汝楫、梁正中、王开国、刘楚湘、张问德、吴宝泉、陶淑身、杨本亮、张天放、蓝益芳、赵德恒、田秋年、钏相伊、刘明德等都在和顺留下了石刻、匾联及真迹。

宦游备边到腾冲的轮庵、吴玥、周澍、陈宗海、余泽春、吴其桢、李良年、石鸿韶、刘安科、秦树声、蔡锷、赵藩、王恕、由人龙、李映乙、张其奎、张祖荫、赵钟奇、冯颐生、黄致中、王灿、黄孟浏等也在和顺留下了珍贵的墨宝。

和顺华侨亦儒亦商，与各地文人交往密切，互赠酬答，如刘春霖、鲁琪光、孙清彦、唐继尧、袁嘉谷、李增、周钟岳、赵时俊、顾视高、和志坚、朱家宝、曹霖、刘锡

李曰垓行书四条屏（书赠子群）

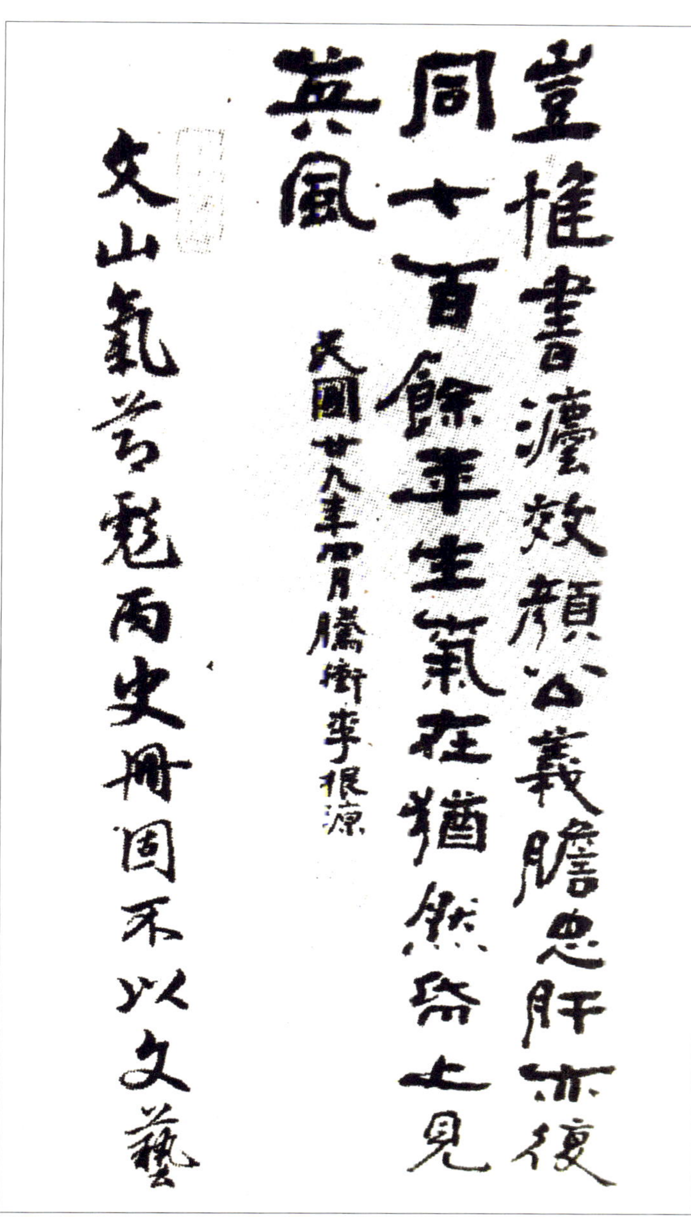

1940 年李根源为尹家题书文天祥行书长卷

张家收藏的溪山烟雨图轴

玲、李玉振、范石生、陈古逸、谭延闿、杨毓璋、李坦、沈从文、李培天等省内外名家均留下墨宝。同时还涌现了一批书画收藏爱好者，较有影响的有刘宗鉴、刘玉海、许佩、许卓如、张德辉、钏本惠、贾象坤、贾象仪、张守达、尹兆荣、杨春增等。

吴冠中 2003 年作品——和顺弯楼子

民间艺术

洞经古乐 和顺洞经也称“桂香古调”，由私塾先生蒋拔于清乾隆三十六年（1771）带至腾冲和顺，流传至今。

洞经古乐传入和顺后，深受和顺人喜好，很多人研习洞经音乐，随后成立了名为“和顺桂香会”的洞经乐团，据传先后由贾济川、贾澍川、李曰苾、许士珍、许寿先、张德贵、李生庄、李生柏、许洪伯、李吉根、李永强等人任会长，现任会长刘成。2012年4月，时刘成被列入腾冲县第二批县级非物质文化遗产代表性传承人名录。

中华人民共和国成立前，有华侨把和顺洞经带到缅甸，并在缅甸一直传承。20世纪60年代至70年代末，和顺洞经活动中止，直到1983年才恢复。1988年，旅缅华侨人缅甸将两部《文昌大洞仙经咒科仪》寄回国。完整保存了《文昌本愿经》《报恩》《太上

和顺“桂香会”演奏洞经古乐（2013年）

感应皇经》《北斗经》《南斗经》《清净经》等经典及其谈经乐谱，共计 80 余首，代表性曲目有《大舞队》《万年欢》《太极紫薇》《十供养》《昭君出塞》《士子儒生》《一百大吉祥》《清河颂章》《孝友腔》等。

舞狮舞龙 和顺先辈系明朝洪武年间（1368—1398）到腾戍边屯田，从中原带来了舞狮技艺，并传承下来。每逢传统节日或庆典活动皆有舞狮表演。清朝年间舞狮队由钏大荣带领，享誉腾冲县城及周边县市，并走向缅甸、泰国等东南亚国家，在弘扬中华传统文化方面做出了积极贡献。民国时期舞狮队代表人许洪锦经常率队前往全县各地进行表演。腾冲光复时，和顺大庄舞狮队专程前往县城进行庆祝表演数日，深受赞扬。

和顺大庄舞狮起源于明朝洪武年间，清朝末年发展壮大，至 2018 年，经历了钏大荣、许洪锦、钏有经、钏相武、杨达增、寸国智、钏相友、钏有信、钏相蔚等传承人。1949 年后，舞狮队进一步得到了发展壮大，由许洪锦指导，钏有经带队，成员有钏相武、杨达润、寸国智、杨达增、杨万贵等，该舞狮队经常活跃在全市各乡镇进行表演，所到之处，皆得到观众的一致好评，表演技艺日臻提升、完美。表演特技有“开四门”“金龙摆尾”“狮子滚绣球”“二郎担山”“采青”等，将文狮的表情、涵养、配合及武狮的刚劲、强健、浑雄巧妙结合。

除大庄舞狮队外，和顺还有不少舞狮队，如大石巷舞狮队，有李天富、寸尊任、尹怀仁、尹可安、寸待荣、寸时龙等舞狮能手。抗日战争前曾用 12 张八仙桌，累成塔形，

舞狮（2016 年）

由李天富、寸尊任二人舞狮表演穿越，充分表现出舞狮人的胆识和高超技巧。

和顺舞龙由来已久，在传统习惯中，人们把龙视为吉祥的化身。旧时，每逢大旱不雨，还有舞龙求雨的风俗。延续到今天，除在求雨、求晴的民俗活动中表演外，逢庆典、节日或贺寿等有意义的日子都会舞龙庆祝节日，营造祥和、热闹的氛围，同时表示美好的祝愿。

舞龙属汉族民间舞，又名“调龙灯”“舞龙灯”等。龙分龙首、龙身、龙尾，用竹制成圆筒，覆之以布，上画鳞甲龙形，一般长 12 节，逢闰年舞 13 节，每节圆筒一头装有木柄或竹柄；另有一个大灯球（龙珠）。表演时，一人持龙珠在龙首前逗戏，舞龙者执柄舞之，龙首紧随龙珠，带动龙身、龙尾，左盘右旋，上下翻飞，有“龙跳梢”“龙打滚”“盘龙头”“盘龙梢”“叠牌楼”“双龙戏珠”“四龙闹海”等多种舞姿。

经过长期的传承，和顺舞龙演练技巧和表演水平不断提高，经常受邀到市里的重大庆典活动中表演。

2016 年，和顺镇老年协会打破陈规，把女性组织到舞龙、舞狮的队伍中，其中，舞龙有男队、女队各一条龙。和顺的舞龙舞狮每年都参加“闹元宵”传统灯会展演。

百年滇剧 和顺滇剧从内地传入，清光绪十八年（1892），腾越镇总兵张松林带来随军滇戏班在腾冲县城演出。之后，相继有艺林班、福寿班、天庆班、新民同乐会等滇戏来演出。

舞龙（2016 年）

戏剧组表演滇剧（2007 年）

和顺滇剧的演出，始于 20 世纪 20 年代末，演出地点在财神殿古戏台。和顺最早参加演出的人有张玉贵、贾玉盛、寸尊任、李天福、尹生发、李曰然等，演出曲目包括各种折子戏，其规模不大。

20 世纪 30 年代，和顺滇剧艺术日渐繁盛，到腾冲沦陷前达到高潮。此时，和顺著名滇剧艺人主要有寸济清、李生堂、刘启绪、寸时爱、刘振才、刘玉泽、马自云等。每年演出有两三次，此时期的和顺滇剧演出在腾冲城附近已有名气。

抗日战争胜利后，又有一批青年人加入演出，有尹大刚、刘振显、尹茂仁等。演出剧目有折子戏和本子戏，演出剧目有《杀子豹》《四下河南》《孔明拜灯》《武家坡》《薛平贵》《破碗记》《五台会兄》《三娘教子》等。

1949 年后，和顺滇剧仍然在地方开展着不同形式的演出活动，保留了传统的演出。进入了 20 世纪 80 年代以后，和顺滇剧有了进一步的发展，成立了和顺滇剧小组。

抬阁表演 抬阁，就是由人抬着行走的亭台楼阁，是集历史故事、神话传奇于一体，融绘画、戏曲、彩扎、纸塑、杂技等艺术为一身的传统民俗表演。抬阁表演一般要与其他灯种相互搭配，很少单独演出。和顺每年一次的打保境活动，都有抬阁出现。

抬阁是根据民间传说，搭建一座与传说故事情景相匹配，且极具艺术特色的亭台，并在抬阁之上或最高处，由真人装扮相应的角色后固定在上面，做一些与节目气氛相融洽的表演动作。由于演员被固定在较高的台架之上，所以，对抬阁建造的牢固性和艺术性要求极高。抬阁上的演员皆由童男扮相，且被固定着不能上下和自由活动，饮食只能用长杆缚住后递送至其面前。

抬阁出演时，由数人抬行，多有高跷队、锣鼓乐队相随，踩高跷的演员皆为男性，装扮成书生、小姐等各种各样的角色，表演时以花灯舞步为主，走两步退一步，长袖飘逸舞动；有的演员技艺高超，还能做出各式惊险动作，令观众眼花缭乱，目不暇接。台阁的出场，人潮攒动，孩童们争先恐后，尾随喝彩。据《腾冲县志》载：“高跷及抬阁的表演者依故事角色化装，做出某一情节姿态，无对白及唱腔，属某种立体画面的呈现。”

龙潭秀水（2015 年）

文物古迹

和顺历史悠久，有众多的文物古迹，和顺明清时期的经济贸易繁荣，增加了和顺人手中的财富，增强了和顺人修宅固院、建设家乡的实力。体现明清民国中原建筑风格，又融入南亚、东南亚、欧罗巴建筑风格的古民居、祠堂、牌坊应运而生，为和顺镇留下了珍贵的历史文化遗产。和顺的民居建筑，堪称中国古代建筑的“活化石”。和顺古民居建筑多为深宅大院，有“一正两厢”、四合院、一正两厢带花厅等建筑形式，依地势而建，错落有致，紧凑而不局促，格局统一而又有很多变化，用料讲究，设计合理，布局紧凑，工艺精良，色调素雅，装饰含蓄。大多数的庭院流露出一种效仿与折射中国士大夫文化的气派、追求文化品位和精神情趣的向往、崇尚“儒雅”的风范。也有为数不少的民宅建筑流露出中西合璧的痕迹，体现了侨乡文化的特殊意蕴。古宅大院、八大宗祠、寺庙宫殿楼阁，共同构成了和顺古建筑群落。虽几经战争和动乱，和顺古建筑曾遭破坏，但所幸大部分结构尚好，风貌犹存。

金石石刻

成化钟 明成化十六年（1430）住持僧普应主持铸造和顺土主庙钟，据李根源《和顺乡居吟》中考证，钟上题名共十二姓，每字径1.5厘米。四方格钟壁，每格宽24厘米，高12厘米。字体虽为楷书，而书字平平。铸匠是钱升 “此钟去洪武定腾之年九十八年，先阳温登水利碑五十六年，此百五十年中仅留此迹，且略而无文，考古者无可遗憾”。1958年被毁，已无存，仅能从拓片大致了解书法风格。

明武宗敕寸玉碑 明正德十一年（1516），70岁的和顺先贤寸玉向明武宗告老还乡，鉴于他任职通事、鸿胪寺序班期间的贡献，明武宗特敕书褒扬。寸玉去世后，后人于和顺镇后山中心地带寸玉墓前约百米处，立明武宗褒扬寸玉石碑，以为纪念。

和顺后头坡駁马坝寸玉墓前约百米处，树立着明武宗褒扬寸玉石碑，碑文向南，与墓相对。墓与碑居全镇后山中心地带。墓前有石鼓坊与墓柱，距墓与碑前、后200米处

明代土主庙成化钟

2018年重修的明武宗敕寸玉碑

有石标杆石斗各一对。碑高 9 尺，宽 3 尺余，厚 6 寸。碑顶弧形，书额“奉天敕命”，篆体，阴文，每字径 6 寸，字两侧及上端刻龙与云图。碑文亦阴文，楷书，极为工整庄雅，秀拔遒劲，每字径 3 寸，每行 20 字，共 7 行。

附：明武宗敕寸玉碑文

奉天承运皇帝敕曰：

鸿胪之职，仪礼是司。顾惟传译之官，实重柔远之任。兹惟慎选，务在得人。尔鸿胪寺序班寸玉，早究儒书，兼通译语。发身庠序，列职京朝，当廷引奏，动合彝章。随事效劳，而举无遗慝，历年滋久，考绩惟勤。宜有渥恩，以示褒劝，兹特进尔阶登仕佐郎，锡之敕命。於戏！官不计崇卑，必求其称；事不论艰易，务底于成。益究乃心，以俟明陟。钦哉。

正德十一年五月二十一日

腾越州阳温登乡创兴水利述碑　腾越州阳温登乡创兴水利述碑，位于寸玉故宅前西北约 400 米处，游泳池岸边。高九尺，宽三尺，碑额为小篆、阴刻，分四行，每行三字，书法结构宽博，笔画较为细瘦，骨力劲拔。碑文遂磨灭殆尽，碑额上的十二字可读。李根源考证此碑立于明嘉靖二年（1523）以后，是乡人为纪念寸玉还乡后兴修水利的贡献而立。“文化大革命”时，此碑受周边掏泥的影响，倾倒破损，幸碑额尚存。1985 年，

水利碑碑碣（2017 年）

几位侨胞捐资重修。

鼎建中天寺常住碑　鼎建中天寺常住碑立于和顺中天寺内。清康熙三十二年（1693）立。碑立于大殿前廊下，火山石质，通高 184 厘米，宽 71.5 厘米，厚 16.5 厘米；额宽 100 厘米，高 56 厘米；阴刻，正书。

鼎建中天寺常住碑拓片（2011年）

鼎建中天寺常住碑是和顺现存碑记中年代最早的古碑之一。碑文记述了中天寺的由来：明崇祯八年（1635），乡人张朝海首捐巨资，创建山门和前殿，后乡人效之，逐渐增置殿宇，初具规模，取名为中天寺。碑文中的“河顺”一名，在现存碑文中第一次出现。碑文还记述了中天寺是和顺镇现存诸多寺观庙宇中第一个在和顺建的寺庙，对该碑记的保护和研究，是研究和顺佛教发展、地名变迁的重要实物依据。

附：鼎建中天寺常住碑记

粤稽和顺一区，自朱明正统以来，其间户殷繁，人文蔚起，而三足盈宁，代不乏人，未闻有能发深心以创建梵刹者。自崇祯八年，朝海张公捐赀开山，鼎建前殿，一时乡人争效法之，复起后殿，当年告成，名曰之“中天寺”。虽无层峦叠翠，而诸峰环拱，俨灵鹫之遥映高岗；虽无飞阁临江，而襟带盈水，若香海之西来一派。特因常住无资，香火间断，凡来主持，目为传舍。今得僧人性山等挂衲于此修梵行，感动人心，善信人等捐粮田以为常住，庶香火永远不断。爰勒石以志不朽云。

（舍田者名）

大清康熙三十二年岁次癸酉仲春月吉日

贡生李云章撰、主持僧性山率海晏等仝立

刘氏宗祠碑 位于水碓村刘氏宗祠前廊右山墙前，高200厘米、宽67厘米、厚9厘米。碑阳额题“葆我子孙”，内容为刘宏、刘宽、刘华汉立凭据认承顶纳职粮的记录，刻碑时间为清乾隆三十五年（1770）八月二十三日；碑阴刻“六志”（6个内容）、内容之一是乾隆二年二月奉旨永免丁粮一事，之二是强调“人丁既免，为族长者，万不可吱唔阖族分厘”。刻碑时间为乾隆三十六年。

附：《葆我子孙》

从来登之薄者，其事虽云不朽，而勒之石者，其事倍觉常昭。今阖族概不以琐屑者勒之，惟以刘宸等情愿写立认回粮石凭据，历历勒之，以示不朽焉。

“立实顶粮凭据人刘宸、刘宪同侄刘华汉等，情因曾祖台玄该职粮一石七升六合，此系有粮有田，不干阖族始祖继宗公族人四丁之内。不料台玄以己分职粮混入阖族四丁之内，于今阖族众实以吾嫡祖之职粮归之嫡孙顶纳。宸等实系台嫡孙，情愿顶纳此粮。自项之后，任从阖族当下得存案勒石为据。所有台玄一石七升六合之粮，永着宸等世世子

刘氏宗祠碑（2018年）

孙永远上纳，不致丝毫殆累阖族。如有此情，许国族执约赴官理讲。恐后无凭，立此文约为据。所顶是实。”

乾隆三十五年八月二一三日

立凭据人刘宸刘宪刘华文等

附：《六志》

一志：继宗公遗族四人丁，于乾隆二年二月初二日，吴大宗师（作奇）奉旨永免；

二志：刘台贤（玄）共该职粮二石二十四升，每斗条耗九分一厘五毫，每斗公件四分五厘；

三志：刘进先年曾移台贤（玄）户下自己职粮一石一斗，条耗外实着公件四钱八分四厘，刘进条耗移柱，公件未移柱，田在坡下；

四志：刘宸、刘近云以台玄职粮田舍入本乡三元宫，其粮共一石三斗四升零，条耗、公件一一如进照粮上纳，丰田二处：在小山脚与凉亭湾；

五志：等马田阖族捐银赎回，其契在三体父管理失落，递年租二十二，轮流生利后立口祠堂之资；

六志：人丁既免，为族长者，万不可吱唔阖族分厘。

十三十四十五代孙

乾隆三十六年仲冬月吉日立

碑文中涉及的“职粮”，是历代按官员品级分田，作为官吏俸禄的补充，称职田。明清以后，以职田所得作为官府公费和官吏俸禄（称职粮），由于地租重，农民多不愿承佃，而由官府抑配（强行摊派）。碑文所述即刘宸之祖刘台玄被摊派佃农种所应交的职粮混入阖族之内，经过清理后，由刘宸等认承顶纳。碑阴“志一”的“丁粮”，也称“丁银”，是成年男子所交的人口税（是封建社会苛捐杂税的一种，使人民不堪负累，至清乾隆初年才彻底豁免）。“志二”的“条耗”，是清代田赋的附加税之一，就是在征收正赋银两时加征的损耗。“公件”是无论田粮赋税还是杂派差役，均从田地上出，按粮上纳，称“公件”。“志六”所云之“吱唔”即“支吾”“枝梧”，欺蒙、哄骗之意。

两朝题名碑

和顺乡两朝科甲题名录碑立于和顺文昌宫。清道光二十九年（1849）立，后逐渐增添题名录。题名上溯至明代，下延至清末科举废除。

碑计6方，沙石质。高162～157厘米，宽68～62厘米。嵌于文昌宫大殿两厢魁星、朱衣两阁下之面壁，各3方。楷书，上列姓名，下注小字身份，明清两朝共计809人。其中，明代科名67人，官绅42人，身份残佚者12人，合计121人；清代科名594人，官绅86人，身份残佚者8人，合计688人。

该碑题名，在1970年“文化大革命”后期悉被铲去。至2000年3月，据

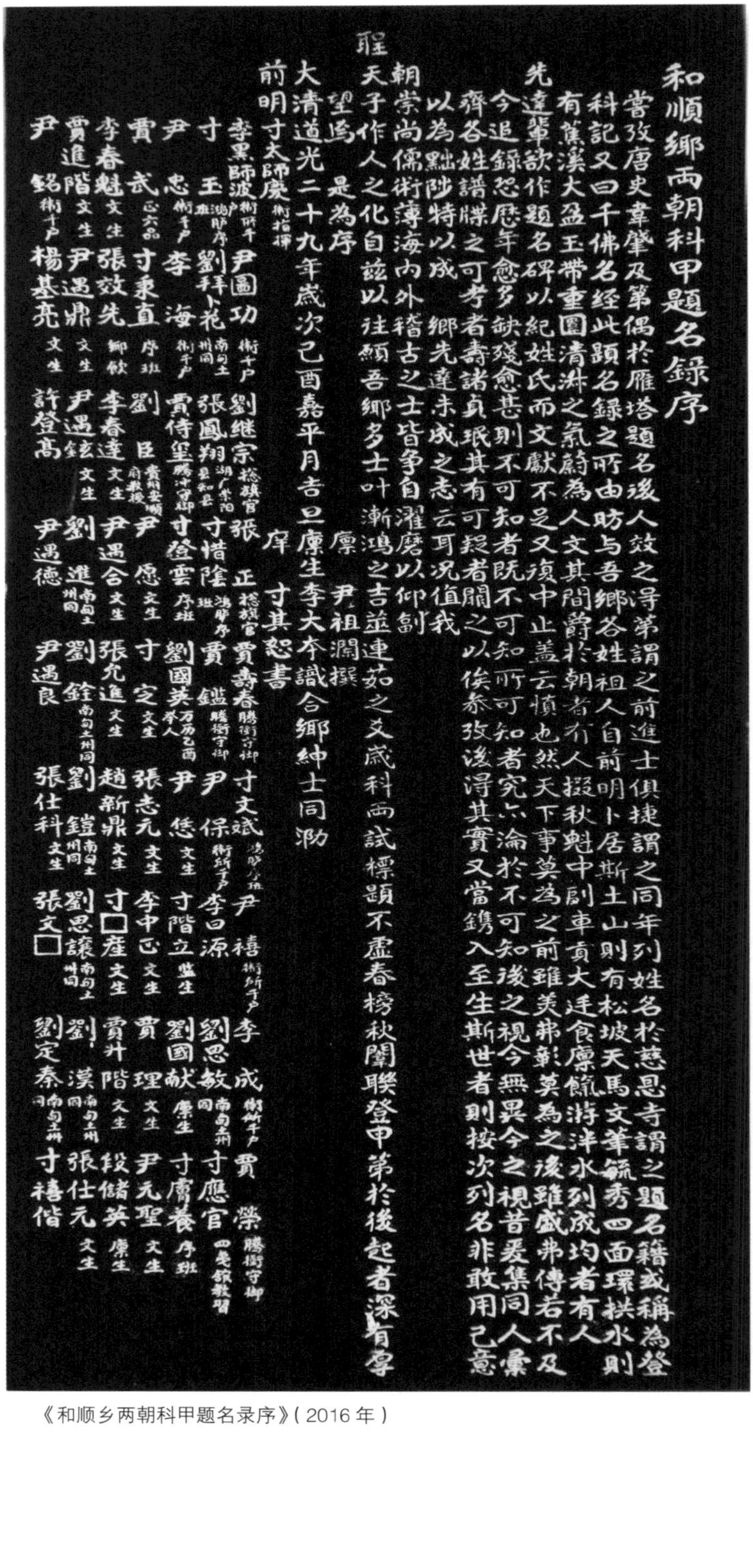

《和顺乡两朝科甲题名录序》（2016年）

和顺图书馆藏李根源原碑拓片，由刘硕勋补书上石，嵌于原位。碑后新镌乡人张三仲书跋，简述重刻因由。

该题名碑为和顺在腾越地域文化中所占重要地位，提供了历史之确证。和顺自腾冲于明成化间设立官学后，人文蔚起，科第蝉联，衣冠济济。一介小乡，出了三位举人：明代万历十三年（1585）乙酉科刘国英，崇祯八年（1635）乙亥科寸萃盘；清乾隆五十一年（1786）丙午科寸式玉，光绪五年（1879）已卯科寸性安、张成濂，光绪八年（1882）壬午科亚元刘宗鉴，光绪十七年（1891）辛卯科寸辅清，光绪二十九年（1903）癸卯科张德洋。其中最为著名的要数张成濂和寸辅清。

题名碑官绅中，有明代在朝廷官署任职的“鸿胪寺序班”“四夷馆教习”两个特殊的官名，须既熟汉语汉文，又悉缅、印、泰等国语言文字，具有熟练翻译外国语言文字的能力，而且要经过朝廷严格的考选。前者职责是接待外宾，寸氏家族先后有5人供职；后者负责培养外语人才，寸应官1人曾供职。此外，刘氏家族先后有8人任职“南甸土州同”，也是汉、夷语兼修。所有人中以寸玉最为著名，一身兼有序班、教授、通事之职，对国家和地方贡献卓著。

附：《和顺乡两朝科甲题名录序》

尝考《唐史》，韦肇及第，偶于雁塔题名，后人效之。得第谓之“新进士”，俱捷谓之“同年”。列姓名于慈恩寺，谓之“题名籍”，或称为“登科记”，又曰“千佛名经”。此题名录之所由昉与。吾乡各姓祖人自前明卜居斯土，山则有松坡、天马、文笔、毓秀，四面环拱；水则有蕉溪、二至，玉带重围。清淑之气，蔚为人文。其间登于朝者有人，掇秋魁、中乡举、贡大廷、食廪饩、游泮水、列成均者有人。先达辈欲作题名碑，以纪其氏，而文献不足，又复中止，盖云慎也。然天下事，莫为之前，虽美弗彰；莫为之后，虽盛弗传。若不及今追录，恐历年愈多，残缺愈甚，则不可知者既不可知，所可知者究亦沦于不可知。后之视今，无异今之视昔。爰集同人汇齐各姓谱牒之可考者，寿诸贞珉。其有可疑者阙之，以俟参考，后寻其实，又当镌入。至生斯世者，则按次列名，非敢用己意以为默陟，聊以成乡先达未成之志云耳！

况值我朝崇尚儒术，薄海内外，稽古之士，皆争自濯磨，以仰副圣天子作人之化。自兹以往，愿吾乡多士，叶渐鸿之吉，篮连茹之爻。岁科两试，标题不虚；春榜秋闱，联登甲第。于后起者，深有厚望焉。是为序。

尹祖澜

大清道光二十九年岁次己酉嘉平月吉旦

魁阁石刻　和顺魁阁摩崖石刻位于和顺坝子西南魁阁内的火山熔岩上，地理坐标：北纬 25° 00′ 18.1″，东经 98° 26′ 41.2″。

魁阁石刻为 1949 年李根源避居和顺魁阁期间，与寸树声、李祖华、李曰溥、张溶、刘玉瑞、尹大典、张岑达、尹乐文、李泽昌、尹乐育等人，精选明代以来乡中文人及备边到腾冲的名贤墨迹，共 29 幅，集中套刻，均为阴刻。集中分布在高约 6 米、宽 8.3 米、约 50 平方米的火山岩壁上，石刻就其天然不规则平面，字幅大小、高低、偃仰不一，横直书幅相间。字数除小款外，正文多则 14 字，少则 2 字；最大者，每字 60 厘米

魁星阁内石刻

见方。字体则正、行、隶、篆皆备，风格多样，美不胜收。另立《和顺感旧诗》与《绿杉行》两通石碑于厅前的走廊。重修山门时增加 2 方门额，共计 33 幅，形成和顺书法最多、最集中的地方。

魁阁摩崖石刻一览表

表 4

类	作者	作品	详情	序
宦游到腾冲明贤	明·邓子龙	白发朝仪	正书。高 135 厘米，宽 155 厘米。行楷。原作早佚，书迹因摩崖而存留	01
	清·刘安科	画禅	行楷。高 40 厘米，宽 30 厘米	02
	清·秦树声	青鸾白鹤蟠空下 画�β飞凫尽日横	行书。高 84 厘米，宽 70 厘米	03
腾冲乡贤	明·胡璇	帝眷在德	正书。高 63 厘米，宽 80 厘米。原匾悬于和顺土主庙，已不存，其迹因魁阁摩崖而存留	04
	清·赵端礼	游目骋怀	正书。高 130 厘米，宽 46 厘米	05
	清·黄槐清	洗眼来	行楷。高 60 厘米，宽 50 厘米	06
	清朝末民国初·杨之镕	益寿	隶书。高 33 厘米，宽 60 厘米	07
	清朝末民国初·李根源	鳌峰	隶书。高 60 厘米，宽 56 厘米	08
		古毓秀山馆	直书。高 55 厘米，宽 60 厘米，隶书。记载尹虞农、赵会楼先生教书于此	09
和顺乡贤	清朝末民国初·张成濂	天光云影	篆书。高 50 厘米，宽 100 厘米。其族侄张德溶钩刻其“天光云影”摩崖，得以留存	10
	清朝末民国初·寸辅清	学海	正书。高 36 厘米，宽 30 厘米	11
		芝庭	正书。高 36 厘米，宽 59 厘米	12
	清朝末民国初·许佩	雅度超光	正书。高 36 厘米，宽 40 厘米	13
	清朝末民国初·李景山	澹烟疏雨	行书。高 35 厘米，宽 30 厘米	14
	清朝末民国初·寸翊青	呼龙耕烟种瑶草 踏天磨刀割紫云	行书。高 47 厘米，宽 43 厘米	15
	清朝末民国初·刘声仁	清风庭砌数竿竹 曙色帘栊几本兰	行书。高 40 厘米，宽 35 厘米	16
		闲听清溪水 呼童扫落花	横书，高 50 厘米，宽 50 厘米，四行，行五字，行书	17
	清朝末民国初·李曰垓	一般说法生皆苦 三界离心色亦空	篆书。高 45 厘米，宽 100 厘米	18
	清朝末民国初·李曰基	万骑旌节九霄羽毛	行楷。高 45 厘米，宽 50 厘米	19
	清朝末民国初·尹子珍	坐谈今古	正书。高 45 厘米，宽 38 厘米	20
	清朝末民国初·李曰焕	明心见性	行书。高 48 厘米，宽 37 厘米	21
		座到名香为妙品 客来情话新梦闻	行书。高 47 厘米，宽 43 厘米	22
	清朝末民国初·张德溶	显明	篆书。高 45 厘米，宽 60 厘米	23

续表 4

类	作者	作品	详情	序
和顺乡贤	清朝末民国初・李启慈	大江当前	行书。高 56 厘米，宽 37 厘米	24
	清朝末民国初・刘闇	门吞双水白 楼压万峰青	行书。高 50 厘米，宽 60 厘米	25
		听涛	行书，高 70 厘米，宽 45 厘米	26
	清朝末民国初・刘宗鉴	魁光普照	横书，高 40 厘米，宽 70 厘米，行楷书	27
	清朝末民国初・李德爵	脱尘	横书，二行，行书。仅留一正书“脱”字	28
	清朝末民国初・尹学韩	清・松径	直幅，高 30 厘米，宽 40 厘米，行书。仅存“松”字，其余已残	29
魁阁厅前走廊二石碑				
	民国・李根源	和顺感旧诗	直书，高 165 厘米，宽 66 厘米，隶书，青石质地	30
	清朝末民国初・李曰垓	双杉行	直书，高 163 厘米，宽 67 厘米，行书，青石质地	31
重修山门时增二门额				
	清朝末民国初・张德洋	青锁	横书，高 46 厘米，宽 90 厘米，隶书，砂石质地，在山门上	32
		洞协天真	横书，高 46 厘米，宽 210 厘米，行书，砂石质地，在山门上	33

高花园摩崖

雪窦 横书，高 33 厘米，宽 55 厘米，三行，行一字，篆书，火山石质地，位于石头山绍春公园。为民国元老李根源所书，书法有汉魏意趣，拙中见巧。

幽奇 横书，高 28 厘米，宽 40 厘米，三行，行一字，篆书，火山石质地，在石头山绍春公园，为著名教育家顾品端所书。顾品端于 1948 年 5 月至 1949 年 3 月任腾冲县长兼田粮管理处处长，工书法，善治印。题字以大篆书之，书法收录《凤翅园石刻录》。李根源有诗赞誉曰，“野王亦心赏，大书古籀文”。

石庵 直书，高 65 厘米，宽 81 厘米，三行，行二字，隶书，火山石质地，在石头山绍春公园。为张德溶所书。张德溶善绘牡丹、山水画，工四体书，隶书尤得汉碑笔意，字迹流传颇多，碑碣石刻上所见亦不少。曾书和顺中天寺“佛法宏通”行书匾额及和顺财神殿“育养恩周”正书匾额。

高花园怀绍春老人 横书，高 35 厘米，宽 134 厘米，厚 7 厘米，十三行，行二字，隶书、沙石质地，现存和顺图书馆。为 1938 年李根源追怀绍春老人所题。诗文为“构成高花园，半生力瘁此。慷慨赠学堂，绍春死不死”。

雪窦（2005 年）

幽奇（2005 年）

石庵（2005 年）

高花园怀绍春老人（2005 年）

与世缘疏（2005 年）

与世缘疏 横书，高 35 厘米，宽 134 厘米，厚 7 厘米，五行，行一字，隶书、沙石质地，现存和顺图书馆。为清朝末民国初云南盐运使袁嘉穀所书。其书以褚遂良为骨，兼融米元章、钱南园而自成一体，滇中称“袁书”。

绍春园七绝一首 横书，高 44 厘米，宽 92 厘米，厚 7 厘米，九行，行三至五字不等，行书，沙石质地，现存和顺图书馆。为髯叟 1949 年仲夏题诗，书者姓萧，生平不详。诗曰：“创筑园林怪石巅，无边风月笼轻烟。绍春素具同人志，不给儿孙不卖钱。”

绍春园七绝一首（2005 年）

绍春园七绝二首 横书，高 44 厘米，宽 92 厘米，厚 7 厘米，十四行，行四至六字不等，正书，沙石质地，现存和顺图书馆。为刘明德陪其师贞介两游绍春园时所作，诗曰：“劈石栽花秋有骨，忘言得意隐之伦。原田十里青如许，和顺名园属绍春”，“秋水春风忆昔曾，追随杖履著芳尘。年来木石闻依旧，未许雪山雪笑人”。

题石头山绍春公园 七律一首横书，高 45 厘米，宽 134 厘米，厚 6 厘米，十五行，行二至六字，行草书，沙石质地，现存和顺图书馆。为清朝末民国初名士张问德贺绍春公园公开时题诗，其书法习褚遂良，别致洒脱，有其独创风格。“万花千树一楼台，乱石玲珑磊砢堆。高士昔年此孤隐，名园今日作公开。地兼绿野平泉胜，题乏青莲玉局才。一步画栏诗一首，一栏我占效颦来。”

游绍春园 横书，高 45 厘米，宽 134 厘米，厚 6 厘米，十二行，行三字，隶书，沙石质地，现存和顺图书馆。为李根源 1949 年春游绍春园时所作，诗曰：“园居奇石层堆里，人在春风浩荡中。但得尘氛都扫却，烈余山上作花佣。”

尹梓鉴题绍春公园 横书，高 45 厘米，宽 104 厘米，厚 6 厘米，九行，行四字，正书，沙石质地，现存和顺图书馆。为腾冲名士尹梓鉴所书，诗曰：“随山劈石起岑楼，遗志高风应永留。大好芳园归共赏，游人谁不景贤修。”其书法颇有功底。

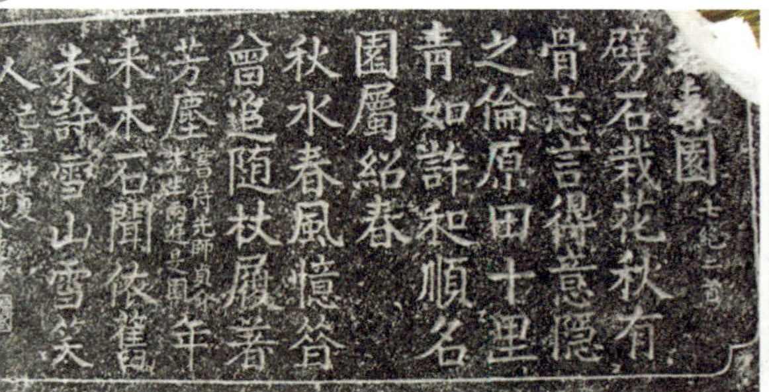
绍春园七绝二首（2005 年）

题石头山绍春公园（2005 年）

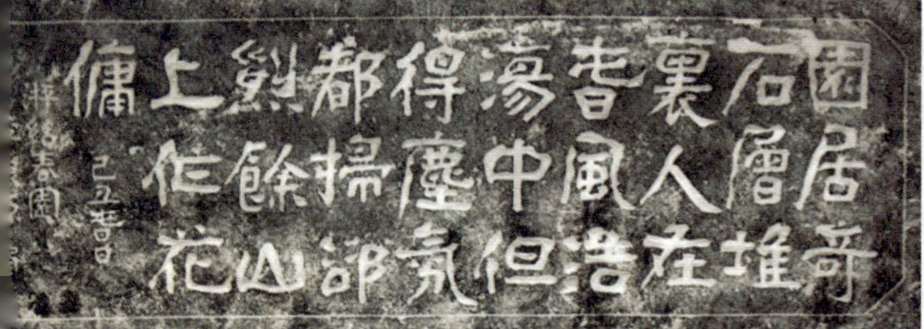

游绍春园（2005 年）

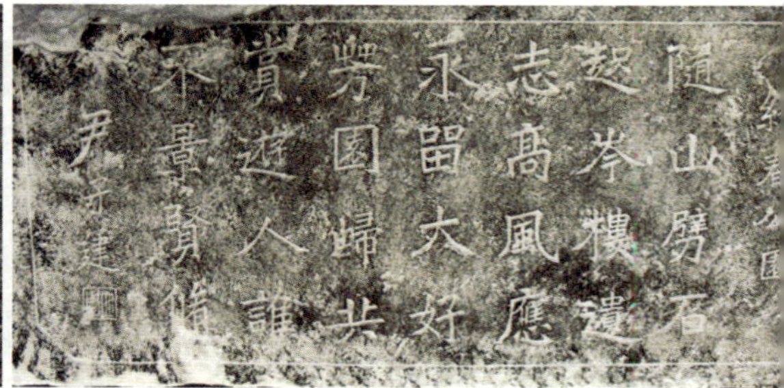
尹梓鉴题绍春公园（2005 年）

刘闇题绍春公园横书（2005年）

张德溶题诗（2005年）

刘闇题绍春公园　横书，高45厘米，宽102厘米，厚7厘米，十二行，行二至六字，行草书，沙石质地，现存和顺图书馆。为刘闇所作七言律诗：“雅负移山志甚坚，空砖亡已化明鲜。奇葩叠莳惬花隐，怪石峥嵘有漏仙。益美端须怜后哲，辟荒犹自念前贤。园名众与赢多少，好付人间不世传。”

张德溶题诗　横书，高45厘米，宽102厘米，厚7厘米，十一行，行二至六字，隶书，沙石质地，现存和顺图书馆。“故园台榭异寻常，斜倚阑干览大荒。高耸岑楼江水抱，奇开古洞石庵藏。山花满径春留永，云木齐檐夏亦凉。人往风微名卓树，更饶诗咏阐幽光。”

绍春园闲眺　横书，高45厘米，宽102厘米，厚7厘米，十二行，行二至六字，行草书，沙石质地。为李景山题诗，刻于绍春公园，现存于和顺图书馆。诗文为“天清气爽笼霞晖，历尽芳原转翠微。草色绿迷红板路，萝阴碧锁白云扉。蝶惊过客穿花去，鸟唤行人绕树飞。小憩兰亭酣畅饮，临风醉月乐忘归。”

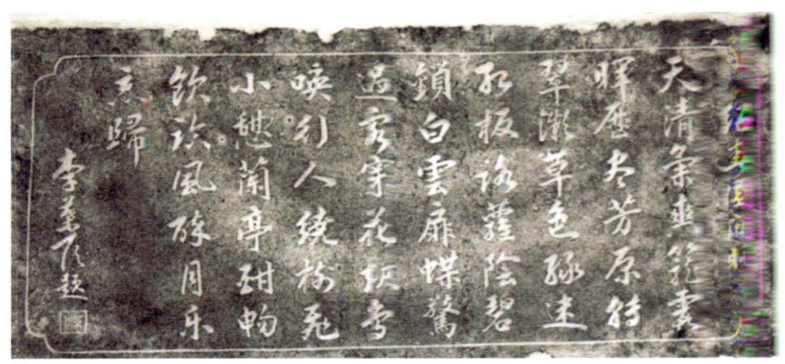
绍春园闲眺（2005年）

绍春公园摩崖石刻一览表

表 5

类	作者	作品	详情	序
宦游到腾冲明贤	清朝末民国初・袁嘉穀	与世缘疏	横书，高 35 厘米，宽 134 厘米，厚 7 厘米，隶书、沙石质地，现存和顺图书馆	01
	民国・顾品端	幽奇	横书，高 28 厘米，宽 40 厘米，篆书，火山石质地，在石头山绍春公园	02
	髯叟（生平不详）	绍春园七绝一首	横书，高 44 厘米，宽 92 厘米，厚 7 厘米，行书，沙石质地，现存和顺图书馆	03
腾冲乡贤	清朝末民国初・李根源	雪窦	横书，高 33 厘米，宽 55 厘米，篆书，火山石质地，位于石头山绍春公园	04
		高花园怀绍春老人	横书，高 35 厘米，宽 134 厘米，厚 7 厘米，隶书、沙石质地，现存和顺图书馆	05
		游绍春园	横书，高 45 厘米，宽 134 厘米，厚 6 厘米，隶书，沙石质地，现存和顺图书馆	06
和顺乡贤	民国・张德溶	石庵	直书，高 65 厘米，宽 81 厘米，隶书，火山石质地，在石头山绍春公园	07
		张德溶题诗	横书，高 45 厘米，宽 102 厘米，厚 7 厘米，隶书，沙石质地，现存和顺图书馆	08
	民国・刘明德	绍春园七绝二首	横书，高 44 厘米，宽 92 厘米，厚 7 厘米，正书，沙石质地，现存和顺图书馆	09
	民国・张问德	题石头山绍春公园七律一首	横书，高 45 厘米，宽 134 厘米，厚 6 厘米，行草书，沙石质地，现存和顺图书馆	10
	民国・尹梓鉴	尹梓鉴题绍春公园	横书，高 45 厘米，宽 104 厘米，厚 6 厘米，正书，沙石质地，现存和顺图书馆	11
	民国・刘闓	刘闓题绍春公园	横书，高 45 厘米，宽 102 厘米，厚 7 厘米，行草书，沙石质地，现存和顺图书馆	12
	民国・李景山	绍春园闲眺	横书，高 45 厘米，宽 102 厘米，厚 7 厘米，行草书，沙石质地。现存于和顺图书馆	13

寺观庙宇

土主庙 土主庙位于和顺镇主村落入口附近，始建于明代，其右为文昌宫，后为三元宫，现仅存一院及山门前的一字形照壁。山门和附属建筑均已无存，且门前入口更改较大，已难见往日之形貌。庙内曾供奉“摩柯迦罗大黑天神”，大黑天神为佛教密宗护法神祇。土主庙供奉摩柯迦罗大黑天神始于南诏，元末渐盛，是和顺最早的宗教场所。

魁阁 魁阁又称之为鳌峰寺，位于和顺坝子西南边石头山毓秀峰，始建于明代。现存建筑为清光绪十九年（1893）重建，是乡人供奉魁星、设帐育人的地方，同时也是乡人避暑纳凉、休闲的好去处。

魁阁由捷报桥、山门、大门、过厅、观音殿、魁星阁、聚宿轩、纯阳楼等建筑群组成。捷报桥设于毓秀峰下大盈江之上，寓意学子捷报频频，读书有成。

山门为一石拱门，有“青锁”二字石刻，为清代和顺举人张德洋手书，有锁住青山、保护森林之意。

大门上高悬楷书“魁星阁”一匾，两旁挂和顺秀才刘阇对联“门吞双水白，春压万峰青”。入门内天井有火山石摩崖石刻群，上下刻满腾越文人雅士之笔迹。过厅中有石刻两块，一为李根源 1949 年作的《和顺感旧诗》，一为李曰垓 1931 年写的《双杉行》。

主建筑魁星阁，建于高台基之上，是一座体型端庄、飞檐翘角的六角形重檐攒尖顶楼阁。阁楼体量虽然不大，但因形借势，大有直通天际之感。阁里供奉着魁星。阁楼正面二层檐下悬“魁星阁”匾额，一层檐下悬“笔参造化”匾额。整个魁星阁造型灵秀，端庄朴实，雕刻精美。登楼远眺，层峦叠嶂，美不胜收，仿佛置身于“绿色海洋”。有诗赞曰：

江上青山一阁横，寻幽好向小桥行。
石间花映藤萝满，栏外风清水月平。
静坐推窗云欲入，兴头得句酒频倾。
暮归不待渔家火，射斗文光到处明。

聚宿轩建于摩崖之上，歇山顶阁楼建筑，为文人雅士聚集之所。

由聚宿轩西行十余步，即至纯阳楼。纯阳楼也称吕祖庙，建于 1917 年，为三开间重檐硬山顶穿斗式建筑，二楼明间塑有被道教全真派奉为北五祖之一的吕洞宾像。楼前院心内卧一石牛，称“青牛”，是利用院子内的原生岩石雕凿而成的，形象生动逼真，取材于老子乘青牛过函谷关，关令尹喜被点化而成道的故事。纯阳楼位于毓秀峰的最高点，视野极好，为观景理想之地。登楼远眺，远观宛如巨龙的高黎贡山，近可看四座大山环列的和顺坝区之秀丽景色。魁阁历来就是和顺教书育人的地方，清代举人尹艺曾在此地教书数年，培养了不少乡中子弟。同时也是文人雅士小憩及乡人清闲纳凉的去处，留下了不少咏吟和顺的佳作。1949 年，李根源小住魁阁写下了《和顺乡居吟》，乡中历史典故、人物轶事尽在其中，成为后人研究和顺的重要史料。20 世纪 80 年代，魁阁曾为和顺敬老院，现为道教活动场所。

文昌宫　文昌宫与和顺图书馆毗邻，现存建筑为清道光年间（1821—1850）所建，

魁阁远景（2012 年）

文昌宫（2013 年）

有三进院落，沿中轴线对称布局的建筑群。由后殿、大殿、魁星阁、朱衣阁、过厅、两厢、大门及最前面的大月台组成。

经过主村落入口处的照壁牌坊后，先上一段台阶，左边往上进入图书馆，右边绕过一段围墙至一圆弧形月台，即为文昌宫大门外的停留缓冲空间，门前又有两段台阶过渡。

文昌宫门口两侧的围墙成八字展开。经过牌楼式大门进到第一院，左右为二层厢房，中为开敞的过厅。过厅两面山墙不砌筑土墙，而采用“同柱过梁”的构架方式，直接于两山外再各建一开间耳房。耳房与过厅的进深相同，面宽外檐与前面厢房后墙齐平，并于过厅前檐廊两端凹进一块，作为进入其内和厢房二层的入口。

由过厅进入第二院，左右分列两栋带浅廊道的精巧阁楼，左为朱衣阁，右为魁星阁，分别供奉科考场上主管文章入格的朱衣及主宰文运的魁星。两栋楼阁造型相同，底层为三开间长方形平面，两次间较狭小，约为明间的三分之一宽，其中一端与后墙还有一段距离。两阁底层次间还各嵌有碑石三块，为清道光二十九年（1849）尹祖澜撰、李大本暨合乡绅士同泐、文生（恩加六品）寸其恕书的和顺乡两朝科甲名录碑。清道光三清末续有增添。6 块石刻共列明清两代名录 809 人，记录了和顺历史上的 8 个举人、403 个秀才。“文化大革命”期间被毁，幸有李根源拓片，重修文昌宫时得以修复。

大殿为三开间重檐歇山式屋顶，面宽约 12 米，平面柱网格局近似正方形。殿阁雄伟、雕梁画栋、石栏回环，气势轩昂。大殿内塑奉的文昌帝君及侍童像早已被毁。在文昌宫设立益群中学时，将文昌殿改装成二层楼。

从大殿后檐廊或两山墙的过道可进入第三院。第三院空间进深相对较窄。建立在高台上的后宫，形式格局与大殿相同，仅是将开间和进深尺度缩小。

文昌宫作为一个倡文传教、儒道合一的场所，曾先后作为清代义学、清末两等小学堂和民国益群中学的校址，是和顺文化的摇篮。现被辟为腾冲神马艺术馆、魅力名镇展厅。

元龙阁 元龙阁位于水碓社区，与艾思奇故居隔水相望。前面为碧波荡漾、水体澄澈的龙潭，背后名木古树参天。有山门、龙王殿、三官殿、魁星阁、观音殿和百尺楼及厢房等附属用房。构思奇巧，结构紧凑，背靠青山，面临绿水，宛若人间仙境。

元龙阁原为观音殿，因殿旁有泉水溢出，水势渐旺，乡人以为有“龙王”显灵，曾大兴“接龙”活动，并砌聚为塘，用以农耕。至清乾隆二十七年（1762），乡人又在殿前塘边兴建楼阁，取名“元龙阁”，后经历年修葺，形成现在的规模，是儒、释、道三教合一的道观，现为道教场所。

山门前，沿着龙潭边设有高低不同的两条小径，一条沿着龙潭边石围栏绕过百尺楼底下，可至湖心亭；另一条靠山边直接进入山门阁内。

龙王殿为单檐硬山屋面，与三官殿和左、右厢房对称布置，共同围成一个天井庭院，庭院中种植桂花树两棵，周边石台上摆放花草盆景。在龙王殿后檐金柱屏壁前，不按常规布置祭祀佛像，而是在明间居中开设一圆形门洞，下设 1 米高左右的木栅栏门。一般情况下此门都不开，但视线开阔，而祭祀佛像及进出的后门则分别设在左右两次间。后檐廊主要用于联系两边厢房和庭院。

与龙王殿相对的三官殿，分别由两侧厢房拾级而上，前有檐柱外突出不大的石围栏与踏步紧接。后于两次间分别伸出两间耳房，直抵魁星阁前的高台坎，围合成小天井。

魁星阁是元龙阁的主体建筑，为六角形重檐攒尖顶木构阁楼，底层前半部架空立于方形平台上，平台与两边的石踏相连。

观音殿是一组“门阙式”布局的房屋，主殿和两厢均为二层。重檐歇山式屋顶的主殿向后凹进，游人到此总是会驻足回首观看。在观音殿前题挂的一副对联："曰儒曰释曰道召回日月三千界，称圣称佛称仙扶树乾坤亿万年。"

石头山风水塔

风水塔位于下庄西南方，为张、李二姓族人于清初所建。塔呈方形，高五层，全部用火山岩建造而成。塔身基座东西边长4.19米，南北边长4.13米。第一层上端边沿做成须弥座式样，其上置一层方涩，略大于其下身的塔身，厚约7厘米，由此向上各层边长递减，形成宝塔状。现塔高约7米，顶部已残缺，塔身最上层与最下层各有1龛。

石头山风水塔（2015年）

元龙阁（2016年）

中天寺 中天寺位于主村落西南后山麓下，始建于明崇祯八年（1635），由乡人张朝海捐资创建，先盖前殿及大门并捐香火田一份，后乡人继起日渐完备。清康熙十八年（1679）扩建皇殿，雍正八年（1730）维修并立碑记事，乾隆六年（1741）又修葺补缺，乾隆四十一年复“修饰构新”，后因自然灾害，墙倒壁塌，乡中又捐资，住持亲往缅甸各埠化来大部分资金，各处得以修复。嘉庆十九年（1814）重修，已毁，光绪年间（1875—1908）重修，至20世纪30年代又建三皇殿，40年代筹建三清殿，因腾冲沦陷而终止。寺院构造技艺超群，四梁八柱，选材优质，风格殊异。皇殿内的八扇门屏，做工精细，浮雕灵巧，堪为一品。

寺院由山门、弥勒殿、观音殿、大雄宝殿、关圣殿、三皇殿、天门、皇殿马王殿、

中天寺（2018年）

财神殿等组成，沿和顺的主轴线依山而建，层层有序，布局合理，是和顺规模最大的寺庙。总面积5000平方米，其中，殿堂面积约1140平方米，附属面积约777平方米。不惟乡人礼佛持诵之所，亦遐迩驰名，远近香客朝拜，络绎不绝。

中天寺不仅是地方的名胜古迹、佛教活动场地，还是地方启蒙育才的地方。清嘉庆年间（1796—1820），和顺举人寸式玉在这里开办“中天书馆”，不仅培养本乡子弟，还兼招收外地学子，清代腾越进士江舻就出其门下。李根源有诗道：“古寺中天寺，名山作道山；广栽桃与李，花开镇夷关。”清道光年间（1821—1850），举人尹艺在中天寺设帐育人。在腾冲沦陷前，这里成为和顺乡政府敌后抗日工作接待站，为逃难回国的华侨提供衣食，护送抗日男儿上前线。沦陷期间，成为远征军预备二师、三十六师敌后抗击日军的联络点，传递情报，掩护伤兵，资助物资。

1966年，中天寺曾作为和顺农中的校址，培育乡中学子。“文化大革命”时，寺院遭到毁灭性的破坏，毁佛逐僧，拆毁殿堂，仅存花园、厢楼2处及乾隆古梅2株、康熙古碑1块，农中被迫停课，历时3年余。

1980年前后，在国内外乡人的倡议并支持下，乡间热心老人重新开辟修建观音殿，继而弥勒殿。1993年，在乡政府的指导下，第一届寺管会成立，宏印法师为住持，在玉皇殿旧地修建了大雄宝殿。惜三殿不按其旧制，且木质遭遇虫蛀，众望未敷，在随后的重建中一一拆除。

1995年，旅泰华侨张孝威发心重建古刹以了昔日夙愿，首捐巨资，联络乡人，在乡政府支持下，组成中天寺第二届寺管会，以按其旧制，重新规划，精选良料，再建古刹的宗旨，开始对中天寺全面重修。乡中人士、海外华侨闻讯踊跃捐输。1996年1月20日，搬移大雄宝殿；1997年1月13日，竖弥勒殿，3月30日竖玉皇殿，4月30日竖天门，5月22日竖观音殿；1999年4月15日，竖太阳、太阴殿；2000年1月27日，竖三皇殿（现改为地藏殿），2月18日竖五皇殿，等等。经过十几年的艰苦努力，中天寺完全恢复，现悬挂于山门的“中天寺”、大雄宝殿的“大雄宝殿”匾额是由已故中国佛教协会会长赵朴初所书，寺中还有许多地方人士题诗作赋，匾额楹联各殿宇都有悬挂，佛教气氛日渐彰显。

2000年5月，常周法师为寺院住持。在寺管会的积极配合下，常周法师先后整改山门殿彩绘，建海会塔，修建自来水设备，筑后山围墙等，内部设施逐一完善，改变僧人的居住环境，使旧貌大有改观，香火鼎盛，成为腾冲集朝圣和观光旅游为一体的佛教圣地。

财神殿（2018 年）

财神殿　财神殿位于镇西南的帅头坡山麓，紧靠寺脚寨边，距位于其上的中天寺 100 多米，始建年代不详，现存建筑为清光绪四年（1878）重建。

财神殿主体建筑由戏台和财神殿组成。大门前靠路边设一平台做缓冲集散场地，大门两侧围墙八字闪开，呈迎合之势，粉墙上分别彩绘有龙、虎图案。中置踏步 7 级，一队石狮雄踞踏步两侧。

戏台建在最低处，平面呈“凸”字形布局，凸出的部分三面敞开，舞台两侧设美人靠，为文、武伴奏的座位。后半部分与戏台两翼阁楼联为一体，常用于放置道具，演员候场之所。凸出部分采用歇山式屋面，与后面的两坡面组合成一体。

财神殿，主要是祭拜财神爷、祈求财源广进的地方。乡人每逢外出经商时，必来这里祭拜财神，寄托日后财源滚滚、一本万利、事业兴旺发达的愿望；当赚取钱财回家时，还愿感谢财神的庇佑之恩，除烧纸敬香燃放外，有的还要请戏班来唱戏。年节时日，或文、武财神诞日，更是热闹非常，人们在求神降财的同时，也在愉悦自己。

三元宫　三元宫位于土主庙后，为三进院落，沿中轴线顺地势逐渐升高。

第一殿为三元宫，建在一高台基上，檐廊前有石栏维护，与殿前的左右两层厢楼高差有一层，通过檐廊可至厢楼二层各房间。第二殿为观音殿，观音殿脊梁上题记“……

三官殿（2018 年）

九年甲子季冬月”，应为清嘉庆九年（1804）所建。第三殿为三皇殿，三皇殿后设有小殿倒座花园。三殿建筑均为单檐硬山顶穿斗式。乡人寸品升曾撰写《三皇殿序文》。

三元宫建筑格局保存尚好，各坊房屋曾作乡政府办公、住宿之用，并与土主庙、文昌宫、和顺图书馆串联在一起，内部彼此联动，形成一组醒目的建筑群。三元宫曾为益群中学图书室，后为滇缅抗战纪念馆展室。

三官殿　三官殿位于石头山，和顺同心桥的南边。面山临水，前有大盈江河缓缓流过，坐西向东，占地面积 3266.8 平方米。由大门、两厢、正殿、后殿、偏殿组成，设有三官殿、观音殿、弥勒殿。大门正上方有“三官殿”三个大字，两边书有门联。走进大门是左右两栋厢房，左边是住房、储藏及议事厅，右边是厨房。从正中台阶而上是正殿，即三官殿，正殿前面有石栏围护，石栏上有民国丙子年以“清、闲、安、乐”为题所刻诗词，正殿正上方悬挂 1931 年书“正气调元”匾额一块，右边悬挂 1931 年书“德广功高”匾额一块，左边悬有清光绪二十三年（1897）弟子寸太文、寸太进敬立的“德备生成”匾额一块，正中神龛上端坐着尧、舜、禹三座金身，两边供奉文武财神、火官及文官等神像。后殿为观音殿，供奉着观音、释迦佛、地藏王等神像，殿内悬有“慈云遍布”“宇宙大雄”“度冥救世”三块匾额。偏殿为弥勒殿。

八大宗祠

寸氏宗祠　寸氏宗祠坐落于和顺镇十字路村大石巷东侧，祠堂坐南朝北，占地 1938 平方米。2012 年公布为省级重点文物保护单位。大门造型中西合璧，三道罗马式圆拱门，每道门有一个三角顶。大门外有两层石月台。月台均修有石栏。临门月台高出乡前通衢丈余，通衢外又有一个大月台。月台前有荷花池一塘，塘外为广袤农田。由乡前通衢拾级而上，至临门月台，从月台再拾级而上，进入宗祠，层层向上，更显宗祠的古朴典雅，庄严肃穆。临门月台上左右两边各树立一棵石标杆，每棵杆上有两个石斗，一个斗表示有族人中了举人，两个斗是中了进士。

据《腾冲寸氏宗谱》记载，寸姓，原籍南京，世居四川重庆府巴县梁滩里寸家湾。和顺一世祖寸庆，明朝洪武十五年（1382）奉旨南征到滇，随大军至永昌（保山）、腾越（腾冲）守御千户所。

“不立祠以统之，则涣而未萃，不能别尊卑，分长幼，辨内外，定亲疏。”此即寸氏修建宗祠之宗旨。清嘉庆十年（1805），在寸氏列祖列宗“神主前阖族起念”（立项）修建寸氏宗祠。当时的族长寸光远组织阖族在国内外展开“劝捐”活动，将所捐得的钱在缅甸做棉花生意。嘉庆十三年腊月初二竖起大门，嘉庆十四年夏天修起山墙、围墙以及廊阶，嘉庆二十四年修起厅房，道光二年（1822）修厅前照壁，道光三年修家堂座，道光五年修暖阁牌位，道光六年修月台。历经艰辛，初具规模。由第一间房子建起距今已是 200 多个春秋，这在和顺众多宗祠中是历史较久远的一家。

1935 年，清同治秀才、寸氏宗族族长寸性怡主持重修和顺寸氏宗祠新大门。在此次修葺中，使用了当时的许多新工艺、新技术、新材料，如水泥、钢筋、沥青等。而这些材料都是通过人背马驮由当时的英属殖民地缅甸运送到和顺乡的，可想而知经历了多少艰辛磨难。

寸氏宗祠（2013年）

寸氏宗祠建好后，历史上曾在大门、二门、大厅、客堂、花园、厢楼、正堂、暖阁等处挂有对联。

大门：

立德立功，愿万世子孙书香远继；

有源有本，问两川父老祖泽犹存。

大厅：

溯从龙于胜国，念尔祖披荆剪棘，幸得四川辛道，南诏结庐，勤劳启汉氏藩风，汗马功勋馨俎豆；

谋燕翼于边陲，喜若族萃处群居，能知报本春秋，传家诗礼，文物为滇中仪表，蝉联科第耀簪裾。

右花园：

仗先祖之有灵，桂折杏探，幸国家声从此振，

忆故园其无恙，瓜绵椒衍，四川世泽到今存。

正堂：

溯本源海棠溪头，自千户师征，乔迁金齿标勋格，

奠祠宇橄榄坡下，喜一门鼎盛，高捷琼林放榜花。

暖阁：

随庄蹻以开滇，喜姓著九边勋垂百代；
佐沐英而定越，幸职肩千户祀享万年。
黍稷荐馨香，楚尹家声传不朽；
桂兰栽茂盛，爨侯世德继无穷。

祠中悬挂着清代光绪乙未（1895）进士寸开泰手书的“寸氏家训”，寸氏家训共十六字：孝、悌、忠、信、礼、义、廉、耻、恭、俭、慈、让、勤、谨、宽、和。这十六字，概括了做人的方方面面，每字下面均有解说，张挂于宗祠之中。宗祠中还有二十四孝彩图。

和顺寸氏宗祠自建造以来，一直行私塾、学堂之义，曾办有和顺明德女子学堂、和顺两等小学堂、女子师范学校、和顺中心小学等。2000 年 2 月，和顺中心小学迁入新校，宗祠交办寸氏族人管理。

刘氏宗祠 刘氏宗祠坐落于水碓与尹家坡之间，坐南向北，占地 1947 平方米。2012 年公布为省级重点文物保护单位。

刘氏宗祠建于清咸丰五年（1855）秋。据刘启义《先后修理祠堂记》所述，早在清嘉庆年间（1796—1820），刘氏十三、十四代族人，即在尹家坡下巷刘姓聚居地之下的公地建祠，并已平界址、筑石脚。因觉“地势狭隘，规模不宏”，而且“逼近邻居，难作祠宇”，因此中途停工，另选新址。咸丰三年，购得寸姓山田地基一块，即今祠堂地，依山临水，环境清幽。兴工建祠，历经

刘氏宗祠（2006 年）

年余，建成祠堂正殿、两厢楼、东西花园、前厅、大门。正厅设明总旗始祖张宗之灵位与列祖牌位，门内两侧植松柏各1株，天井庭院东西植垂丝海棠、桂树各1株，二花园引山泉入池，颇具幽雅之趣，牡丹、芍药科于花台，年年盛开灿烂。宗祠具有山林之胜。祠门高耸轩昂，遥对东北诸峰岭，蕉溪、葫芦口陷河、大河萦回其前，龙潭浸其右，观音山峙其左。而始建成年余，遭遇咸丰六年（1856）十月“丙辰”事起，回乱

十八年，祠中两厢、前厅俱毁。乱后承平，刘氏子孙又于光绪六年（1880）修复旧制。至 1920 年，又扩建前厅，新修大门，增建月台，并立石斗标杆一对于月台左右，月台前新筑拱桥，桥下有池种荷。

清光绪年间（1875—1908），学人尹子章在刘氏宗祠设书塾教授乡中学子 7 年，名“芸香馆”。他在和顺还写下大量诗文，为《芸香馆诗文稿》。辛亥革命后，刘氏宗祠亦设小学分校。

始祖刘继宗，原籍四川重庆府巴县梁滩里刘家坡，明洪武十五年（1382），随军奉调到腾冲，任南甸招刚，选充总旗官。其子拜卜花，升任南甸州同。据明洪武、永乐间行人张洪《南夷书》记载，刘氏父子于洪武二十一年随沐英讨伐百夷王思伦法，身先士卒斫敌象鼻，破敌象阵而获胜，沐英赠与“白金百两，马一匹，承制拜百户”。刘氏二代祖拜卜花和尹氏二代祖尹资，都是和顺先人最早出入缅甸的先驱。1949 年前后，刘玉铉兄弟曾在此设织染厂，1972 年后，曾为乡企业办开办卷烟厂、综合厂。改革开放后，族贤刘崇尧、刘富忠等邀约国内外族人捐资修缮，以刘富贵等出钱尤多。现由云南柏联和顺旅游文化发展有限公司租用，内设宗祠文化馆，每年春秋二季，刘氏族人有祭祖活动。

“文化大革命”后，和顺的刘氏海内外子孙最早倡议修复宗祠、始祖墓，并重修宗谱。宗祠正殿悬挂李昆田所书木匾“御龙深远”，对联“龙蟠龙水出文龙，凤栖凤山飞彩凤”“温暾世家仁智礼，腾阳冠冕龙凤麟”。

李氏宗祠　李氏宗祠坐落于刘氏宗祠与元龙阁之间，坐南向北，占地约 4000 平方米。建筑有正殿、东西厢楼，建左右配间及两月拱门、大门、二门等。2012 年公布为省级重点文物保护单位。

自清嘉庆以来，各姓已有宗祠建立，而李氏者迟迟不能实现。清光绪年间（1875—1908），曾在水碓龙潭东面，隔路斜坡上的三角地带建过一正殿，因地势狭隘，难以拓展，同时地处住户之下，不宜祠堂之建立，故而停顿另选地址，但因族人众多意见难以统一，以至一拖再拖，不能实现。直至民国初年，有李氏十七代裔孙李曰垓，多年宦游在外，首倡创修祠堂，族人响应。几经讨论，地址定在现祠堂位置，以其地势高峻雄伟，依山傍水，实一风水宝地，遂向赵姓高价购置，设计由十六代裔孙李德卿负责；筹资重任由被推举的族长李德爵带头筹措，除向旅缅族人筹得巨资外，居乡者也倾囊捐输，连同原存者共计筹得 4 万余银圆。1920 年，择吉日破土动工，因地势陡峭，劈山填土，施工极其困难。1923 年，完成第一期工程，包括全部石脚围墙及正殿；1925 年，西殿及石阶大门、二门及其他设施随之竣工，全部工程历时六年方告落成，次年举行盛大祭祀仪式。

祠堂坐西向东，依山势逐阶梯进为两进两院。拾阶而上，呈一平台，中分两路，左右台阶上，矗立着两座拱门，门头上各嵌有一块石刻，各书有“登龙”“望凤”，为李曰垓手笔，借“登上黑龙岭，遥览来凤山”，寓人才辈出之意。由北登石级，穿其门，昂首仰望，一座堂皇雄伟的牌楼式大门耸立于天际，两边墙垣作“八”字形闪开，中间一组十七级侧扇形石阶，十分气派。中门头上悬有一块红底金字“李氏宗祠”匾额。中门两边挂有一副对联云：

派衍阳温登，正昔日彩云南现；

门迎高黎贡，看吾家紫气东来。

此联为李曰垓题书，联意贴切，气势磅礴。

跨槛入门，是一大广场，抬起头来，二门巍然在望，当中也是一组整齐的石阶，左右是一对雕刻精致的石狮，神态生动，栩栩如生，两旁分植梧桐二株，枝繁叶茂，象征着子孙繁昌，并有“庭栽梧桐待凤栖”之意，二门头上有“木本水源”的横额。

李氏宗祠（2015 年）

进入二门，耳目为之一新，呈现在眼帘的是一宽敞庭院，园林清幽，花木扶疏，两厢厅堂，窗明几净，为当年族人聚会议事，招待客人之处，背面为侧花园，壁间书画琳琅满目，园中竹梅疏影，碧草如茵，也是游息之好去处。

环观庭园，中为一十字路，正面殿前阶下为一月台，绕有石栏，正中石栏横板块上刻有“聿修厥德，勿忘尔祖”8个篆体大字，为李曰垓手笔。周围栏杆柱头上，均有精致雕刻的石花盆，植有花木，典雅美观，台下是一石拱，壁间伸出一石雕龙头，口吐清泉，流入月牙池中，喷珠泻玉，淙淙有声，大殿前檐高悬“道德开基”四字匾额。

中堂大门头上悬一匾额，书“声垂无穷”四字，为原广东省主席谭延闿所书。横楣两旁悬有长联一副，皆为李曰垓所撰，联云：

凤岭、龙潭、龟坡、马岫，气佳哉！固宜赢育奥区，历汉唐宋元几朝，犹在羁縻，问谁褴褛启疆，礿禘尝烝，报腾冲卫功德，亦惟乃祖考；

士师、藏吏、飞将、谪仙，族大矣！且漫攀援往哲，计寸刘尹贾五姓，同来缔造，即今闾阎扑地，睦姻任恤，有和顺乡声名，以御于家邦。

此联98字，言本乡地理人文，本族人物历史诸景观。左右两道门门联分别是：

闻先世有大英雄，斩此蓬蒿成宅宇；

美累叶多魁梧士，肃将萍藻荐馨香；

潭自拓蕉溪，吾祖犹龙见处，好参得一理；

山宜辟桐圃，他年有凤来时，最近第三枝。

中堂神龛中，立有李曰垓撰书的红底金字“大明从征卫所千户始祖，黑师波李公之神位”牌位，龛旁楹联为：

洪武旧蟠根，宗祧一花三叶；

阳温新荜路，魂魄万岁千秋。

小学、和顺农中、附设初中班曾设于此。

尹氏宗祠 尹氏宗祠，坐落于尹家巷前，占地1070平方米，祠基宏阔平旷，枕南朝北。南边高筑正厅享堂，正中立“明诰封武略将军尹氏始祖讳图功灵位”红底金字木牌，为清道光十年（1830）古物。旧时两侧尚有历代已逝祖宗牌位。正厅下为平坦大院，植古树二株。院东西有厢楼。前厅与正厅相对，亦宏阔。前厅之下，为荷塘，塘中筑高台，植紫薇四株，塘岸遍栽杨柳。池之东即是祠堂大门，悬道光十二年尹祖澜书“尹氏祠堂”正楷金字红底巨匾（和顺各姓均书为“宗祠”，独尹姓书“祠堂”）。2012

尹氏宗祠（2018 年）

年公布为省级重点文物保护单位。

尹氏始祖图功，原籍四川重庆府巴县，于明洪武十五年（1382）奉调到腾冲，以军功升授千户世袭，后屯居阳温暾。祖宗源流历来有翔实记载。因尹氏世代为军户，没有时间顾及建祠，清初入籍为民，乃有建祠之念。在和顺现有八大宗祠中，为第二家建祠。筹款买祠堂地基始于清嘉庆四年（1799），至道光十年（1830）才正式建祠。倡建人尹直臣在《修建祠堂碑记》和《重修尹氏族谱·叙》中明确记载“余于嘉庆四年，即存此心，寄书缅甸，向族人士楷、士汾等公募银……买祠堂地基……乃于道光十年庚寅之岁，鸠工庀材，建立祠堂”。据《清实录·乾隆》所记，尹士楷为缅甸孟驳王通事，其弟士汾为缅甸阿瓦客长（华侨总会长），是旅缅之富室名望，因此有能力捐巨资。同时向缅甸族人劝捐，家乡族人亦乐捐，而建成祠堂。

光绪初，尹其懋掘祠前空地为池，池口筑台。1931 年，尹其顺、尹瑞琳接纳国内族人尹梓鉴、尹兆荣之请求，捐巨资扩建祠堂东西厢楼。

尹氏宗祠一直设书塾、学堂，书声琅琅，弦歌不辍，培植人才甚多。清道光、咸丰间，尹祖澜、董大纯设帐于此授徒；光绪间尹日培继而开书馆；辛亥革命后设和顺中心小学分校。

贾氏宗祠　贾氏宗祠位于和顺乡十字路村贾家坝中间的环村路边，东南西三面均为民居环绕，村前有大盈江、三合河穿过。坐东向西，占地面积 968 平方米。2012 年公布为省级重点文物保护单位。

贾氏宗祠（2013 年）

宗祠由正殿、两厢楼、花园、大门、月台组成，正房、大门和月台建在中轴线上，大门和月台之间有环村路穿过。贾氏宗祠始建于清末，正殿先建，两厢楼后建。正殿为单檐硬山顶穿斗抬梁式结构，面阔三间，11.2 米，进深 7.5 米。两厢楼均单檐硬山顶台梁式结构，面阔四间，11.3 米，进深一间，3.8 米。

正殿的正中是列祖列宗的灵位。灵位下部为石砌成的基座，正面刻有麒麟、鹿、马的浮雕。上部为雕刻有双龙、花、木的黄木灵阁，分三室。中为始祖贾受春之灵位。灵阁四柱皆有楹联：

中间：

挥戈定南疆，百代勋绩垂不朽；

戍边卫中华，千秋风范耀家邦。

两侧：

思先祖披荆斩棘创基业；

励后昆光前裕后振家声。

有匾四块，全部悬挂于正殿上。中间是 1923 年孟冬月十五、十六、十七代裔孙敬送的“绳其祖武”隶书匾。两边配有 1928 年秋季鹤庆人陈际春题并书的“显亲扬名，此即为尊宗敬祖；修己务实，斯不愧孝子贤孙”隶书联一对。有 1935 年乙亥仲秋裔孙福川等敬献的“孝思笃庆”行书匾一块，1935 年后裔学美等敬献的“明德惟馨”行楷匾一块，1936 年仲夏后裔学宝等敬献的“福被云礽”行书匾一块，均保存完整。

在左厢楼下，即进大门的右侧，建有书房和花园，花园的照壁中间画鱼一幅，呈圆形，画中鱼活泼有神。

天井左植桂树，右植紫薇，四季常青。

大门面阔一间，进深 3 米。门联一幅，“望出洛阳源一脉，名高清慎重千秋”。

大门外月台为 2006 年扩建，直径 24.4 米，半径 11 米。边设有石栏杆。

民国间曾做过学堂，抗战反攻时做过远征军的指挥所，解放初期做过解放军驻地及食堂。1953—1958 年做过和顺粮管所，1960 年后为生产队管理，现归族人管理使用。

张氏宗祠 张氏宗祠坐落于和顺坝子的西南隅，帅头坡脚之马头山下，占地约2亩，面山临水，大盈江和小河从门前缓缓流过，两旁荷池相拥。原祠毁于咸同之乱，清光绪八年（1882）重建。2012 年公布为省级重点文物保护单位。

光绪八年（1882），由和顺张氏的十五、十六、十七、十八、十九代裔孙合建大殿和东西厢楼及大门。面楼和正厅兴建于1930年春。其建构格局，整体为四合院型，坐南面北，前有花园，后有倒座，大门置于左边，坐西面东。大门外为一扇形月台，有石栏围护。原有石标杆一对，是本族出了举人张成濂、张德洋的标志，“文化大革命”中毁弃。祠中匾额原有20余块，对联多副，现仅余匾12块，对联5副。

大门匾额为光绪十八年（1892）仲春书“张氏宗祠”四字，其上方为“永振家声”四字。

对联为“派衍清河鳞振甲，门排宝岫凤来仪”。两侧门上方为“入孝”“出悌”，其背面为“敬宗”“尊祖”的楣刻。

大殿中堂门上方有匾“积厚流光”，两旁长联为：

秉一障，安南诏，爰宅于兹廿余代，迨数故家，何减潇湘云梦；

鉴千秋，作西铭，有闻在昔五百年，再生名世，岂矜书法文章。

此匾及联为光绪二十八年（1902）族人举人张成濂托西江阮振千撰书，大型隶书，并加行书跋语，冠冕堂皇，至今已百年历史，为祠中珍贵文物。

张氏宗祠（2018年）

大殿两侧分别悬挂族裔孙所挂匾额 4 块，分别为光绪十八年（1892）冬月立“奕世载德”，光绪二十年菊月立“流泽孔长”，光绪二十二年暮春立“俎豆维新”，1933 年大理李玉振书“气接衡湘”。

大殿内左右两山中柱长联为：

想祖宗，忠厚传家，肯构肯堂，十四代继继承承，永仰祖德宗功；

愿子孙，勤俭立业，以嗣以续，亿万年绵绵翼翼，定占子贵孙荣。

家堂暖阁是 2000 年请来剑川工匠重新修造，其上对联为二十代族裔孙张文才撰书，三块祖宗牌位是原有的，亦重新油漆。

右厢楼下客厅悬挂第十八代裔孙张德洋 1941 年季夏撰书“笃庆锡光”匾。

面楼下方客厅前悬挂 1933 年孟秋月陈古逸题书“族姓连天”匾，左右两侧分别有 1933 年张问德书“世泽绵延”匾，1930 年孟秋月族裔孙立“荫被后昆”匾，昆明陈荣昌撰书“纂懿流辉”匾，共 4 块。

客厅悬张德洋 1936 年书“敬尊爱亲”匾及联：

立志本宗风，两道铭文齐海岳；

居家无别妙，百余忍字尽珠玑。

客厅两壁为张德洋 1931 年 9 月隶书刻《东铭》《西铭》。

清光绪三十一年（1905），张德洋联合族人创设清河义学堂，每年都祭孔子，后在大殿前左侧立捐资碑记之。抗日战争结束后至 1949 年前夕，还作为乡中心小学的分校。1949 年后，先做军粮站，后作粮管所。

和顺的张氏“原籍湖南广长沙府湘阴县晋家园大石板（大施塘）人氏，明朝洪武年间，钦调到腾冲，授总旗之职。此时实属腾冲卫尚未归州也，其始居张义村，复迁于高谷庄之下庄。绵延五代，六世祖志云祖迁徙于和顺，家人父子生长于斯，一名贾家坝，一名张家坡”。经六百载的繁衍，和顺张氏现在发展到二十五代。

2000 年，张氏宗祠进行彻底修葺，由十九、二十代族裔孙虚达、琼达、周达、成达、文才、先才、玉才等多人主持，广泛联系海内外族人，集资 8 万余元，请来剑川泥、木工匠十数人，将残秃衰朽之处尽行修补，大门屋面彻底翻盖，飞檐斗拱，画栋雕梁，全部粉饰一新。

杨氏宗祠 杨氏宗祠，位于大庄龟山脚，建于 1926 年，占地 2453.1 平方米。坐北向南，四周筑有高大围墙，近似一长方形，整个布局，前后可分广场、园林、主体建筑、后园林等4个部分，这4个部分，既各成一景，又互为一体。2012年公布为省级重点文物保护单位。

广场北端石墙正中，有一涂满柏油的大门，门扉为栅栏式。进入大门，便是甬道。甬道两边植有近乎胸高的数十株黄香木（细叶黄杨），其幽香沁人心脾。两边空地里都种有芳香的翠柏，妩媚的紫薇，还有芭蕉、茶叶树等，高高低低，郁郁葱葱，一片繁茂景象。而其间三株高大的梧桐树，树干为平滑青绿色，叶子如巨掌，种子结在一扭卷的果壳边缘，很像豌豆。梧桐果成熟，正值孔子诞辰、师生祭孔之际，学子们把梧桐果采摘后，留足祭品，平均分配给大家。

杨氏宗祠的主体建筑，为中国典型的四合院。二门及其左右墙垣呈一字排开的阵

20世纪初的杨氏宗祠

势，合成一个大影壁，把园林和宗祠殿宇分开，但却有别于一般影壁。二门头上“杨氏宗祠”四字及其门联和影壁檐下的图案、画面等，均为杨春增题书、绘制。

进入二门，就是宏伟的四合院。通过四周宽敞的回廊或院心中用石板铺就的甬道，均可步入金光闪闪的正殿。正殿里高大的香桌中间，供奉着两尺多宽、五尺多高的始祖牌位：“明腾冲府知府讳庆杨公之神位”。牌位上方有一大金匾镌刻着“收族敬宗”四个大字，在香桌两旁的柱子上挂有一副对联：

孝亲敬长，恤寡矜孤，聪听祖考彝训；

正心修身，齐家治国，思贻父母令名。

正殿立的匾联是清光绪癸巳科（1893）举人王开国用王体真书题书的。在正殿里的始祖牌位和廊阴门口的匾联则为昆明人、清光绪癸未科（1883）进士陈荣昌题书。金匾题字为“迪光贻今”，堂联为：

祖有德，宗有功，早将清白两言留贻后嗣；

左为昭，右为穆，常此馨香千古报达前庥。

正殿的东厢是楼房，楼上曾为杨春增创办的弘农国学专修馆教室。楼下装修为三格，上下两格一般是供教师或学生住宿学习用；中间一格是客厅。正殿的西厢是三间平房。

杨氏宗祠建成后，弘农国学专修馆便迁设此至20世纪40年代末。

钏氏宗祠 钏氏宗祠坐落于大庄村，坐北向南，占地2.5亩，为一正两厢一厨房的建筑。前为月台，后有操场。宗祠正殿内有匾联、武德将军牌位和仪仗物。院内栽有两棵桂花树，两棵紫薇花树，黄香木围满花园。月台上有李根源题书的两块石刻，一为“山水清音”，一为“金川月池”。2012年公布为省级重点文物保护单位。

腾冲钏氏，原籍南京应天府闪霞冲。明洪武年间（1368—1398），钦命到腾冲，平乱固边，继续立功，受世袭正千户、武德将军之职。以后历代祖先袭正千户职。至十二世祖南期公，因边疆安定，弃官从商，居鸦乌、居茨坪。十三世祖任登公，崇祯元年（1628）迁居和顺大庄。

1926年修祠祀祖，请族长钏大荣主建祠堂。资金由族人募捐，主要来自华侨。未建宗祠以前，上下庄没有学校，幼儿是在土神庙里读书的，钏嘉全曾在里面教书好多年。建祠后即于1929年一直办学，教师有外地请来的段定一、苏畔兴、李生训、段立邦等人，办多级复式。以后有钏相才、钏相忠、钏嘉英、钏相魁、钏相民等人士办双级复式；

后又请钏相民、许洪川、杨发瑛、钏相伦等人士相继任教，办成初小，为和顺县全分校，到1956年办成完全小学。

土地改革时，用没收来的木料，在寨头黄果树建碾米房，没有成功，后拨来为钏氏宗祠盖面楼。“文化大革命”时期，钏氏宗祠遭到毁坏，匾联、牌位、装围、花木都没有了。后来学校发展，又将这间面楼迁往杨氏宗祠建学校教室及办公大楼。由于拆迁，墙壁受损，2001年，族人钏本蓁筹集款项修复，大门头为照壁式建筑，以筒瓦盖顶，并由聂永福书“钏氏宗祠”。这次修复，对大门外月台向村扩展，临池一边建弯石栏杆，“金川月池”也修葺一新，三面以石凳围绕，引大盈江水注入，波光粼粼，与笔山争美。每当傍晚，男女老少休闲谈天，其乐无穷。

钏氏宗祠（2016年）

古宅庭院

民居建筑群 和顺古镇，有一千多户人家。其中，清朝末民国初年的老宅子有100多栋，8万多平方米，主要分布在黑龙山麓的缓坡地上，所以民居建筑群均依山势层级而上。聚落自东沿山麓蜿蜒向西，依次是水碓（蕉溪）、尹家坡、赵家月台、寸家湾、

和顺民居（2010年）

刘家巷、大桥巷、李家巷、大石巷、赵家巷、尹家巷、寺脚、贾家坝、张家坡等。

主横巷有三条：一条是从尹家坡至中天寺，在村头，路上人家较少。一条是李家湾至寺脚，居中穿过人烟稠密的地方，其中部与纵向的大石巷交叉，形成十字路中心集市，附近店铺比肩，晨间菜市熙熙攘攘，为村间最热闹的地方，又称“小街子”。再一条在村脚，从尹家坡至张家坡，是最长的一条环村道路，路与其下的三合河平行。过去，路下是不得建住房的，整个村落到此为止。其纵向的村巷以大桥巷、李家巷、大石巷和尹家巷为主巷，其余近百条较短小的巷道或纵或横，分别与主巷道相接，形成聚落中的交通网络；各主次巷道均依山形自然弯曲起坡，全用火山石铺筑，路面平整干净，极大地方便了居民的生产生活。

和顺先民选址聚落，除从“风水”的角度考虑外，也与优化人居环境密切相关。首先，和顺坝子不大，宜于开垦种植水稻的面积有限，要保证日益增加的人丁口粮，

保护耕地就成为一件十分重要的事情。将村落建于坡地上，就可以不占水田。其次，尽量节约民居用地，即使是官宦富豪，也极少深宅大院；所有的巷道都比较狭窄，属于“高墙窄巷”一类，从而节省出种植旱地作物的土地。再者，村落依山而建，可有效防止水患。

弯楼子　弯楼子不仅是一座民居，也是“永茂和”商号的代称。“弯楼子”李氏家族在清代道光年间（1821—1850）创办的“永茂和”商号是当时和顺乃至腾冲富商的代表。2012 年公布为省级重点文物保护单位。

其创始人李必成，早年家道贫寒，为求生计，和父亲李太昌一道下缅甸做小生意，靠一双脚板“闯”出一番事业。随着资金的不断积累，李必成在缅甸抹谷开设了“永茂祥”商号，商号历经五代人，有 100 多年的辉煌历史。由“弯楼子”李氏家族发展出去的各分支商号，形成以腾冲为基点，联结成东起中国扬子江，南至东南亚各重要城镇的跨国贸易圈。

李氏家族虽然是富甲一方的大户人家，但在建盖自己宅院的时候为了不侵占公共利益，不霸占道路，宁愿费时、费工、费力地让自家的围墙沿着巷道顺势而建，充分体现了和顺文化中的“和”与“顺”的精髓。作为腾冲商贸史上的一面旗帜，“弯楼子”的崇文尚教，富而不奢，贵而知礼，亦儒亦商亦农，展现了一种腾冲特有的商业文化景观。

挂在弯楼子堂屋门口的“见义勇为”“济难扶危”两块匾是为当地民众表扬主人的善举赠送的。1926 年夏秋之际，腾冲发生“丙寅”事件，兵匪成灾，城乡危急，民不聊

弯楼子（2018 年）

弯楼子厅堂

生。危难中，弯楼子的李德贤和腾冲当地的富商董爱庭、蔡愚斋等，为保全地方，不顾个人安危，组织善后局，筹集钱款，出面与军队、土匪周旋。平息匪患后，地方民众赠匾以表彰李德贤。

两边厢房走廊上的朱红色春凳，记述一段典故：“二孙愣，破春凳，只许破了烧，不许卖了吃。”旧时和顺一户有钱人家，把金条藏到凳子的夹层里，如果后代中出现“憨愣”者，生活不能自理时，就可把春凳破开取出里边的钱财救急。这说明和顺祖先辈为子孙后代考虑得很周全。

悬于弯楼子议事厅的两副刺绣对联“远峰晴雪有诗无，近水短桥皆画意”“山势盘陀真是画，泉流宛委遂成书”出自清代大书法家、画家郑板桥和何绍基，充分凝结了中国传统文化的精粹。

花大门　和顺寺脚有处家喻户晓的民居建筑，大门为二层的浅雕、漏雕及简易飞罩垂花门，门插枋、吊柱、雀替雕刻精细，饰卷草纹、动物、羽龙和兽头。瓜楞形吊柱下以立雕羽龙为柱托，三层横枋梁头分别饰六个透雕云龙。因门楼高耸，艺术造型形象生动，工艺精深，彩绘得体，和顺镇当地人称之为“花大门”。

“花大门”古宅由“老屋”和“新屋”两部分组成。建筑分两个时期建造，一宅两院。老宅清咸丰、同治年间毁于兵燹，仅剩正房保持原貌。“新屋”建于民国初年，为三层木建构方正传统建筑模式，建筑群均为两进式木楼瓦房，占地面积达1亩多，大小房间6间，二进院落有高大影壁。主体建筑分为三厅、二厅，正厅地势较高为老屋，二

花大门（2018 年）

从花大门看和顺（2005 年）

厅房屋最高，是 1949 年前和顺乡唯一的三层门楼。

建筑依坡而建，贯通南北，将朝山、靠山连成一体，形成独特的主体风水线，造成了主宾朝揖的高低秩序。同时，将两座形制各异、多姿多彩的建筑贯穿一体，气势宏伟。它因势随行，有曲折，但曲不离直。两个院落依次形成高差对比，下边院子由二进厢楼的楼梯可直达院子，上下反差产生极富感染力的空间艺术效果。

高大的二进厢楼主厅，体现三层木楼中间层至高无上的地位；各厅之间左右均有首廊连接，可体现“四方纳财”的外包庇护之势，整个格局颇显民间建筑理念。新屋的部分建筑，对称严整的特点尤为明显，更体现出屋宅庄严与多姿。院子地面用当地火山石地砖铺筑，通道的铺设均依据一定的“水平”法则进行，屋上雕梁画栋，门窗饰以象征“福禄喜”意义的动植物图案，前门有褪色山水画及花草，二楼瞭望窗有两个“福”字，整座砖木结构建筑颇具艺术性，体现了深厚的文化底蕴，是研究腾冲清朝末民国初古民居的典型样板。

在和顺，说起寺脚“花大门”也算是家喻户晓，“花大门”成为民居的代称。“花大门”原先叫“金大门”，因整栋房屋布局奇特且工艺考究而得名。谈到房屋的建造者，据“花大门”的主人尹宪章介绍，祖屋先前由其曾祖父尹瑞琨所建，原为一正一厢，后被火烧掉一间，尽管只剩低矮的老正房，但至今仍在使用，到了其祖父尹兆盛这一代再续建，也就是今天所说的新屋。为了振兴家业，尹兆盛沿袭了和顺人“走夷方”的传统，从做小本生意白手起家到土杂洋货，又与乡人张虎保、尹兆钦开办商号。尹兆盛在缅甸创业成功之后，并没有荣归故里，乐享天伦，而是把赚来的钱带至家中，在老宅的基础上建起了这栋三层木楼，自己仍留居异国他乡。

上院的老屋，走廊上至今还摆放着20世纪从缅甸购进的英国造的熨斗、缝纫机。下院新屋摆设几组由广东运来的古色古香的柚木家具、意大利摆钟，还有西洋花式大栏杆，铸有东印度公司的标记。

寸尊福故居　寸尊福故居位于和顺镇十字路社区黄果树巷口旁，建于民国初年，是一个精致的两层四合院，装饰有英国铁艺和彩色玻璃。中堂悬有原云南军政府主任总裁岑春煊题写的“民国策勋”匾。寸尊福为同盟会缅甸支部常务理事，为辛亥革命广州起义、腾越起义、昆明重九起义都做出了贡献。孙中山表彰其为“华侨领袖，民族光辉”。至今其后人仍在其中居住。

故居由两个院落横向拼接而成。从组成宅院两个院落的房屋格局看，同属于“一正两厢带花厅”型，但房屋建造的质量（内部和外部）明显地反映出建造时间的先后及投

寸尊福故居（2012年）

入财力的多少。共用的大门按前面所述布置手法规律，没有直接向北开设在环村道上，而是凹进一块宅前空间作为门前缓冲，使独立式大门得以转向东北向。进大门后是一段不规则的门道过渡，走几步上台阶便是嵌贴在厢房山墙端部的第二道大门，门后又是室内门道，然后分左右进入两个内院。右边院落属先期建盖，单层正房位于高台基上，正面保持有“天地笆”装饰护栏，两厢为带廊厦的二层房屋，花厅为单层平房，厅前设有天井花园。房屋整体相对低矮，用料做工略为粗糙，仍有人居住。而左边院落却是另一番景象。四周的房屋高大严谨，左右对称，正房、花厅、二楼檐下安装有整齐的预制铸铁花窗，统一连续，与其他四面各个木格花窗门扇、细部装饰雕刻交相呼应，相得益彰。天井地面干净整洁，花草盆景井然有序。花厅屏风背面的桌椅家具摆设整齐，构成又一处歇息起居、交往会客的好场所。

杨家大院　杨家大院，位于和顺镇上庄杨家巷，是一座青瓦屋面白灰墙的土石木结构的两层楼房。坐北朝南向，建筑面积 1123 平方米。房屋呈相互对称的“十”字形布局，十字中心是 8.3 米见方的大天井，天井北面是三开间正房，东西两厢隔天井对应，厅房隔天井与正房相对。正房走廊高出天井 1.2 米，正中由五级石阶下到天井，两边各有四级石阶与两厢走廊相连。堂屋后是后倒座，一米宽走廊下是后花园。两厢前后各是走廊，后走廊下分别是东西花园。厅房外也有走廊，走廊下是长方形天井，天井东南角是大门道，通过三级石阶下到梯形平台，大门外左侧照壁与大门对面照壁成 70 度交角，在两个照壁下各置石条凳供人起坐。平台下是一块旷地，在右侧照壁下种有两棵古老梅

杨家大院（2014 年）

树、旷地西边接支巷道。

东西两花园和后花园的两侧均有围墙隔断，正面都是高飞角大照壁。整所房屋和三个花园、前天井、中天井的布局构成了“四合五天井”的格局。

正房构架是大五架加前檐柱的六柱架构，两厢及厅房的两山是五柱架，除两山外，其余是免中柱大跨横梁的四柱架。正房两山靠南端檐柱与两厢北山相向的金柱共用一条，这样正房与两厢正交 90 度角，同样厅房两山北端檐柱与两厢南山相向的金柱正交 90 度角，用插梁与四角的吊柱相挑，各屋面都分别从这四个交角向檐口作割沟。四方檐口等高，楼层的四个拐角相互串通，即所谓的“走马串角楼”。

院落的门廊通道基本上都是对称布置。后花园走廊两端各有一单扇小门通向厨房后天井和东侧菜园，后花园两侧墙外北端拐角处分别各有一扇双开门通向后园林。正房前走廊两端各设两道双开门，西通厨房和西厢楼，东通菜园和东厢楼。西花园走廊两端也各有一道小门北通厨房小天井，南入偏院通道和紫竹园，唯东花园封闭，无小门与果园相通。厅房外走廊两端同样各有一扇双开门，东通果园，西进紫竹园和偏院通道。全院落通过这些门互相串联，四通八达。

园林绿化以桃、梨、橘、梅等果树和大竹、刺竹、毛竹、紫竹以及松树、蜡梅等分散种植在房屋四周的空地上，而后面果树种植较多是果园区，西南侧的三角地又是另具一格的园林小品，它由花瓦墙隔断成畜厩通道和紫竹园区，园内除紫竹外还有一大株蜡梅树，西边墙脚是一排芙蓉花树，隔瓦墙相望，竹影婆娑、梅香四溢、芙蓉妩媚，令人心旷神怡。这座院落建造在一块菱形状地基上，主建筑作子午向布置，四周形成几个三角形和多边形，这些空地前后左右互为呼应，使整个建筑空间呈现出气宇轩昂、宽亮直透、干净明快的空间整合，体现了宅与园的自然和谐，是和顺镇独一无二的“四合五天井、走马串角楼”的建筑格局。

刘家大院　刘家大院位于和顺镇水碓村尹家坡，是一座可以相互连通的四进三院，占地面积 1324 平方米，古朴幽深。房屋坐南朝北，门立东巷。这所大院老大门用火山石做建材，是一大特点，再配以浮雕图案，更显得古朴典雅，气派不凡。

门礅采用火山石以清水墙形式砌成，石大门的门头和火山石围成的拱形门框，是用一块块长条石连接而成的门额体，条石正中镌刻着四个被风雨冲淡的朱红大字“[illegible]辉”，题款注明年代为民国癸酉年。

现在的刘家大院不再是洞开里巷的二道门（石大门），而是从第一道气派的土库大门出入。大门雕饰与木结构门庭外的一字影壁相距米余，影壁上绘有红日仙鹤。木结构的垂花门罩、檐椽、额枋、斗拱、下垂的瓜柱等雕刻精细，门头装饰艺术可见一斑。推开沉重厚实的楸木大门，里边就是一进——第一个精巧小院。

这一进为三坊一照壁，二层木结构的建筑，木质取材全部为紫楸。二楼上四个大字“雕镂万象”，有点出玄机的味道。院子里闲植些花卉盆景，门窗上几乎都镌刻着精美的几何图形窗花。照壁上设台肩飞罩，面阔三间，壁面粉白。壁面上为国画《松龄鹤寿》，画面生动。堂屋里的家堂设置凹椋，上有天地牌，为一堂香火。右厢楼房设茶座，左厢房设书室，窗棂图案丰富，有菱纹、回纹、锯齿纹等，形式多样，通过窗棂的艺术图案来美化建筑物是一种不俗的审美追求。

穿过厨房跨院达第二个小院，乃为二进，一个清幽别致的花园式院落。其结构为一正一厢两照壁，墙上彩绘。游廊的过厅园窗为梅花植物图案，门窗均为梅花瓣“工”字窗，窗樘上设腰头窗（亮子），饰以米字菱形三角形窗，窗扇与腰头窗之间为中贯档，下设梅花“工”字四喜窗，组合严谨且镂雕精致。门头窗本是八卦心米格窗，上置四喜窗，左右两旁开厢门。二进的厢楼（过厅）前置花园，与花园相对之厅堂悬挂些对联匾额及屋主人的一些亲历照片，点饰出逝去岁月的精彩。

由二进房穿越石照壁，进入第三个院落，达第三进。泼水较大的院子里，一眼即见两厢房，左青龙右白虎，寓意“宁可青龙高万丈，不许白虎抬头望”。院子“主首”（院心）五块石板镶嵌中间，意为“五子登科”，均源出民俗文化的择吉从善的意愿。由二进需转进三院才为三进，进之隔仿西式设一石照壁。西式的圆拱形门窗，圆角窗棂，二层开窗。西式石雕窗，右门额石雕“坐花”，左门额雕刻“醉月”为沈先瑛所书，四字取自李白《春夜宴桃李园序》“开琼筵以坐花，飞羽觞而醉月”。此为典故出处，尤显文化内涵。

透过三进之过厅，尚能看清所设置的活动性屏障，设计者为现屋主人刘玉辅（后改名刘家兴）之二伯父刘启珧。四进堂屋六扇五福格子窗门，家堂设于一楼，四柱福堂上有鳌鱼香案。堂屋三扇花窗，八卦四喜窗居中，两边福寿窗各一，兼四喜福到小格窗，设主房飞罩。飞罩饰华贵牡丹图，两角为福到荷通顶，插梁设“麒麟下世”图。亭楼后悬挂“人瑞双辉”匾，“岁月双寿”匾赠予刘老寿星。

四进厅楼，于金瓜吊柱设一飞罩，雕刻丹凤朝阳在其中，两端设福寿通头。据说建房验收时，有一个石匠故意拿一锤敲烂一石墩，寓意为世界上没有十全十美之事，满则溢，九全九美已是上佳。

作为和顺民居杰出的代表作之一，刘家大院始建于 1933 年，主房为走马窜角楼、四合院，是在缅甸经商的刘氏家族两代人艰苦创业，通过海外经商发家之后建造的结果。

赵家巷两姓合院 赵家巷两姓合院由村中赵、寸两姓人家在同一块地基上合建，共同居住，且一直和睦相处。

该院是由两个“四合院”横向拼连组合而成，中间的厢房合二为一，正房也不是独立的两幢三开间房屋，而是一幢五开间的。正房明间（其实是重合的一间次间）正好与中间厢房相对，居中重合的正房、厢房为两姓共有，并按建房时立下的契约各占一半，楼上楼下协商分定隔断后，房门分别开向各家，户外各设大门分别进出。这是由于地皮紧张而又能充分利用的一种巧妙布置。就这么大一块地，面宽、进深都受限，并且同属两姓人家，如果其中一家按标准的三开间一正两厢的布局建盖，那么，另一家势必不能再盖，何况谁家都想有一个对称完整的院落。如果把地基平均一分为二，横向分时，面宽大而进深小，根本无法建盖；纵向分时，各家也不够建盖完整的一正两厢，且靠里面的一户没法开设进出的大门。于是，聪明的匠师灵活地将两个标准的正房重叠一开间，把中间厢房合为一幢，既不浪费有限的用地，又能保持两个院落空间形态格局的完整对称，且两姓人家都能接受，正是“道是无情却有情”。

刘家大院（2018 年）

赵家巷（2018 年）

寺脚尹宅（2018 年）

寺脚尹宅 位于和顺寺脚，1932年尹兆荣建盖，木结构，占地面积422.8平方米。是一幢三坊一照壁并有后花园的宅院，与大理白族式建筑相仿，但又透出“洋气”。尹兆荣在经商时不忘读书、写字、做学问，收集流散在海外的祖国文物，家中藏了一些稀罕品。尹宅是和顺私人藏书、藏字画最丰富的人家之一。

尹宅大门头上镶嵌的“劲节可风”是时任云南代省长周钟岳题，廊柱联是陈荣昌为尹兆荣母张孺人所题“表节志庆”联。

一进大门的屏风上尹兆荣自书题：“千秋富寿”及“已有文风流家世；合成让德礼戌闾”联。二门部分使用英国产的铁栅栏（较之和顺图书馆早装6年），对联刻的是“身静不知日月远，夜深只有琴书随”。堂屋门上的篆体“权梁风清”和正房中的泰山碑体“乐善好施”是尹兆荣的自撰自书。后花园全用英国产的铁栏杆、缅甸产的柚木装置。院心和后花园种满各种花木，院心照壁粉墙上，有保存完好的清末经济特科第一名袁嘉谷、成都进士陈先沅及腾越名士刘瑞元的墨迹。云南“三支半笔”中的一支半笔陈荣昌、李曰垓，抗日县长张问德，昆明举人李增及腾冲和顺乡举人张德洋、名士李景山等人，相继为尹兆荣家的廊柱、书屋、花园题书墨宝。

腾越道尹由人龙题赠“彤管扬徽”，李曰垓题赠“清言多通”，昆明举人李增题“独写阳春”等大匾。抗日县长张问德赠楹联：“所贵人生惟适意，最宜花发又逢春。”

书房“菊影庐”，为腾冲举人王开国所书。厢楼名“南窗寄傲”，取陶渊明《归去来兮辞》中“倚南窗以寄傲”之意，为主人自书。

和顺有不少深宅大院，华庭高楼，但像尹宅从里到外，从上到下都充满书香气的庭院已为数不多。有人称尹宅为“和顺民居书法文物博物馆”。

闾门 牌坊

闾门

和顺先民初期“聚族而居”。每一族姓居住的地名和巷道以姓氏或籍贯命名，如尹家坡、赵家月台、寸家湾、刘家巷、李家巷、赵家巷、尹家巷、贾家坝、张家坡等，后来就在路口、巷口、巷头分别建筑闾门。时间一长，人口繁衍，互相迁入各姓住地杂居，但地名、巷名及闾门却一直沿用下来。这些闾门建造时间不一，风格式样各别，有牌楼式、影壁式、门墙式等类型。最特别的是尹家巷下巷建于 1936 年的西式闾门。闾门多建于下巷口，但主要直巷李家巷、大石巷和尹家巷则上下巷口均有。和顺镇东起水碓村、西到鳌峰寺魁阁，共分布有闾门近 20 个，其造型多种多样，多数设置在巷头和巷尾。

水碓村闾门　位于水碓社区老寸家巷口，一字形，石构方门，上有“俗美风淳”石刻。

元龙阁门坊　位于元龙阁山门前龙潭边上，三叠水式，石构圆拱门，上书“隔凡”石刻，为进入元龙阁的标志。

“登龙”“望凤”门坊　位于李氏宗祠大门前月台两侧，左为“登龙”坊，右为“望凤”坊，一字形，石构方门。

尹家坡闾门　位于尹家坡东面巷口，前有一棵大树和不同方位的石阶踏步十余级，共同构成一个视觉景点。闾门东侧紧接月台，居高临下，造型优美，三叠水式，土木石构门。

刘家巷闾门　位于上村染坊坡中段刘家巷口。木构双坡瓦房面方门，门前设小型照壁一块，与染坊坡道路走向形成转折，相对隐蔽。

尹家坡闾门（2013 年）

李家巷闾门（2013 年）

寸家巷闾门　位于三村，木构双坡瓦屋面方门。寸家巷也叫举人巷，曾出过举人寸性安，原门额上挂有一块“文魁”匾牌。

双虹桥门坊　位于和顺镇主入口“双虹桥”后，两桥左右各设一道，高宽略有不同，与圆拱桥相互映衬，成为村口主要的标志景观。门坊为三叠水式，石构圆拱门，左边门坊上前书“鸢飞鱼跃”，后书“文治光昌”石刻。右边门坊上，前书李根源题字“和光顺德”，后书“文澜壮阔”。

高台子闾门　位于高台子巷口。木构双坡瓦屋面方门，门旁两边有少许侧墙三层，高处紧接月台，门额上书“说礼敦诗”。

李家巷闾门　位于李家巷口，两端各设一道。上端为三叠水式，石构圆拱门，门额上书“兴仁讲让”石刻，门后有单坡瓦屋面偏厦。下端（靠环村道月台处）为木构双坡瓦屋方门，门额上书“景物和煦”。乡人李景山曾题联：“讲让兴仁同敦古处，家弦户诵共乐春台。”

黄果树闾门　位于黄果树巷口，木构双坡瓦屋面方向，额书“人物咸熙”。

赵家巷闾门　位于赵家巷巷口，木构双坡瓦屋面方向，门向与巷道走向转了近45度角，于门口可以看到狭窄巷道内造型丰富的民居外墙局部轮廓，引人入胜。门额上挂有“道义同敦”牌匾。

小尹家巷闾门　位于小尹家巷口，木构双坡瓦屋面方门，门额上挂有“霞辉星聚”匾牌，门两边联云：“勤耕爱读闾风远，聚德培材世泽长。”

大尹家巷脚闾门（2007年）

大尹家巷闾门　位于大尹家巷口，上、下两端各设一道。上端为三叠水式石构圆拱门，门额上书“兴仁弘德”石刻，门后设单坡瓦屋披厦门房。下端为洋风式石构圆拱门，门头装饰较为复杂，门额上书“古处同敦”石刻，两边门联：“比屋同遵周官六德行，斯闾特秀汉国两孝廉。”（张德洋题）门后设重檐双坡披厦门房。

举人巷闾门 位于大尹家巷口上端与十字路东西向巷道交口附近的举人巷口，木构双坡瓦屋面方门，尺度较大，门两边有八字形围墙过渡，门前有小圆弧形平台，石栏围护，台上对称种植红豆杉树两株。曾出举人寸式玉。

牌坊

牌坊在旧时代是为表彰节、孝和高寿老人的，也是和顺古镇风光的重要点缀。和顺老牌坊原有 9 座，其中石牌坊 4 座、木牌坊 5 座。有的牌坊兼具闾门的作用，如文昌宫牌坊本身就是大门。9 座牌坊全部毁于“文化大革命”期间。2002 年开始，腾冲县政府拨专款，恢复建造。

张家坡张尹氏玉珍“节寿”石牌坊 竖立于张德洋举人宅巷口，为纪念张尹氏玉珍亦节亦寿享 101 寿而立。全为石质，四柱三门，中柱有石刻对联，举人王开国有联曰：“老寡妇茶卖穷途，春茗一瓯香最久；令文孙桂攀月殿，秋波九秩老犹明。”道出了老祖母的酸甜苦辣。“文化大革命”中被毁，已重建为木牌坊。

贯家坝贯李氏百岁木牌坊 立于贯均贤宅巷口，为纪念李氏百岁（享寿 102 岁）而立，中门门楣有云南省都督蔡锷题书“民国人瑞”。“文化大革命”中被毁，已重建。

重建的冰清玉洁牌坊（2013 年）

大石巷头寸尹氏“节寿”木牌坊 是孝子寸君箕为母而立，他是银匠，省吃俭用而建此坊。双层飞角斗拱，中门门楣书“彤管扬徽”，唐继尧题书坊联，坊外八字墙上刻有寸尹氏事略及寸孝子传，已毁。

大石巷脚李寸氏“节寿”木牌坊 为李必盛妻寸氏而立。夫亡，寸氏年19岁，抚育长侄德爵为子，入庠成秀才，后为“永茂和”“永生源”发展者之一。民国初年旌表建坊，中门建石基，两边有八字墙，镶刻赵藩、张芸昌等人所题诗文。中门门楣有黎元洪大总统题书“盛媺幽光”，又题坊联：“半生茹苦冰同洁，千载贻芬石不磨。”还有李根源、唐继尧、由人龙等题书，“文化大革命”中被毁，已重建。

双虹桥前牌坊 位于双虹桥前，左右各置一座，靠图书馆一侧为百岁坊，另一侧为节孝坊。均是四柱式石构乌头门牌坊，“文化大革命”中被毁，已重建。

新桥“节孝”新牌坊 是乡中士绅为纪念明清以来之节妇而建。始建于1938年，竣工于1939年，新牌坊建成后与老牌坊珠联璧合。新牌坊构建典雅美观，刻石精美。中门上石刻李根源题书“冰清玉洁”，南北两侧对联，均为张德洋撰书。“文化大革命”中被毁，已重建。

水碓李德贵妻百岁石牌坊 竖立于李氏宗祠左侧通道上，全石质，三门洞开，中门上石额书刻“天姥峰高”，左右门上书：“萱草”“恒春”。李德贵之妻，赶上五代同堂，

1939年建的双虹桥头冰清玉洁坊

百岁石牌坊（2016 年）

20 世纪 50 年代的东山脚百岁坊

其子曰吉，孙生泽、生沛都因日军侵缅，于 1942—1944 年间在逃难中先后殒命，此时老妇尚健在，故李仁杰有挽联："抱恨终天更堪怜耄耋慈亲"之语。"文化大革命"中被毁，已重建。

魁阁门坊　位于至石头山鳌峰寺魁阁的路上，坐落于跨越大盈江的三孔石拱桥桥头，为八面风折线形五段式组合的石构圆拱门。作为进入魁阁的地界标志，门额上镶有"洞协天真"四字石刻。距此门坊数十米远处还有另一道门坊，为一字形石构方门，门上镶有"青锁"二字石刻。

东山脚百岁坊　竖立于东山脚许佩宅巷口。许佩之祖父廷龙得高寿，闻于清廷，旌表建坊，并授六品寿官。子天爵、天德于清咸丰二年（1852）建此木牌坊。因巷口地势较窄，形制较小，门楣书刻"生平人瑞"。

古镇保护

古镇规划　2010 年 6 月 1 日，和顺开始施行《云南省和顺古镇保护条例》。

古镇保护条例

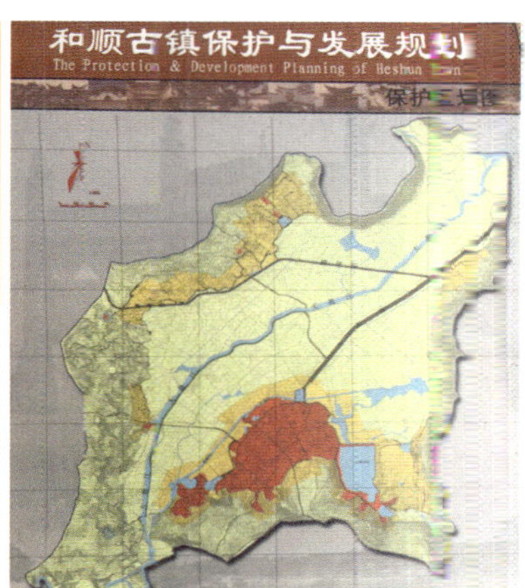

古镇保护区划图

2011 年 9 月，开展古镇保护管理的专职保护机构——和顺古镇保护管理局正式挂牌成立，内设机构为综合办公室、保护规划股、法制股三个股室。负责宣传、贯彻有关法律、法规；组织实施保护规划、保护详细规划和具体管理措施；维护基础设施、公共设施和文物古迹；会同和顺镇人民政府对和顺古镇内的商业经营区进行规划；对和顺古镇内的商业经营行为进行前置审核；在和顺古镇范围内依法集中行使部分行政处罚权，其他有关古镇保护和管理工作。

2012 年，编制了《和顺古镇保护与发展规划》《腾冲地热火山风景名胜区和顺景区详细规划》，将 197 处（幢）古建筑、古构筑物纳入《和顺旅游总体发展规划》中进行重点保护。

按照和顺古镇保护详规，严格控制商铺招牌、铺面装修风格，确保与古镇风貌相协调。通过建立健全商业准入制度，科学布置商业规划，有效控制古镇商户总量，切实保护古镇传统风貌。重点实施和改善道路交通、古镇消防、“四线入地”工程、农田水利等旅游基础设施建设。加快推进古镇新村及大庄农家乐餐饮片区开发，切实缓解核心区建设压力，引导群众合法理性参与旅游业，坚决杜绝大拆大建及在基本农田保护区范围内开办农家乐行为的发生。在巩固提升“三馆”、和顺小巷、宗祠博物馆等景点功能的同时，努力扩展旅游发展空间，加快温泉 SPA 建设进度，加大“财富和顺”、和顺湿地、火山公园等项目规划立项的督促力度，逐步完善旅游配套设施，有效分流旅客，确保优良旅游秩序。结合和顺实际，积极引导群众大力种植莲藕、油菜、花卉等特色观光农业，为古镇旅游提供优美的田园风貌。巩固好和顺藤编、园角刺绣等旅游工艺品的开

和顺古镇保护管理局（2018 年）

发。鼓励居民加工、销售翡翠等特色旅游文化产品。

古镇开发

和顺古镇的开发始于 1999 年，创新性地实行了政府主管，企业运作的模式。2003 年年底，引入柏联集团，稳步推进古镇开发。

保护风貌 即保护古镇的建筑、生态、民俗风貌，按照“修旧如旧”的原则，应月古建筑修复技术，经批准进行修复。对于新建建筑，按照和顺建筑的特质与机理设计，经批准后施工。组织专家组对和顺 8 万多平方米古建筑进行调查研究，对古建筑的历史、现状、建筑特色都建立了电子档案，对于一些古建筑，在充分论证和反复设计的基础上出钱修复或恢复；对名木古树组织专家调研进行挂牌保护；对古桥、湿地、河流、峡谷及民俗活动等，都认真调查、整理文档并确定保护方案。对于和顺入口处的 5 万平方米土地，建立田园风光保护带。

浮现文化 和顺历史悠久，古老的中原文化与西南少数民族文化和谐共处，与外来的南亚文化碰撞融汇，集中体现了中华文化的博大与宽容。但由于战争、政治以及历史的原因，和顺不少文化被时间所淹没。在古镇的保护与开发中，和顺注意表现地域文化，所有景点的建设，都坚守和顺文化的内涵，旅游路线的设计，也充分结合和顺文化的特色。在中国远征军二十集团军旧址，建设了有 7000 多件藏品的滇缅抗战博物馆，浮现了和顺乃至滇西抗战文化，成为爱国主义教育基地及民间外交与民间统战的基地。修复了刘氏等大姓宗祠，浮现了宗祠文化。通过弯楼子民居博物馆浮现了和顺建筑文化“四和三顺”的特点。建设了腾冲神马艺术馆，经挖掘开发的雕版印刷“神马”作

《和顺古镇保护与发展规划》(2018年)

品成为和顺特色的高端礼品。保护与集中展示了洞经、皮影艺术等非物质文化遗产。建设了有3000多件藏品的大马帮博物馆，浮现了西南丝绸古道上和顺人的生存方式与生活方式，浮现了马帮文化与滇商文化，在和顺小巷内再现腾冲翡翠文化、古法造纸、打铁、织布、木雕、土锅酒、扯丝糖等民俗表演，传承当地民俗文化。在和顺建设了创作基地，为文化名人建立工作室，丰富和顺的文化内涵。出版和顺的文化书籍，为到和顺的影视剧组无偿提供拍摄场地。与中央电视台等主流媒体建立了良好的关系，实现了和顺文化的立体推广。

适度配套 在和顺古镇内的吃、住、行、游、购、娱的要素配套，始终把握了质与量的“度”，既保持古镇的古朴风貌，不能过度商业化，更保持着和顺古镇景区特有的文化内涵。在少、精、特的发展方向下，建设了占地2.2万平方米的生态停车场以及和顺人家酒楼、水上人家酒楼、总兵府客栈等旅游配套设施。村民个人的商业配套，都在自己居住的房子里进行。

和谐发展 和顺古镇是一座“活着的古镇”，是当地居民世代生活的家园。在保护与开发的过程中，不但注重古镇景区自然、人文景观与新建景点、配套设施的和谐，也实现了景区内开发公司与居民的和谐。在企业发展的同时，协调公司逐步还利于居民，以一系列的公益善举，引导居民参与到旅游开发中，经营民居旅馆、家庭餐馆、出售特色旅游商品等。如今，村民们在旅游的发展中逐渐致富，企业逐渐发展壮大，政府增加了税收和就业，和顺旅游正在朝着多方“和谐共赢”的方向发展，“和顺模式”得到各方的一致认同。

卡点（2018 年）

古镇保护消防演练（2018 年）

环境治理 随着和顺古镇经济的发展，少数居民受利益驱使，违规建筑不断凸显，破墙开店问题突出，太阳能、阳光棚、铁皮棚等古镇风貌相冲突的现象普遍存在，古镇交通压力不断增大。

2007 年以来，和顺采取强有力措施，对古镇交通、经营秩序、环境卫生、乱拆乱建等行为进行集中规范整顿。对挂牌保护古民居、古树名木、寺观庙宇等进行重点保护；大力扶持家庭经营模式，引导居民户转变破墙开店行为；对极少数与古镇风貌不协调的现代工艺广告牌，铺外地毯、接拼摊、玻璃棚、彩砖瓦、遮阴网等建筑物进行整治和扶持改造提升，确保古镇风貌原样保存，不失真、不走色。

对古镇核心区所有经营户实行证照管理，切实维护古镇市场经营秩序。针对古镇内临时摊贩较多，且不规范的问题，成立市场巡查组，依法对元龙阁、酒吧街至大坝脚、艾思奇故居门口等处 300 余个临时摊贩进行集中清理，开创引导规范经营模式。针对零星的打游击商贩，由市场组每日进行巡查，以说教宣传为主、行政处罚为辅，有效规范市场秩序。

成立交通管控组，加强车辆管理，严格车辆准入制度，设立“尹家巷”“水碓”“贾家坝”“中天寺”“中心小学”五个卡点，有效对古镇交通要道进行了管控。遏制车辆乱停乱放阻塞交通、影响通行、有碍镇容的违规违法现象。

结合和顺古镇建筑的特殊性，全力抓好古镇消防安全工作，开展联检、联查、联处工作，确保无火灾隐患死角，使古镇保护消防安全工作得到了全面提升。

全民参与

和顺镇始终坚持“群众参与古镇保护管理”的原则，鼓励群众投身古镇保护中。

融入古镇氛围 和顺镇充分发挥老年协会、宗戏协会、学校等社会力量，通过组织知识竞赛、文艺表演等方式使广大居民业主参与到古镇保护知识宣传工作中，形成全民熟知古镇文化、融入古镇氛围的局面。对于和顺古镇保护的相关“条例”、“实施办法”、《常用法律及资料汇编》、《古建筑保护告知书》等政策，做到家喻户晓。村干部、祥会、民居旅馆、商铺业主对和顺古镇的重要价值、丰富资源、历史文化烂熟于心。

参与古镇保护 和顺对外知名度和影响力的不断提升，也倍受各级领导和社会各界的重视和关注，无论是游客，还是当地的居民，都充分认识到古镇保存的价值和保护的重要性，大家都用实际行动自觉地参与到古镇保护中来，都积极地为古镇保护出谋献计，形成了全社会参与古镇保护的共识和行动。

和顺文昌宫（2017 年）

丝路商贸

和顺悠久的商贸史和丰厚的文化积淀，声名远播海内外，400多年的经商史，被誉为西南丝绸古道上的商贸名镇。富有开拓拼搏精神的和顺人，在走出国门的经商历练中，以刻苦勤奋立定脚跟，以诚信经营赢得顾客，亦商亦儒驰骋商海，涌现出诸多商贾人才、著名商号。在他们创立的近百家商号中，有50多家跨国商号，其分支机构遍设于国内各大商埠和南亚、东南亚。和顺人以扁担和马帮，拓展了古老的南方丝绸之路又以浩浩荡荡的马帮，驮来了一个珠光宝气、璀璨生辉的丝路侨乡。

西南丝路

蜀身毒道 中缅两国民间商贸和官方往来，历史悠久。早在公元前4世纪就有一条从成都出西昌或宜宾，经大理、保山、腾冲到缅甸、印度的商道，古称“蜀身毒道”，即“南方丝绸之路”。西南丝路以四川成都为起点，一段经宜宾、昭通、曲靖、昆明、楚雄、南华、云南驿到达大理，称为五尺道；另一段从成都经邛崃、雅安、灵关、西昌、姚安至大理，这段称“灵关道”。两段路在大理会合后向西行，经过保山、腾冲后通往缅甸，从保山至缅甸这一段称为“永昌道”，而和顺就是这条丝绸古道上的一颗明珠。

腾八路 腾密路 和顺人出缅甸主要走腾八路（腾冲至八莫）和腾密路（腾冲至密支那）。腾八路有老路和新路之分：老路经由腾冲、和顺、九堡、干崖、蛮允、红蚌河、蛮莫、新街（八莫）；新路经由腾冲、和顺、九堡、旧城、小新街、蛮线、古里卡、芭蕉寨、茅草地、小平田、新街（八莫）。腾密路由腾冲、和顺、高田、古永街、牛盖河、甘稗地、俄穹、昔董坝、大弯子、瓦宋到密支那。

19世纪末腾八路上的太平江

商海博弈

入缅经商 明代以前，西南边地腾冲地区的人口稀少，经济落后，文化不发达。据《腾越厅志》载："元代人民甚稀，户籍莫考。至明设卫分屯，渐臻繁盛。"明洪武年间（1368—1398），沐英率中原汉族戍边屯垦之后，腾冲地区才日渐繁盛起来。人口的不断繁衍，使得耕地不足的矛盾日益突出。在地理位置上，向西 200 里，就是物产丰富，出产珠宝玉石、琥珀等的缅甸境界。

从明洪武十五年（1382）到明成化十六年（1480），和顺先辈几经征战，屡立战功，边地腾冲也进一步安定。有的由军入民，有的亦军亦民，有的袭官。随着边疆的稳定、邻邦的修和以及中缅贸易的往来，从事商贸的人越来越多。特别是明正统后期，巨商大贾以及宫廷的太监、宝石采买官云集永昌、腾越，促进了和顺商贸的发展，和顺人出缅的人数渐增。根据有关史料记载，最晚在明代中期，和顺人已前往缅甸经商，并有少数开始在缅甸寓居。《腾越州志》云："昔日之货殖者，富家以财，贫人以躯，输中华之产，

19 世纪的马帮货运

运异域之邦，易其方物，利资养家。”

商贸兴盛 清乾隆、嘉庆、道光年间，和顺人在国外的商贸发展迅速。和顺华侨以八莫为起点，以曼德勒为中心，全缅的各大商埠，特别是铁路沿线都有和顺人在从事不同类型的商业活动。

1925 年的《华侨宝鉴》

清乾隆征缅之际，和顺侨民尹士汾、李万全是阿瓦地区华侨会长。乾隆五十七年（1792）三月十七日，八莫市区的华侨为和顺华侨尹士琳送丧，执绋亲友和头包白巾的华人即有数百人。道光十七年（1837），缅甸旧都南城阿摩罗补地区洞缪观音寺被火毁后，新修扩建的功德碑上阿瓦富商捐款者即有谦和号、正兴号、茂主号、万顺号、元盛号、太和号、德盛号、美顺号、立昌号、玺顺号、茂盛号、福裕号、和盛号、正泰号、建昌号、三成号，另有总理修缮提调人李本恕、尹必选、李芳廷，司账书记尹大瑶，承办管理李大年、寸峥辉、李嵌、尹士昌、杨成升、邹锦成，买办杂物员张立品的题名，碑末并署有“腾赕庠生李开良必先氏兴平敬撰并书”。

清光绪二十年（1894）清廷与英国签订不平等的《中英滇缅通商条约》，二十五年英国在腾冲设立领事馆，二十八年清政府设腾越关，二十九年，迤西道署由大理迁驻腾越。随着腾越开埠通商，与国外的商品贸易日益发展，并形成以对外贸易为主体的格局，腾冲成为滇西交通商路上最重要的商品集散地，和顺商贸发展进入鼎盛时期。内地的丝绸、土特产销往缅甸；欧洲的“洋货”、缅甸的棉花、翡翠等销往国内。和顺人在国内外建立商号，开展国际贸易，高峰时和顺有60多家商号开展国际贸易。在清咸丰之后，腾冲成为云南省进出口棉花、棉纱、翡翠、生丝的主要集散地，和顺出现了许多国内外闻名的翡翠大王、棉纱大王、谷米大王。

清朝末民国初，受欧战的影响，滇缅市场进一步活跃，和顺商人抓住这一有利时机，拓展市场，一大批商人迅速发展起来。1925年，陈起森在缅甸仰光编印的《华侨宝鉴·缅甸之部》中载，缅北地区华侨商店250家，其中腾冲华侨商店148家，而在众多的腾冲侨商中又以和顺乡侨商为盛，如曼德勒29条街有腾冲侨商6家商号，其中5家为和顺人开设。

从清乾隆年间到民国年间，“腾越州和顺乡一带民人，向在缅酋地方贸易者甚多”（《清高宗实录》）。和顺乡人开办了近百家商号，国外的主要分布在缅甸、印度、泰国，国内的主要分布在腾冲、保山、下关、昆明、重庆、广州、上海、西藏及香港。其中，寸尊福的“福盛隆”，张宝廷的“宝济和”，贾象坤、许卓如等的“永生源”，李德贤兄弟等的“永茂和”，钏文瑞兄弟的“文瑞记”是这一时期比较著名的商号。经营的主要产品，进口以棉花、棉纱、珠宝、玉石、琥珀、海产品为主，其次是英国和欧亚各国的工业产品、日用生活品、劳动工具等，品种有150种，还有玉石、珠宝的开采加工、销售。出口以国内的丝织产品、滇西地区的土特产品为主，还有修路、挖矿的廉价劳工。产生了以尹蓉、许名宽、张宝廷、寸尊福、李德贤等为代表的一大批商贾，享誉海内外。

商贸起伏 1942年3月8日，日军侵占缅甸仰光，继而向全缅甸推进，和顺在缅甸华侨铺毁人散，财产损失一空，纷纷逃回腾冲。5月10日，腾冲沦陷。1944年9月14日，腾冲收复后，华侨又开始返回缅甸，在战火劫后的废墟中重整产业。随着滇缅国际贸易的复苏，和顺华侨又在缅甸开始商贸活动。1950年后，滇缅贸易逐渐停止。1964年4月9日，缅甸政府将全国各地所有华侨商店收归国有，和顺华侨的经济再一次受到打击。和顺华侨为了生活，又一次从零做起。经过多年奋斗，至21世纪初，经济再一次腾起，出现了以李祖才、贾思义等为代表的一批华侨企业家、商业家。

开创实业

印刷业 清光绪三十一年（1905），和顺人寸嗣伯留学日本回国，带回铅印机、石印机各1套，在腾冲开设印务局。清朝末年，乡里筹集经费，选派李曰祺等到日本学习印刷，归来时从日本买回石印机2套、美制圆盘机1套，从事印刷。后因乡村营业有限，于民国初年歇业。

1916年，和顺张家坡人张德生、张德洪、张德伟族兄弟购买李曰祺的印刷设备，从日本买回活字机 1 台，由上海采办到华洋杂货、中西药材和五洲大药房之中西药物等货品，在腾冲城关六街租铺面 1 幢，开设“德怡和”石印局。1925 年，张德生分伙出来开设兴华印刷局，由胞弟张德辉通过上海商务印书馆熟人购进设备，主要有美造六开圆盘机 1 套、石印机 2 套、二四五号 3 种铅字各半副，所缺铅字刻木代用。前后经营 30 多年。腾冲沦陷后，印刷机及各种货物均被抢掠殆尽。

1931 年，杨春祥等成立鼎立兴印刷铺，主要设备有由缅甸仰光购入的美制四开手自动圆盘机 1 套、六开圆盘机 1 套、切纸机 1 套，印刷信封、信笺、讣闻、喜柬、家言、糕点商标、名片等。腾冲沦陷后，部分印刷设备被日军掠至芒市。1946 年杨春祥重新开设宏文印社，雇生产人员三四人。同年，张德伟之子张江达、张淳达开设复兴石印局。1956 年宏文印社与复兴石印局合并，组合为腾冲县印刷生产合作社，1958 年扩大为印刷厂，1965 年改为腾冲县印刷合作工厂。

纺织业 和顺人李曰葵曾开办纺织公司。1925 年，张毓兰（张宝廷之女、寸楷声之妻）自日本大妻女子技艺学校留学回国，带回织袜机，在和顺开设织袜厂，除供市场外，还负责生产和顺两等小学堂男女学生筒袜。1949 年后，该厂并入县麻纺厂。

寸少元及刘玉铉分别在大石巷脚及刘家宗祠开设木机织布厂，主要生产织细花布，每月平均产 300 匹，每匹批发价 37 元，有利润 3.5 元。木机共约百余台，生产乡人喜爱的厚实耐穿的土靛蓝、黑、灰色土布，安排妇女劳动力百余人。产品畅销于和顺及附近中和、清水一带，后因腾冲沦陷而停业。抗战胜利后恢复生产，至 20 世纪 50 年代初结束。

大庄杨春蕃自缅甸回到家乡前，开办了 20 年的丝织厂。1925 年办针织厂，开办拥有数十台机器的编织袜子、帽子、毛衣工厂，形成漂、染、织一条龙的生产线。

机制槟榔 民国时期，大庄杨春辉家的机制槟榔远近闻名，由两台进口机器所扎出的槟榔，除街天到县城销售外，到家购买的顾主应接不暇。嚼槟榔在当地叫“吃广子”，是滇缅边地一带的传统习俗。成于明代初年的《百夷传》里就写到“宴会则……先以番茶及蒌叶、槟榔啖之”。“吃蒌叶”或“吃蒌子”是嚼广子的必备佐料。清代《阳温暾小引》里也说“传烟筒、传蒌叶，甜言哄遍”。招待客人广子、蒌叶是非常时髦的食品。1950 年前，腾冲一带婚丧嫁娶少不了它，儿女亲家行礼少不了它，谢媒人少不了它，亲友间的馈赠也少不了它。在那个时代，乞求多子是人们最大的愿望，“广子”给人们心里莫大的慰藉。杨春辉家不但扎槟榔，园地里还广植蒌叶、蒌子，近处的用蒌叶，远处的

腾冲正大火柴厂“飞机”牌商标

用蒌子，没有蒌叶、蒌子的则拌以土碱或生石灰。嚼槟榔已成日常习俗，有的人终日不离口，谁嚼得最红，谁最有水平。

洋火公司　1947 年，李致政创办正大火柴厂，属于股东制。厂址在大石巷脚一栋二层楼房及后面的西厢房和空地上（迄今乡人依然称此地为洋火公司）。西厢房为火房，扩地堆放、处理、锯解木料，一楼浸蜡、干燥、蘸药头（部分作业还在本家西厢房进行），二楼堆片、切丝（即火柴杆）、整理，装有推片机（床）、切丝机、摇床 2 台。

上架排丝、黏糊火柴盒等作业，均由村民领料回家完成，产品的注册商标为“正大牌”，商标图案为一腾空向上的飞机（黄色），背面为红色，产品以小盒为单位，每小盒的尺寸约为 6 厘米 ×3.5 厘米 ×1.7 厘米，12 小盒为 1 包，10 包为 1 箱。箱用木板包装，小盒贴小商标，每包外贴大商标，每箱外盖封箱章。产品主要销往缅甸，由于能适应缅甸湿潮的气候，故畅销一时。随着生产规模的不断扩大，厂改名为“和顺正大火柴股份公司”，股东有张德苍、寸少元、谢其进等人。当时主要生产工序的工人约 30 人，每人佩戴“腾冲正大火柴厂”徽章。解放前最高年产量达 780 件，曾畅销无阻，1953 年后歇业停产。

传统藤编业　据《腾冲县志》载：“藤篾除制藤杖外，最早主要用于制绳，以后用于编箩筐、提箩等。”是传统副业。1931 年前后，和顺回族藤编工艺艺人马兴朝，自学研编一些家用藤器，如小提箩、提篮、座椅等。后来，编制工艺日益精湛，花色品种逐步增加。1933 年曾为一位缅甸在腾的医生编制 1 张睡床，受到赞赏。是年，马兴朝在住宅内创办天仪工艺社，从业人员五六人，全系马家亲属。主要产品有藤轿、藤椅、藤桌、藤具等，年产150多件，用料独特，工艺精美，造型别致，销售对象主要是官绅、富商、土司等达官显贵。

1955年，和顺乡成立由马兴朝领导的藤编合作小组，组员5人。1956年转为藤器生产合作社，社员增至40多人。1958—1961年，该社先后并入城关合作工厂、工艺美术厂、印刷厂等单位。1957年和1962年马兴朝先后两次到北京出席全国工艺美术老艺人会议。1962年，恢复和顺藤器生产合作社，社员30多人，资金4万多元，产品主要有各式藤椅、篾箩、晒垫等。从1964年起，合作社逐步扩大，以生产安全帽为主、藤椅等为辅。1969年，因原料缺乏而减少了生产。

改革开放后，和顺藤编业有了很大发展，以居家作坊为主，藤编花样翻新，种类繁多，产量大幅度上升，其中尤以寸康民的康佳藤编厂为著。1999年，寸康民被省文化厅

20世纪50年代和顺的传统藤编

和顺藤编（2017年）

授予云南省民族民间美术艺人称号。和顺藤编产品密实坚固，冬暖夏凉，轻巧坚韧，不怕挤压，柔顺有弹性；具有日晒雨淋不起泡，在潮湿和干燥的环境下不变形、不开裂的特点。传统编织产品有罗汉椅、躺椅、双人椅等。

创办商号

和顺华侨经过不懈努力、日积月累，逐渐有了自己的商铺，继而发展成为商行、商号、跨国公司。和顺的商号、商行大都是以家族组织为主、合伙式为辅，直到清朝末民国初，受西方先进管理制度的影响，才出现了合股式、股份式的公司。清乾隆年间（1736—1795），和顺寺脚人尹正元在缅甸古都阿瓦开设“正泰号”，历经 200 余年。道光年间（1821—1850），和顺李家巷人李茂林等与荷花人蔺自新在缅甸创设“三成号”。清光绪十二年（1886），缅甸沦为英国殖民地后，西方股份制经济随着商品流入缅甸，在缅甸经商的和顺商人，特别是年轻一代的和顺商人，成为自觉吸收西方文明的先遣者，学习和借鉴股份制的经营管理模式。光绪十九年，李德贤将父亲李必成在缅甸经营的“永茂祥”迁至首都曼德勒，邀约乡人集资入股，组建“永茂和公司”，并以公司名义向缅甸英政府注册，确立永茂和公司在缅甸的合法地位，制定了公司管理章程，并在国内外设立分支机构，发展成为著名的大商号之一。此外，和顺人在缅甸及国内还开过很多商号，如谦和号、三盛隆、生记、光云号、泰和号、美兴和、洪照兴、富茂和、义协和、宝济和、瑞兴福、广茂祥、三益成、永生源、天源号，等等。

正泰号 清乾隆年间（1736—1795），和顺十字路寺脚人尹正元在缅甸古都阿瓦城创办正泰号。经营丝绸、花纱生意。其子尹必选继承父业，商务范围更加扩大，声望更隆，曾任阿瓦客长（华侨会长）。清道光十八年（1838），倡议重修阿瓦云南观音寺，任总理提调和值年管事 10 余年。尹氏家族在阿瓦极为显赫，经商者多，道光甲午（1834）举人尹艺在《自缅甸返腾留别亲友家族》诗中有所记述。尹艺又有《哭家叔必选卒于缅甸》云："卅载征程履䂖封，往来南徼几秋冬……归来或化辽东鹤，惊起中天夜半钟。"尹必选去世后，"正泰号"又由其子尹其懋继续经营。清光绪初年尹其懋捐资督修龙江、潞江二桥有功，地方官吴其桢书赠"诚心利济"、余泽春书赠"勤勉绳渡"，高悬尹家。

"诚心利济"匾（2016 年）

兴阿美号 清嘉庆十五年（1810），和顺十字路张家坡人张元福在缅甸阿瓦创办"兴阿美号"，主营丝绵、布匹生意，深得缅甸皇宫内院皇室富商赏识，于是丝商字小福之名驰誉远景。缅甸王先后两次建都到阿美脂布腊，张元福亦相随设分店于新都，数年后获利甚丰。清同治初年，张元福回国，将其丝绢生意交给次子张成恺继续经营。

三成号 清代，和顺十字路李家巷人李学琛在缅甸、干崖开始经商，子文魁继续经营。道光初年，其孙李茂、李茂林两人发展于缅甸八莫，与荷花乡蔺自新合伙组建"三成

三成号庭院（2015 年）

号”，后将总号迁至缅京洞缪，再迁新都曼德勒，和顺尹蓉曾为商号主管。李茂林之子大榜、大楝、大森继续经营，发展成为滇缅贸易的大商号。“三成号”经营棉花、丝绸、玉石等，以缅甸古都阿瓦、洞缪、曼德勒为总号，缅甸的八莫、密支那，国内的腾越、永昌、下关、昆明都设有分号，历经祖、孙、曾 4 代人。云南阿瓦观音寺存有清道光二十六年（1846）李开良撰写的碑文，末刻有“总管值事三成号道光十八年起至二十七年”。另观音寺内的匾联中，有一联是“李大森、尹蓉等同敬献”。“三成号”不仅是比较有名的商号，同时商号的主人也是当地侨领。经营致富后的李学琛后裔，在和顺老家建盖起当时较为气势轩昂的住宅，至今李家后人居住的这一小巷，仍以“三成号”相称。

万镒号　清道光年间（1821—1850），和顺十字路大石巷人李万镒，以名取号，在缅甸八莫开设万镒号，经营棉纱、珠宝生意。李万镒有一子，名太隆，随父经商，生意日益兴旺。该号以居家为货栈，故今和顺大石巷仍有一小巷以“号里头”之称的巷名。清光绪年间（1875—1908），后人李德全在广州、缅甸曼德勒开办“广芳合记”商号，以经营棉纱为主。

永茂和　清道光初年，和顺十字路大石巷人李必成，从缅甸买进棉花、海盐等商品到腾冲销售，又将腾冲土特产品贩运缅甸八莫出售，稍有积累，于道光三十年（1850）前后在缅甸抹谷开设“永茂祥”店铺，经营宝石、玉石、百货。光绪十九年（1893），资本积累到卢比 3 万多盾。交其次子李德贤经营。光绪二十三年（1897），资本增至卢比 10 余万盾，为扩张业务，李德贤将号铺迁至缅京曼德勒，改号“永茂和”，邀约同乡故旧集资入伙，李德贤任总经理，张树森任副总经理，在曼德勒设立总号，先后在仰光、锡卜、腊戌、八莫、南坎、果领、瑞波、勐拱等地设立分支机构。同时，李德贤出资，由其兄李德爵与许卓如、贾象坤合组“永生源”号，经营滇缅进出口贸易，在腾冲设立总号，由李德爵负责；在保山、下关、昆明设立分号，由李、许、贾三家分别负责。1924 年，“永茂和”又出资与谢肇东、明子章在昆明合伙组织“永春和”字号，在昆明、香港、上海、仰光之间经营生丝及汇兑业务，至 1929 年明子章在沪病故后合伙结束。

1927 年，李德贤子李镜天继任永茂和总经理，资本增至 30 余万盾，合银圆 60 多万元。1933 年，永茂和与永生源合并，国外沿用永茂和牌号，国内用永生源牌号，增设上海分号，原永生源负责人李德爵任两号经理，李镜天改任上海分号经理。1937 年，永生源股东许、贾两家退出，顶承永生源牌号继续经营，永茂和另在昆明、下关、保山、腾冲成立永利商号，撤销上海分号。1938 年，滇缅公路通车后，“永茂和”总号迁至昆明，

20 世纪初在缅甸的“永茂和”商号

撤销永利号名，统一用“永茂和”号名。李镜天任总经理，国内设腾冲、保山、下关 3 个分号，国外保留曼德勒、仰光、腊戍 3 个分号，其余分支机构裁撤，分归小股东顶受经营。国内外 6 个分号均由李氏兄弟负责经营。

“永茂和”主要从事滇缅进出口贸易，经营生丝、棉花、棉纱、茶叶、烟酒、山货、土产、条银等，年出口生丝约 2000 担，年进口棉花 1 万担左右、棉纱 4000 ～ 5000 件，年收汇缅币 60 万～ 70 万盾。抗日战争期间，滇缅公路成为中国唯一的国际通道，“永茂和”为加快物资运输，自购道奇卡车 10 辆，租用印商车 20 辆，日夜赶运。

1942 年，日军侵占缅甸、腾冲后，“永茂和”在缅甸的业务中断，财产损失巨大，只得另辟经营途径。永茂和在四川的重庆、宜宾和自贡三地组织分号，购置房产。同时在本省昭通设立分号，与重庆、宜宾、昭通连成一线，重点经营土布、土纱、绸缎等商品，并在自贡经营煤炭。此外，“永茂和”又投资房地产，在昆明闹市区南屏街建盖楼房 7 幢，购买楼房 2 幢，并开辟昆明经西藏至印度的商路。

1945 年日本投降后，“永茂和”滇缅贸易业务恢复发展很快，至 1950 年年底，国内外资产总额已达 520 万多盾。1956 年，“永茂和”参加了公私合营。

蓉懋记 清道光年间（1821—1850），和顺水碓尹家坡尹蓉与水碓李德懋在曼德勒合组蓉懋记商号。主营丝花、布匹生意，名震中外。商号后由李德懋之子、尹蓉之缅女婿李曰琫经营。尹蓉曾与弟尹芃（字蕴芳）开设“春盛号”，后改设“定昌号”。

生记 清咸丰年间（1851—1861），和顺大庄东山脚人许名宽创办生记。许名宽少年在家农事，年稍长后与舅父到缅甸学事经商。数年后，生意日隆，业务日展至香港、粤东，凡缅王宫中用品，无不由他采买。

宝济和 清光绪年间，和顺十字路贾家坝人张宝廷，因商务常往来于勐拱，与当地土司交往深厚，帮助土司从英国商人手中赎回勐拱玉石厂厂权，故优先承包开采玉石，承包“岗银”。张宝廷承包“岗银”后，大振玉石业，邀约同乡寸尊福、张德茂、刘宝臣等合伙做玉石生意，开办“协源公司”。公司经营日益兴旺，在玉石场中的帕敢、勐拱、多莫、会卡等地设分公司。民国初年，张宝廷又开办“保济和公司”“宝盛和”“宝振公司”，专门从事玉石翡翠生意，设分号于八莫、香港、广州、上海等地，每年运销玉石翡翠数目甚巨，他是最先涉足香港的滇侨玉商。民国《腾冲县志稿》载：“……于是德珩业大振，十余年中，玉石输广州、上海者为数甚巨，凡中外富室巨家所御翡翠，多半由德珩业也。又尝开垦猛毛田，费不赀，招佣种之；嗣闵其劳，悉以与，复免其租，佣者德之，见则膜拜如礼佛。德珩居缅五十余年，自大吏以至车卒，无不知其名。与英吏交，不亢不卑，能持国体，英吏重之，为请英皇授予奖章。”

三寅祥 清同治年间（1862—1874），和顺十字路贾家坝人贾学林（字翰卿）16 岁赴缅甸谋生，初到缅时无依无靠，先在腊戍一带帮人打工，后又做点肩挑摆摊的小生意。贾学林聪颖精明，擅于打算，且能吃苦耐劳、省吃俭用，数年后稍有积蓄，即在腊戍开设一家小店铺，经营土杂及百货。贾学林生性开朗豪爽，爱交朋友，能济困扶危，诚恳待人，在生意上讲信誉，颇得当地缅人和同乡的好感，商店生意逐渐兴隆起来。后与他的亲密契友，在腊戍经商的同乡钏德广、李兆安合伙开办“三寅祥”商号，因三人同属虎，且同年生，故取此名。三人无论在共同的事业上还是生活上，都能同舟共济、肝胆相照，融洽如亲兄弟。“三寅祥”讲求诚信，薄利多销，对一些有困难的同行能给予帮助，故生意蒸蒸日上，在当地的商界名声渐起，后又将业务扩展到缅北的主要城市东枝、锡卜、南坎、八莫及国内的腾冲、永昌、昆明等地。清光绪十六年（1890）前后，“三寅祥”资金已有 20 万银圆，成为缅北、滇西一带小有名气的商号。清朝末民国初，“三寅祥”股东年老多病，商号随之结束。

福盛隆 清光绪年间（1875—1908），和顺十字路黄果树人寸尊福在缅甸曼德勒创办福盛隆商号。寸尊福少年家庭贫寒，十三四岁跟着马帮到缅甸谋事。几经辗转到勐拱玉石场，向腾冲绮罗玉商李先和学习做玉石生意，因其能吃苦耐劳，节衣缩食，善察玉石行情，逐渐积累了一定的资本，与同乡张宝廷、张德茂、刘宝臣等合伙开设“协源公

福盛隆（2014 年）

司”，专门经营玉石翡翠生意。数年后，寸尊福独资开办“福盛隆”商号，不但在缅甸的主要商埠设有分号，而且亲自远赴上海、广东、香港等地销售翡翠。1919 年，寸尊福在勐拱以 7000 卢比买得一块璞玉，经过打磨抛光后，成为水种好、底色为秧草绿的上等玉石。寸尊福把它运到上海后，以 12 万银圆出售，买主转手后，又赚得一大笔钱，成为玉石行业中“好货富三家”的佳话。据当年目睹者讲，他在缅甸做六十寿时，玉石一个连一个从天井码到寿堂，楼上放着60万卢比（硬币），把用柏木做的楼楞都压弯了，是名副其实的百万富翁。寸尊福侨缅数十年，保护侨民利益，心系祖国，把经商所赚的钱竭尽捐赠，支持辛亥革命，建设家乡，孙中山赞誉他“华侨领袖，民族光辉”，并亲笔签名送了照片。寸尊福曾为全缅华侨会长，同盟会缅甸分会主要负责人之一。

永生源 清宣统元年（1909），由贾象坤、贾象仪、李德爵、李德和、李德贤、许卓如、许仲杰合伙组建。商号以滇缅贸易为主。其总号设在腾冲，李德爵任总经理，在缅甸、保山、下关、昆明等地设立分号。经营范围是从缅甸进口棉花、棉纱、布匹、海盐、石油等，由腾冲出口茶叶、生丝、紫胶、皮革等土特产及白银，并兼营汇兑业务。1941 年是永生源创建以来最兴旺的时期，资金总额超过百万银圆。1942 年 5 月，日军侵占缅甸、滇西，“永生源”商号在缅甸和腾冲、龙陵等地的财产损失殆尽（约占总资产的 80%），仅存下关、昆明分号的部分资产（约占总资产的 20%）。

文瑞记 1913 年，和顺大庄钏文瑞、文运弟兄在父亲钏柱东家庭手工小店的基础上，于缅甸曼德勒创建“文瑞记”商号。清光绪年间（1875—1908），年仅 14 岁的大庄人钏柱东，肩挑一担草鞋，跟着马帮，以劳换食，到缅甸谋生。他在瓦城先帮别人，后摆地摊，然后自己开杂货店，经营纸马匠所用的纸张、颜料生意。20 年后，返回腾冲家乡结婚，婚后仍返缅经商。数年后，钏柱东的儿子文瑞、文运也入缅甸学事。1911 年，钏柱东将生意交给儿子打理，返家乡颐养天年。1913 年，以钏文瑞的名字命名的“文瑞

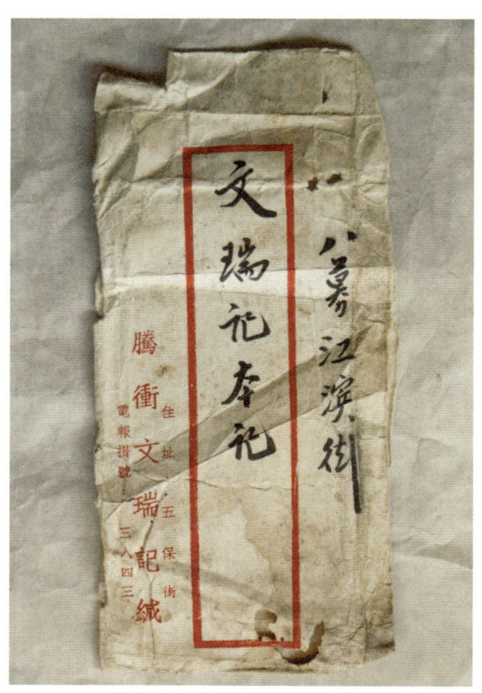

寄往八莫江滨街文瑞记本记的信封

1928年在瓦城“保盛和”商号前

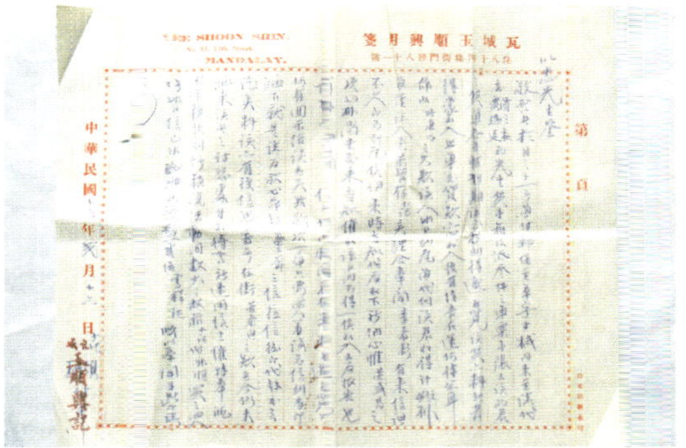

“玉顺兴”用笺

记”商号正式挂牌。经钏氏兄弟数年经营，资本、利润迅速增长，瓦城本部的店铺，从一间扩展到杂货、成衣、土产三间，并增设腊戍、锡卜、八莫、九谷4个分栈。1938年滇缅公路通车后，又在腾冲、龙陵、保山、下关、昆明增设5个栈，将腾冲的毡子、白棉纸、草纸、细麻线、斗笠、棕垫等土杂运销缅甸。又将缅甸的砂仁、干鱼、马掌钉、染料、棉纱、布料、化工原料、卷烟纸等运回国内销售。1939年，“文瑞记”资产达三十多万卢比。在钏文辉经理“文瑞记”时，为家乡筹办益群中学，首捐缅币3万盾以树奠基；倡办县女子中学（后名腾冲县文辉女子初级中学），捐资卢比2000盾（折合滇币一万元）做开办基金，开办后不敷之数，亦由文辉捐助；文瑞记合修村前的“金川月洼”；缅甸沦陷，“文瑞记”财产损失惨重。抗战结束后，钏文春、尹兆昂、寸时先、李炳[illegible]、杨发顺等及“文瑞记”当时的部分职员筹资组建“恒泰商号”。

保盛和　清朝末民国初，和顺十字路寺脚人尹兆荣、尹兆盛（字仲芳）、张成保和张家坡张成萃从“永茂和”退股合组“保盛和”。尹兆盛经理仰光栈；张成萃经理锡卜、木邦栈，兼营烟酒公司，享誉掸邦各土司地，娶有土司之女为侧室；尹兆荣之三弟兆章经理邦海、南渡；尹兆荣驻瓦城经理总栈和分栈一切业务。“保盛和”主营洋杂、布匹、土产、药材，兼办烟酒公司。李生萼、李近仁、尹兆国、杨发忠、张德平等都曾在“保盛和”协办业务。

玉顺兴　清朝末民国初，刘玉宝、尹其顺和县城人余自兴三人合资组建于缅甸曼德勒。该号因地制宜，因人而定，远近村民生活什物，多依赖于“玉顺兴”之供给，尹其顺因熟悉缅情，常购存如染料、北欧纸张等货物，多数是农村学校、庙宇内部用品。在商品市场竞争中，尹其顺不贪不欺，以诚待人，赢得了当地市场。

义成商行　1945年，滇西抗战胜利后，刘国生、刘子仪、赵秀发、许子文等集资在缅甸创办“义成商行”，寸必美亦投资。经营范围由腾冲买土特产品到缅甸，再由缅甸购棉花、轮胎、西药等回国销售。1950年，“义成商行”改名为“瑞和生商行”。1953年，由“同泰商行”“瑞和生商行”“合益昌商行”等联合组成“同和昌商行”。20世纪50年代初期，“同和昌商行”从缅甸仰光、曼德勒采购抢运棉花共计30多卡车，经保山、下关至昆明，支援昆明纺织厂恢复生产。1964年4月9日，缅甸政府将全缅各地华侨商店收归国营，“同和昌商行”即结束。

和顺部分商号、商行及商铺一览表

表6

商号名称	号主姓名	经营地址	创办时间	经营项目
正泰号	尹正元	缅京阿瓦	清乾隆年间	棉花、丝绸
兴阿美号	张元福	缅京阿瓦	清嘉庆十五年	丝绸、布匹
三成号	李茂、李茂林、蔺自新	缅京阿瓦	清道光年间	棉花、丝绸、玉石
蓉懋记	尹蓉、李德懋	缅京阿瓦	清道光年间	丝花、布匹
定昌号	尹蓉、尹芃	缅京阿瓦	清道光年间	棉纱、丝绸
万镒号	李万镒	缅甸八莫	清道光年间	棉纱、珠宝
吉昌花行	贾仁美、赵圣昌	南甸干崖	清道光年间	棉花、纱线
永茂祥	李必成	缅甸抹谷	清道光年间	宝石、玉石、百货
生记	许名宽	缅京阿瓦	清咸丰年间	丝绸、棉纱、玉石
美兴和	贾仁美	缅京阿瓦	清同治初年	棉花、土杂
元茂	许佩	缅甸八莫	清同治年间	棉纱、丝绸
天源号	许天德	缅京阿瓦	清同治年间	棉纱、土杂
春和祥	李必芳、李必灿	缅京八莫	清同治年间	棉纱、土杂
三盛隆	张林声、张棉声、张钰声	缅甸抹谷	清光绪年间	宝石、玉石
谦和号	李本谦	缅甸八莫	清光绪年间	棉纱
泰和号	寸太文、寸太进、张廷文	缅甸曼德勒、腾冲	清光绪年间	丝花、百货
正利生号	寸正斗	缅甸曼德勒、抹谷，腾冲	清光绪年间	丝花、宝石
洪照兴	贾文照、董绍洪	缅甸曼德勒	清光绪年间	棉花、棉纱
广芳合记	李德全	缅甸曼德勒	清光绪年间	棉纱、土杂
三寅祥	贾翰卿、李兆安、钏德广	缅甸腊戌	清光绪年间	棉纱、土杂、百货
瑞兴福	张成瑞、杨新福	缅甸曼德勒	清光绪年间	棉纱、百货
玉和兴	刘玉贤	缅甸曼德勒	清光绪年间	棉花、土杂（曾在和顺办福隆染织公司）
同德和	张德镜	缅甸密支那	清光绪年间	玉石、土杂
德茂公司	张德茂	缅甸曼德勒	清光绪年间	棉纱、布料
配兴号	尹怀瑾、张配坤	缅甸曼德勒	清光绪年间	百货、土杂
真后森	张兴仁、张成柱	缅甸八莫	清光绪年间	百货、土杂、棉纱

续表 6

商号名称	号主姓名	经营地址	创办时间	经营项目
玉茂源	刘玉海	缅甸曼德勒	清朝末民国初	百货、土杂
绍兴祥	李曰华	缅甸抹谷	清朝末民国初	棉纱、洋杂
宝济和	张宝廷	缅甸曼德勒	清朝末民国初	玉石、翡翠
福盛隆	寸尊福	缅甸曼德勒	清朝末民国初	玉石、翡翠
广勋祥	赵根香	缅甸八莫	清朝末民国初	百货、土杂
玉顺兴	尹其顺、刘玉宝、余自兴	缅甸曼德勒	清朝末民国初	土杂、百货
连茂	许佩、许士珍	缅甸仰光、腾冲	清朝末民国初	土杂、丝花
玉兴祥	尹玉山	缅甸皎脉	清朝末民国初	茶叶、土杂
成兴和	张成柱	缅甸曼德勒	清朝末民国初	土杂、百货
广茂祥	赵子中、张成璨	缅甸曼德勒	清朝末民国初	棉花、洋纱
美兴祥	张成瑞、张成佩、张成瑶、张成琼、张成珖	腾冲	清朝末民国初	丝绸、棉纱、土杂
文瑞记	钊文瑞	缅甸曼德勒	清朝末民国初	杂货、纸张
保盛和	尹兆荣、张成保、张成萃	缅甸仰光、井海、南渡、曼德勒	清朝末民国初	洋杂、布匹、土产、药材、烟酒
复生记	钏加仁	缅甸曼德勒	民国初年	土杂、百货
富茂和	贾宣川	缅甸曼德勒	民国初年	土杂、百货
同益茂	刘慧卿、尹兆年	缅甸八莫	民国初年	棉纱、紫梗、玉石
利民公司	尹瑞琳	缅甸皎脉	民国初年	酒糖、烟、百货
开福春记	刘玉福	缅甸自治	民国初年	轧棉花机厂
永清	李巨森	缅甸莫所穹	民国初年	土杂、百货
恒愚祥	李若恒、李若愚	缅甸	民国初年	土杂
德茂记	寸品湘、李新仁	缅甸八莫	民国初年	土杂、棉花、花纱
永济兴	寸尊熙	缅甸缅木	民国初年	华洋、杂货及木材[illegible]
刘子衡	刘金良	缅甸抹谷	民国初年	华洋、杂货
宝昌公司	张成芝	缅甸勐拱、朵摩新厂	民国初年	玉石、翡翠
鲁兴隆	张御达	缅甸勐拱	民国初年	玉石、翡翠、土产
宝振公司	张德珩	缅甸勐拱	民国初年	玉石、翡翠、矿业
永和兴	李善初、寸少元、奕立三	缅甸勐拱	民国初年	中西杂货、玉石、土[illegible]洋脚
恒裕布行	刘金志、刘金良	缅甸抹谷	民国初年	布料、土杂
庆云祥	李德斗	缅甸抹眉	民国初年	土杂
玉兴隆	寸性怡	缅甸曼德勒、昊领、果东坡	民国初年	谷米
裕益号	段幼贤	缅甸八莫	民国初年	土杂
珍益号	寸廷珍	缅甸八莫	民国初年	土杂、百货
同济兴	寸仲猷	缅甸果领	民国初年	华洋、杂货
绍三记	杨俊杰	缅甸贺奔	民国初年	布匹、棉纱、土杂

续表 6

商号名称	号主姓名	经营地址	创办时间	经营项目
贤美和	寸必美、寸必贤	缅甸曼德勒	民国初年	衣服、加工、棉花、棉纱、布匹、玉石
槐三记	李曰植	缅甸曼德勒	民国初年	土杂、百货
永崇和	寸尊周	缅甸缅木	民国初年	土杂、百货
协济源	贾铸生	缅甸准腊	民国初年	土杂、紫胶
美利生	李启福	腾冲	民国初年	洋货、土杂
云顺和	寸文卿、钏静之	缅甸曼德勒	民国初年	土杂
石印工艺印刷局	张成琼	腾冲	民国初年	印刷业（后子德生侄德伟更名为“德怡和石印公司”）
民生信托公司	李槐三、李俊轩	缅甸曼德勒	民国初年	信托、洋货、茶叶
永一新	寸相一	缅甸贺奔	民国初年	华洋、杂货
福生记	钏加仁	缅甸抹谷	民国初年	华洋、杂货
富滇公司	李佑之	缅甸果领	民国初年	谷米
永祯昌	刘必祯	缅甸果领	民国初年	华洋、杂货
祯怡公司	刘必祯、尹少川	缅甸果领	民国初年	华洋、杂货及粟贾
寸尊浩	寸尊浩	缅甸果领	民国初年	华洋杂货、土杂
美利源	张子美	缅甸抹允	民国初年	华洋杂货
广兴盛	唐绍广	缅甸抹允	民国初年	粟商兼杂货
永芳生	尹子道	缅甸抹允	民国初年	粟商兼杂货
玉盛祥	刘玉符	缅甸抹允	民国初年	华洋杂货
刘子福	刘子福	缅甸抹允	民国初年	华洋杂货
立生记	张立生	缅甸贺奔	民国初年	粟商、土杂、植蔗园兼制糖
广昌隆	唐绍广	缅甸南玛	民国初年	玉石、中西杂货
协益恒	李快堂	缅甸果东坡	民国初年	华洋杂货、谷米
协济源	贾铸生	缅甸准腊	民国初年	专办出口枳梗、收买各豆类货华洋杂
民治公司	李敬轩、贾铸生	缅甸亚习已	民国初年	机器压花厂
昌明工艺社	李祖昌	腾冲和顺	民国初年	配冶成药
群益制药厂	张沄	缅甸皎脉	民国初年	配冶六神丸镇惊丹丸药等
光明印务局	尹乐仕、杨发忠	缅甸曼德勒	1938 年	印刷业
天仪工艺社	马兴朝	腾冲和顺	1933 年	编制藤轿、藤椅、藤桌等藤具
琼瑞江轮公司	李琛昌	缅甸瑞波准	民国年间	轮船运输业
彩春和	李泽昌	腾冲	民国年间	洋杂货
厚生公司	寸少元、李曰堧	腾冲	民国年间	生产大小铁锅
正大火柴股份公司	李致政	腾冲和顺	民国年间	生产“正大牌”火柴

续表 6

商号名称	号主姓名	经营地址	创办时间	经营项目
纯益号	李生苑、吴开寿	缅甸曼德勒、腾冲	1945 年	棉花、花纱、洋杂
利恒号	张德琨等	缅甸曼德勒	1945 年	成衣批发、土杂
腾昌公司	张仰亭等	缅甸曼德勒	1945 年	滇缅进出口贸易汇兑
万春商行	刘振仕、李文龙、李泽春等	缅甸曼德勒、腾冲	1945 年	棉纱、中西百货
义成商行	刘国生、赵秀发等	缅甸曼德勒、腾冲	1945 年	棉花、轮胎、中西百
瑞恒达米厂	张德良、李文龙、李襄丞	缅甸果领	1950 年	木材加工销售

侨乡马帮（2005年）

旅游开发

和顺四面环山，山清水秀，气候温和，旅游资源丰富。村寨依山而建，村前小桥流水，古柳垂映。碧潭湿地、白鹭野鸭、古树名木等自然风光配以粉墙黛瓦、画栋雕梁、飞檐斗拱的祠堂、庙宇、民居和中西合璧的图书馆以及造型优美的石桥、凉亭、洗衣亭、水车、牌坊、照壁，幽谷中的楼台，蜿蜒曲折的青石板路，幽深宁静、古朴安详的庭院，每一样都精心设计，充分体现出人与自然的和谐统一，构成了意味无穷的文化丰和风光绮丽的风景线。再加上青绿的田野、灿烂的油菜花、金黄的稻谷，薄雾绕村，和风扶柳，鸟语花香；火山托红日，余晖浴村庄，晚霞映荷塘，竹筏逐鸭群，亭台楼榭与明山秀水交相辉映，雅趣盎然，一派韵味无穷的农家田园牧歌画卷。

古镇之秋（2012 年）

景观景点

自然景观

和顺坝子原是一个由于火山喷发河水阻塞而形成的堰塞湖。在更新世中期，县城坝子与和顺相通连为腾和盆地。由于来凤山的两期火山喷发，使腾冲与和顺被隔开而成两个盆地。大量的流水堆积物和火山灰的堆积，使湖盆充填淤厚，大盈江在龙光台附近切开玄武岩，形成高差达 30 米的叠水河瀑布。随后，大盈江在镇夷关至蔺家寨一线又切穿马鞍山玄武岩，形成峡谷。于是，过去曾被火山岩堵塞封闭的湖盆——腾冲与和顺都相继排出湖水，盆底渐趋干涸，变成现在地势平坦的湖积平原。和顺坝子东北—西南略狭长，形若半月，四周群山环抱，坝中沃野广布。

龙潭（2013年）

来凤山 位于和顺坝子东面，海拔1914米，相对高度254米，属面包形层状火山。顶为台状圆锥形，文笔塔耸立正中。山体呈长枕状，锥体具有明显的层状构造，风化侵蚀严重。由于山势陡峻，易守难攻，并可俯瞰腾冲城，为战略要地。二战时，日本侵略者据守此地，筑坚固工事，并狂言“腾冲要塞算来凤，象鼻营盘左右拱，文笔形成钢铁垒，何妨诸葛显神通”。

中国远征军经日夜奋战，预备二师于1944年7月28日攻克来凤山。师长顾葆裕、副师长彭劢二将军，被美国总统杜鲁门授予军功勋章。

龙潭 位于和顺坝东侧，为地下涌泉形成。潭方数十亩，碧波荡漾，水体澄澈，游鱼可数。元龙古阁临潭而建，背靠青山，面朝龟坡，阁身倒映潭中，如诗如画，为和顺侨乡一大胜景。传说古时和顺有龙为患。和顺先民修潭敬龙，因此风调雨顺。

龙潭潭心建有龙凤亭，亭全部用石材建构，六根石柱，顶亦用石材雕琢成瓦状。亭周石栏围护，曲桥相通，造型典雅清丽。潭边林木葱郁，潭中秀亭翼然，亭檐下有两方石刻，一刻为“龙凤亭”的亭名，一刻为“乐山乐水”4字。亭上立柱刻有两副楹联，一联为：“一水现新亭，碧波深印赤子心；群山环古阁，青树高标爱国情”，侧重写游子的对故乡的深情；一联为“山山水水亭亭阁阁见明秀；日日月月晴晴雨雨透清灵”，侧

水碓水库（2018年）

重赞美自然之美。

水碓水库　人称野鸭湖，是一个占地150余亩的人工湖，因生态环境优良，逐渐成为野鸭等水禽的栖息地，故得名。湖水与周围的青山绿树、宗祠、寺庙、民居构成了一幅优美画卷。

三合河　发源于黑龙山，龙潭、酸水沟、陷河湿地等泉水河系和顺坝子东侧山下的众多泉流于尹家坡至宁家湾一带汇集而成，所以也有“三合河”之称。泉水由地下、山间涌出，清冽温凉。它们或在山谷间汇成碧潭，配以优美的亭台，傍以依山叠起的楼阁、挺拔成荫的古树；或于泉流出露众多、地质条件特殊、低洼排水不畅，形成地表浮动、或水或陆、生态系统复杂多样的湿地。

三合河（2009年）

和顺湿地（2019 年）

和顺湿地 位于和顺坝东部，因人行其中极易陷入，又被乡人称为陷河。和顺湿地方圆数百亩，是三合河的主要源头，有着良好的多样性生物生态系统，动植物资源丰富。据国家高原湿地研究中心统计，和顺湿地分布有植物 187 种、鸟类 58 种、哺乳动物 21 种、爬行动物 14 种、两栖动物 9 种，风光秀美，泛舟其中，田园野趣，令人沉醉。旅缅华侨刘振仕有词云："家乡好，最好陷河头，绿柳丛中穿紫燕，红莲塘畔卧青牛，结伴泛孤舟。"

老龟坡 位于和顺坝子西北面，因远观形似巨龟伏卧，故得此名。其海拔 1847 米，相对高度 245 米，属截顶圆锥状火山。山顶呈椭圆形，有一主火山口，俗称大坑，形似大锅，口壁完整，直径约 300 米，深 85 米，被李根源描写为"火炼成巨锅，能烹大象熟"。另有两个副火山口，其中西侧的小坑，口径约 300 米，深 35 米，口内有世界罕见的火山塞，即高约20米的面包形小山包。坑中有山，大庄人形象地称其为“金盏银台”。火山口附近，火山灰覆盖，有火山弹、浮石，浮石状如蜂房，但却很轻，放入水中，可随水漂浮流动。熔岩台地上还分布有熔洞、气洞等独特的熔岩景观，是旅游探奇、科考科普的好地点，备受科学工作者关注。

马鞍山　位于和顺坝子西南万石之上，顶呈马鞍形，由两个形似哑铃状的火山口组成，故名马鞍山，又被称为“烈遗山”。马鞍山海拔1793.2米，相对高度155米，是第四纪全新世的火山遗留，为腾冲众多火山中最为年轻的火山之一，喷发时间离现在约7000年。由于火山喷发激烈，熔岩台地宽广。这片台地俗称石头山，在《永昌府文征》卷三十中，李根源载文：“随俗称石头山，以满山皆石也。……山之周遭极宽广，纵横跨和顺、缅箐、明朗间，长四五十里，广二三十里……”宽广的熔岩台地均是青黑多孔、坚硬的玄武岩，到处乱石遍地。此间有鳌峰寺、三官殿、关庄、文笔古塔等名胜。

和顺峡谷　从和顺张家坡头经过“千手观音”古树群，沿三合河与大盈江西行，于两江并流处步行或乘船过吸水洞便到和顺峡谷。和顺人称薄刀岭。峡谷沿途千年古藤、野生樱花、野生茶花等野生树木遮天蔽日，陡峭悬崖下溪流潺潺，清新自然，野趣十足。

表7　　和顺自然旅游资源分类一览表

类型		旅游资源
自然旅游资源	地文景观	★火山熔岩景观：马鞍山，老龟坡火山
		★地质构造遗迹：堰塞湖盆（整个坝子）
	水域景观	★泉流风光：龙潭，酸水沟，陷河头及其他泉水
		★风景河段：小河及沿河风光，大盈江
		★水库和池塘：水碓人工湖，游泳池，贾家坝，张家坡等村寨中的荷花池
		★瀑布风光：叠水河及旁边的小型电站
自然旅游资源	生物景观	★古树名木：“双杉”及其他古秃杉树、砂郎果树、罗汉松、黄果树、紫薇、滇藏杜英、假复叶杜英等古树和风景树
		★树林：马鞍山香叶树林，刘家小树林，坝子周围山林
		★田园风光：稻田风光，油菜花风光
	气候景观	★四季风光：雨季，烟雨楼台，薄雾依村；干季，天高云淡
		★云雾景观：来凤晴岚，久雨不晴叠水河
		★虹霞蜃景：马鞍山日落

人文景观

和顺人文景观各具特色，文化底蕴深厚，保存比较完整的明清古建筑100余座，全山傍水，鳞次栉比，兼具中式、欧式、南亚等建筑风格和元素。深厚的文化积淀，使这方热土人才辈出。镇上青石拱桥凌波横卧，牌坊、楼阁、祠堂……与明山秀水交相辉映，更有月台深巷洗衣亭，粉墙黛瓦，稻浪白鸥，一派和谐顺畅景象，雅趣盎然，向人们昭示着和顺厚重的昨天。

绍春公园 绍春公园原名高花园，位于和顺西南的石头山上，是当地华侨寸绍春所造。寸嗣仲，字绍春，出生于华侨世家，早年出缅与兄嗣伯经营“正利生”商号，清光绪二十三年（1897）入股“永茂和”商号。1921年，寸绍春歇业返乡，淡泊于世，寄情山水，以巨资置石头山边地200余亩，亲躬开辟，巧妙利用山形凿石造地，栽松种梅，植竹养林，还引进一些日本花木品种增添园趣，建木楼于高埠，挂联“种树满山春作主，编茅成屋石为邻”。

园内就地取材，用火山石制成石屋、石洞、石桌、石凳、石缸、石花盆等。园林建成后，寸绍春不以私家园林自居，而是义务开放，与众人同乐，凡有游人到此，他总是

20世纪30年代的绍春公园大门

双虹桥老桥（2017 年）

热情招待，介绍火山知识。在畦圃花区边沿的石墩上，还镶有从日本买来的烧瓷花砖，着色优美，花色多姿，使中外文化巧妙地结合于园林。天长日久，这座火山园林便成了文人雅士和普通人聚会休闲的场所。龙陵名儒张五洵慕其名，专程到园林游赏，并欣然题诗道："轻烟薄雾笼晴晖，历尽芳菲转翠微。草色绿迷红板路，萝荫碧锁白云扉。蝶惊客过穿花起，鸟畏人行绕林飞。小憩华亭酣畅饮，流连风景竟忘归。"

1947 年 8 月 29 日，寸绍春病逝前夕，谆谆嘱咐儿孙，将花园全部和山边水田一分捐赠给益群中学，水田收入用于守园人的补助，以使园林得以继续维持开放。和顺教育家李启慈题诗云，"毕生精力瘁园中，松桧千株花万丛。能使空山成锦绣，不为私有与众同"，以彰寸绍春之高风义节。

益群中学接收后，正式命名为"绍春公园"，增建重修石凉台、石栏杆，在石栏上镌刻腾郡文人学士赞颂公园的文章、诗词，使其成为学校生物实验地。

双虹桥 双虹桥，位于和顺镇主村落入口处。老桥始建于明嘉靖初年，后毁圮，清光绪十年（1884）重修；1921 年，乡人于桥下侧增置一桥，配之为双。1940 年，益群中学师生于两桥之间河堤前开挖游泳池，池内种荷，沿堤植柳，每当夕阳西下，水光秀影，两相对峙，形如双虹卧波，故名双虹桥。是和顺镇的标志性建筑。

双虹桥新桥（2017 年）

双虹桥均为单孔石拱桥，分别相对应地布置在村落主入口，两桥相距约 50 米。两道拱桥的桥面近乎双坡面，桥边有石栏围护，造型精美，桥畔绿柳成荫、红莲映日，一派江南水乡的恬美风光。

和顺传统聚落常以山环水抱为贵，因而聚落实体形态往往通过桥与外界的自然环境相联系。特别是在交通方面，桥梁更具有不可替代的作用。和顺镇村落边的桥梁除双虹桥外，还有 7 座。

大庄桥 位于和顺至大庄村前田坝中的大盈江上，为三孔石拱桥。

刘氏宗祠门前石拱桥 该桥宽 2 米，长约 12 米，横跨于祠门前的荷塘上，为双孔半圆形石拱桥。桥两边有石栏板围护，造型优美。

跃进桥 位于大尹家巷巷道延长线的河边，为两孔半圆石拱桥，桥身玲珑小巧。桥面两侧有石栏围护，呈平缓曲线。该桥建于 1961 年由乡人刘声萃捐资所建。该桥是乡人出入的主要通道之一。

同心桥 原名四板桥，位于三官殿前大盈江中，为四孔平面石板桥，1978 年 2 月重建后称同心桥。

张家坡河边石桥 该桥为两跨石板桥，桥的西端有凉亭。

小新河桥 建于张家坡寨尾小河上，为单孔石桥。

捷报桥 位于村落西南至魁星阁的石门坊前，为两孔石桥。

月台多筑于村前各主巷道口和宗祠庙宇前，用石栏杆围护，部分月台增筑弧形照壁，台面用石板镶筑。月台不但在空间上有缓冲作用和标志作用，同时还反映出传统的风水观念。月台更具实用功能，是乡人闲谈交流、娱乐纳凉的公共场所，是人性化的设施，是和顺古镇的一大特色。

从东边元龙阁起，至西边的张家坡，沿和顺镇环村道上大大小小分别设置有不同形状的月台20余个。

龙潭大月台 位于元龙阁龙潭前，圆弧形，石栏围护。台上有粗大盘根、枝繁叶茂的香樟树和大青树各一株。

李氏宗祠月台 位于李氏宗祠大门前，为方形，是宗祠大门前的停留过渡平台，有石栏围护。

刘氏宗祠月台 位于刘氏宗祠大门前，圆弧形，石栏围护，是跨过荷花池上的石拱桥之后，进入祠堂大门前的过渡空间。

尹家坡月台 位于尹家坡闾门右侧，呈扇形，有石栏围护。

赵家月台 位于尹家坡与寸家湾之间环村道侧，圆弧形，石栏围护，带有三叠水式照壁，月台旁还有古树一株。

寸家湾月台 位于上村路口，呈扇形，有石栏围护，带有三叠水式大照壁。后在照壁前又加建单坡顶卡房。

大桥月台 位于大桥巷口，圆弧形，石栏围护。

文昌宫月台 位于文昌宫大门前，圆弧形，石栏围护。

高台子月台 位于高台子闾门东侧。

李家巷月台 位于李家巷闾门

寸家湾月台（2017年）

月台上的休闲时光（2011）

前，扇形，石栏围护。台中有青树一株，圆形石桌一个，方形石桌两个，石凳数个。

黄果树月台　位于黄果树巷口，不规则圆弧形，石栏围护，台中有枝繁叶茂的香果树一株。

寸家月台　位于寸尊福宅前，不规则方形，石栏围护。

寸氏宗祠月台　位于寸氏宗祠大门前，半圆形，石栏围护。

赵家巷月台　位于赵家巷闾门前，半圆形，石栏围护，植有桂树。

小尹家巷月台　位于小尹家巷闾门前环村道之下，为方形，植有香果树。

张家月台　位于贾家坝张宝廷宅前，半圆形，建有三叠水式照壁，石栏围护。

贾家月台　位于贾家坝贾学林宅前巷道口，半圆形，石栏围护。

张家月台（2008年）

贾氏宗祠月台 位于贾氏宗祠大门前，半圆形，有石栏围护。

贾家高月台 位于贾氏宗祠左侧，圆弧形，有石栏围护。

张氏宗祠月台 位于张氏宗祠大门前，扇形，石栏围护，居中对称种植有香樟一对两株。

张氏月台 位于张家坡张德洋宅前巷口，半圆形，石栏围护，月台外围为荷花塘。

钏氏宗祠月台 位于上庄钏氏宗祠大门前，石栏围护。月台前面有荷塘，人称金川月池。

东山脚月台 位于许亘如宅前巷口，半圆形，石栏围护，植有桂花树。建有三叠水式弧形照壁，照壁中部，镶石刻一方，对联一副：“壮思风飞冲情云上，和光春霭爽气秋高。”

洗衣亭，最初叫“河房”，也称“洗衣房”，主要修建于民国以来，是侨乡男人们为留守在家的妇女们修建的，可为人们遮风挡雨。

龙潭洗衣亭 位于元龙阁龙潭一角，六柱穿斗式歇山顶，四边的屋檐平直，檐口用筒板瓦走边，建于1933年，为乡人李生泽捐资所建。

龙潭洗衣亭（2008年）

建于清光绪九年（1883）的老凉亭

20 世纪 50 年代的尹家坡洗衣亭

尹家坡洗衣亭　位于尹家坡脚陷河边，为六柱穿斗式歇山顶，飞檐翘角，造型清新灵动，透空花脊呈柔和曲线。建于 1951 年。

寸家湾洗衣亭　位于寸家湾月台附近陷河边，八柱穿斗式四坡卷棚顶，出檐舒展深远，由山面进出，亭下方塘条石可至对岸。为 1935 年，乡人寸必美捐资所建。

李家巷洗衣亭　位于李家巷月台附近河边，八柱抬梁式双坡瓦顶，立柱用石块砌成。建于 1933 年。

大石巷洗衣亭　位于大石巷巷道延长线河边，抬梁式双坡瓦顶，两山砌筑墙体，立柱用石块砌成。建于民国初年。

尹家巷洗衣亭　位于尹家巷巷道延长线河边。八柱抬梁式双坡瓦顶，洗衣亭两侧设有石板围栏。为 1962 年，乡人寸长泰捐资所建。

改革开放后，先后新建黄果树、贾家坝、张家坡洗衣亭。

和顺镇内有多座凉亭，是村民观赏娱乐、怡养性情的好地方。

雨洲亭　位于双虹桥畔游泳池中，是益群校友、“三胞”以及各界人士为纪念寸树声（字雨洲）集资修建，于 1988 年落成。雨洲亭采用钢筋水泥材料建造，配有九曲桥迂回通往亭中，亭顶镶嵌亮丽的琉璃筒瓦，色彩鲜艳华丽，整个建筑具有较强的时代气息，又不失传统的民族风格。亭内立有楚图南书写的雨洲亭石碑，碑的另一面刻有记述寸树声献身教育事业的事略。亭柱上有益群中学时任校长尹文和所撰楹联：“弟子三千满天下，益群百代仰江山。”亭后柱上还有一联：“雨洲亭畔怀人师，树声涛里听弦歌。”

和顺坝凉亭　位于和顺通往县城的大道中，原建有土木结构建筑凉亭一座，亭呈长方形，四开间，屋顶四角飞翘。亭内两侧设长条木凳，方便路人歇息、遮阳、避雨。由本乡华侨寸镇斗于光绪九年（1883）出资建造，腾越厅同知陈宗海亲题“士善”“民望”二匾悬挂其间。1999 年修路时拆除，后于原址附近重建。

土锅铺凉亭　约建于 1933 年，为本乡赵愚斋新建，两面山墙，中设月宫门，内设木凳、石缸。凉亭于“文化大革命”中被拆毁。1989 年，乡人李岚仙、尹岚星又集资重修一石凉亭，名曰“关坡亭”，式样如一间低矮平房。土锅铺古道由黑龙山南麓往西南方接通南亚古丝绸之路，昔日和顺人走夷方、下缅甸多由此通行，是和顺迎来送往的“十里长亭”。

石头山凉亭　位于和顺通往中和的道路边。由石墙、石梁、石板屋顶构成，两面出水，状如一间低矮平房，人称石房子。此前原有一木结构凉亭，不幸被焚。后得云峰山屈道人募化，大庄董秀成捐资修复。1937 年，又在屈道长的帮助下，进一步完善，改建成今日尚存的石凉亭。二十世纪四五十年代，大庄一些老妇人常年用一匹马驮着饮水到凉亭，每天义务提供路人饮水，卖些小零食。饮水盛在石缸内，缸上置一竹瓢，以便舀水使用。

金银堆凉亭　位于和顺后山古驿道旁，为一座石凉亭，四面开口，通风凉爽。沦陷前水碓村人同建，屈道长参与督造，20 世纪 50 年代腾冲海关曾在此设卡缉私。

新修建的凉亭（2018 年）

雨洲亭（2013 年）

民居博物馆（2014 年）

来凤山凉亭 位于和顺通往县城的来凤山西北麓路旁，为“弯楼子”李氏所建，“二战”时修史迪威公路被拆除。

张家坡凉亭 坐落在张家坡河边，民国初年张氏族人所建。墙抬梁结构，四面设圆拱形门洞，20 世纪 50 年代后改木结构支撑屋顶。亭内原有张德溶“小住为佳；稍闲便可”，横批“足以歇肩”等匾联。

民居博物馆 弯楼子民居博物馆，位于和顺镇大石巷中段。依照弯曲的巷道构建，高大的墙体呈现出弯曲的外形，建筑样式独特，因此被和顺人形象地称为“弯楼子”。该宅始建于清朝末年，属于横纵双向组合的多院落宅院，由互相联通的三个三坊一照壁的庭院组成，总建筑面积为 951.97 平方米。“弯楼子”因势布局，紧凑合理，充分展现了当时的建筑工艺水平和审美水平，墙体曲线显现出一种流畅、柔和之美。

“弯楼子”大门左侧为当年拴马喂料的马厩，中间留小面积活动场地。二进门为两扇对开大门，过走廊为三坊一照壁，里面是庭院式建筑群组合，象征弟兄团结、妯娌和睦。

第一院落是整个弯楼子建筑群中建盖最早的部分，建于清代末年，房屋的建筑材料全部使用腾冲当地的楸木，耐虫蛀、耐风化，不易变形且木纹美观，虽然经过了一百多年的风吹、日晒、雨淋，房屋依旧完好。二楼上的铁窗，是从英国通过轮船运到缅甸，再由马帮翻山越岭驮到和顺的，把西式的花窗安装在具有中国传统风格的民居建筑中，是和顺民居建筑一大特色。

第二个院落是由正厅（主人议事厅），厢房花厅（客厅），花园偏房（账房）和照壁外的厨房、粮仓组成。由于和顺古民居都是木结构，最怕火灾，为消防考虑，往往把厨房建在了正房对面的照壁外或者山墙外的耳房里，以便更有效的防止火灾。二进院展示了主人家曾使用过的日常生活用品，有清代的太师椅和品椅、缅甸的罗汉椅、英国传教士的椅子、日本制造的瓷花盆。花厅门外有美国的面包烤炉、日本制造的擀面机、缅甸式样的藤椅。客厅里有香港明星公司的水波镜，雕刻工艺精良的中式品椅，美国造的摆钟，中国景德镇瓷器，苏绣的郑板桥墨竹、谭延闿书法，窗户上镶着英国玻璃。偏房二楼有英国铸铁花板栏杆，下层房间是主人账房，里面摆放着一吨多重的保险柜和来自比利时的铁箱。厨房里有德国的洗衣盆，洋铁水桶和中国的景德镇碗盏。

最后一进院为李氏家族新屋。布局得体，既传统又西式。同样设有中国传统的家堂，两厢建有西式阳台，围栏同为英国铁艺，易于通风采光，充分表现和顺民居中西合璧的特色。

和顺小巷　位于水碓社区，沿三合河而建，与和顺湿地、田园、荷塘毗邻，有“一路沿溪花覆水，数家深树碧藏楼”的迷人景致。2008 年 10 月 3 日，由云南柏联和顺旅

和顺小巷夜景（2013 年）

游文化发展有限公司投资建成。小巷总长1千米，由近万平方米的传统木结构建筑组成，其中包括清末腾越镇总兵张松林、四代名医张高人的老宅；大马帮博物馆，3000件文物和近百幅老照片展示西南丝绸古道的历史、大马帮生活场景等。此外，还有古法造纸、皮影戏、和顺老物件等多项民间手工艺和非物质文化展示。和顺小巷是腾越文化、和顺文化的缩影，展现出一幅缤纷的历史人文画卷。

和顺人文旅游资源分类一览表

表8

人文旅游资源	文物古迹	★遗址遗迹：火葬墓群
		★碑碣摩崖：土主庙明成化大钟具名录、腾越州阳温登乡创兴水利述碑、和顺乡两朝科甲提名录碑、鳌峰寺摩崖、漫山遍野的墓志碑文
		★纪念地：艾思奇故居、和顺图书馆
		★古玩、字画、瓷器、古家具、匾联、西洋家具
	建筑与园林	★风景建筑：十大牌坊、双虹桥、捷报桥、大庄桥、洗衣亭、闾门、水车等
		★民居宗祠：历史建筑、民居千余间、民居博物馆、八大宗祠
		★宗教建筑：元龙阁、文昌宫、三元宫、土主庙、魁星阁、中天寺、三官殿、观音寺等
		★村落风貌：村寨全景，村落局部风貌
		★园景：绍春公园、张培荣花园等私家花园
	文化艺术及遗产	★商旅文化史：历史上著名商号，雄商巨贾史迹，地方文献，各姓族谱，早期东南亚史，华侨书刊，华侨从国外带来的生活用具和历史照片
		★历史人物事迹：寸玉、尹蓉、许名宽、许珮、刘宗鉴、寸海亭、张宝廷、寸辅清、李景山、李曰垓、张德洋、杨寿益、许卓如、寸树声、张德辉、李生庄、艾思奇、李德贤、李镜天、钏文瑞弟兄等众多文人墨客、雄商巨贾、儒商、侨领
		★历史上乡人诗文、刊物、社团组织和学校
		诗文：《和顺劝世歌谣》、李根源《和顺乡集》、尹子珍《云南探矿记》、李曰垓《天地一庵诗文抄》、艾思奇《大众哲学》、张景洲《初勘滇缅界记》、张成清《缅甸亡国史》等数十人传世诗作、遗著
		刊物：《和顺崇新会刊》《和顺乡》《晨暾》《滇潮》《和顺图书馆无线电刊》《每日要讯》
		社团：咸新社、阅书报社、崇新会、星光音乐社、和顺崇实（TS）篮球队、足球队、和顺体育协会、和顺双虹邮票社、清河学堂、弘农国学专修馆、益群中学董事会、和顺洞经会、和顺慈幼协会
		★民间文艺：洞经音乐、滇剧、花灯、台阁
		★宗教仪式：耍龙灯、打保境、朝斗
		★饮食文化：三滴水、头脑、鸡脑、八宝饭、稀豆粉、各种咸菜、茄肉、虾辣、米花茶等独特菜肴和风味小吃
		★方言文化
		★农副土特产品：干腌菜、各种咸菜、豆豉饼、豌豆粉片、洋酸茄（又名树番茄）、棕包、果脯、干饵丝
		★旅游工艺品：藤编、根雕、玉雕、火山石工艺品，以兰花为主的花卉

旅游服务

旅游线路

两条主要旅游线路 东线：和顺图书馆—文昌宫—和顺小巷—刘氏宗祠—李氏宗祠—元龙阁—艾思奇纪念馆。西线：和顺图书馆—文昌宫—弯楼子民居博物馆—千手观音古树。

侨乡文化游 双虹桥向东，包括参观和顺图书馆、和顺小巷、刘氏宗祠内的宗祠纪念馆、元龙阁、艾思奇故居、大月台、龙潭、洗衣亭、大水车、水碾、水碓、水磨等景点。

和顺建筑文化游 这条游路包括寸氏宗祠、弯楼子民居博物馆、财神殿、中天寺以及许多百年老宅。这些老宅基本上是“三坊一照壁”“四合五天井”的样式，从堂屋、书斋、花厅到照壁、窗棂、门墙，精美的书画、雕刻无处不在，大多出自地方名家、名匠或主人之手，具有很高的欣赏价值。牌坊、亭子、巷道、宗祠等保存完好的古建筑群，透露着600余年的文化内涵，是和顺古镇的精华所在。

田园风光农耕文化游 和顺的田园风光游，有代表性的是和顺湿地游。野鸭湖、和顺湿地有200多亩。游客可乘竹筏进入，观赏湿地风光、鸟类、品茶、捡鸭蛋、采菱角、赏荷花、摸泥鳅。游客可欣赏老牛耕田、稻花油菜等田园牧歌、世外桃源的景致，可看农民牵牛、犁田、插秧、收谷子，了解传统农耕文化的知识，体验粒粒皆辛苦的农事生活。

和顺山水游 游客沿三合河与大盈江向西步行，也可以骑马、坐滑竿，观赏“千手观音”等古木名树群，途经野鸭塘、千年古蕨、野生樱花林、野生茶花林，直到薄刀岭峡谷，一路野生树木遮天蔽日，奇花异草遍地丛生。

和顺火山公园游 此游路有卜锅山、老龟坡火山和锦蝠洞、大叠水瀑布、高花园等，这些火山喷发口，火山溶洞都保存的比较完整。

住宿餐饮　吃在和顺，住在和顺，玩在和顺，购在和顺，都有浓郁的地域特色。无论是官方酒店还是民居客栈，都能把青山沃野的田园秀色、野鸭白鹭翻飞的湿地风光、小桥流水杨柳荷塘的水乡美景尽收眼底，“杨柳岸边留燕影，藕花深处听蛙声”的美景，令人沉醉。客栈中的咖啡吧、茶吧、书吧是饱览古镇湿地风光、田园秀色、放松身心、融入自然的最佳去处。入住和顺是一次与和顺人零距离的相处，品味和顺人的生活，感悟和顺人的文化。

参与旅游就业住地居民开办民居旅馆、家庭餐馆，参与开发旅游特色产品的逐渐增多，2009 年，全镇 1600 多户、6500 多名居民中，开设民居旅馆的有 100 多户，开办餐馆（小吃）、商铺的有 120 多户，从事交通运输的 50 多户，发展莲藕、草莓、红花油茶等特色农业产业的有 600 多户，从事藤编、果脯等旅游产品开发的有 20 多户，直接在当地旅游企业工作的当地居民有 350 人，全镇直接参与旅游的有 2000 多人。

2018 年，全镇有民居餐馆 157 户、客栈旅馆 384 户、商铺 283 户。辖区内的特色客栈，民间小吃、民俗美食等本土特色产品受到大众青睐，古镇接待能力和服务水平明显

传统民宿（2010 年）

民宿客栈（2018 年）

提高。“翡翠大王家乡”美誉较好传承，翡翠加工、销售等特色旅游文化产品稳步发展。和顺知名度和影响力进一步提升。

特色购物

柏联普洱　由柏联普洱茶庄园生产的柏联普洱茶系列产品，全国只有 3 个地点销售：庄园基地、昆明柏联广场旗舰店、和顺。柏联普洱具备三香一甜的特点：干茶香、茶汤香、杯底兰花香，蜜糖甜。生茶金黄透亮，熟茶红浓明亮。

柏联大河庄园红酒　柏联大河酒庄是波尔多地区著名的葡萄酒产区之一，有着几近完美的风土条件和气候。大河庄园的葡萄园是该法定区最重要的酒庄之一，产品多次获奖，远近闻名。

古法手抄纸　腾越三宝之一。古代著名科普书籍《天工开物》记载的古法造纸方法，在腾冲界头镇的一些农村被较完整地保留下来并沿用至今。腾越古法手抄纸技艺自明明年间由中原传入腾冲，历时数百载。在和顺小巷古法造纸馆可以体验古法手抄纸的乐趣。

皮影　在和顺小巷，可以购买制作精美的皮影。

翡翠　腾冲曾经是世界上最大的翡翠加工集散地，2005 年被亚洲珠宝协会授予“中国翡翠第一城”的称号。和顺是“翡翠大王家乡”，历史上出过三个翡翠大王，其中张宝廷被英国女王授予金质奖章，寸尊福被孙中山称为“华侨领袖、民族光辉”。在和顺，能选购到心仪的翡翠真品。

休闲娱乐

和顺酒吧街 位于和顺小巷总兵府客栈后，酒吧街与和顺湿地连成一体，是国内少有的与古镇、田园、湿地融为一体的酒吧街。

柏联和顺 SPA 温泉 是距离腾冲市最近的温泉，由 23 个露天园林温泉泡池、1 个室内游泳池、1 个室外泳池和地热熏蒸房构成。分为 4 个风格迥异的泡池区——芬芳泉区、功能泉区、湿地泉区及森林泉区。

泛舟陷河 和顺游子有词云："家乡好，最好陷河头，绿柳丛中穿紫燕，红莲塘畔卧青牛，结伴泛孤舟。"可以从和顺小巷登上一艘木船，沿曲径通幽的河道缓缓而行，一步一景，舟移景换，或浓荫蔽日，或风舞芦苇，或波光滟影，或水禽翻飞……陷河美景如一副画卷徐徐展开。

温泉泡池（2014 年）

旅游管理

规划发展　和顺景区有较完整的旅游质量、市场营销、导游管理、环境卫生、环境保护、旅游安全及旅游统计等各项规章制度，并制定和公布高峰期游客安全应急措施、紧急预案及游客紧急分流示意图。

2000年年底，腾冲县旅游局与和顺乡政府联合发起组建腾冲县和顺侨乡旅游发展有限责任公司，开始对和顺的旅游资源进行开发。2003年11月1日，政府以招商引资方式引入柏联集团，柏联集团兼并原腾冲和顺侨乡旅游发展有限公司，成立云南柏联和顺旅游文化发展有限公司，开始对和顺旅游40年的经营管理。

2003年11月3日，柏联集团对遭地质灾害损毁的小龙潭、大月台的修复工程开工。

2004年2月19日，开始修缮弯楼子，“弯楼子民居博物馆”对公众开放。2004年3月，对和顺的历史文化基本情况进行调查研究，包括100多户古建筑，建立电子档案和文书档案；对名木古树进行调查，建立档案。同时组织专家对和顺文化进行梳理，为和顺文化旅游产业开发项目的展开奠定基础。

2004年12月，与保山市旅游局联合出版反映和顺历史文化的《百年绝唱》一书。

2005年7月7日，中国第一个民间收藏、民间投资的滇缅抗战博物馆开馆，馆藏文物5000多件，时任中国国民党主席的连战题写馆名，新闻媒体广泛报道。2005年11月3日，云南省文化产业推进会议在腾冲举行，“保护风貌、浮现文化、适度配套、和谐发展”的和顺模式，得到充分肯定。同年，荣获中国魅力名镇评选年度大奖。

2006年1月26日，设于文昌宫的腾越神马艺术馆正式向社会开放。2006年2月11日，和顺镇、云南柏联和顺旅游文化发展有限公司参加缅甸曼德勒旅缅和顺联谊会、益群校友会举办的庆祝和顺入选中国魅力名镇的大会。

2007年4月，云南柏联和顺旅游文化发展有限公司被评为全国旅游系统先进集体。

2001 年腾冲第二届火山热海旅游节在和顺举办

2014 年 6 月，“和顺模式”被《人民日报》、人民论坛评为“中国治理创新 100 佳经验”。

2010—2018 年，中央电视台、云南卫视、湖南卫视、上海东方卫视等近百个媒体剧组和栏目到和顺取景拍摄；先后获“中国十佳古镇”、“全国首批美丽宜居示范小镇”、第三批“中国传统建筑文化旅游目的地”等称号。

旅游环境 20 世纪 90 年代开始，和顺镇始终坚持把保护好田园风光作为和顺旅游发展的重要基础工程来抓。加大对农村环境整治工作力度，开展“门前三包”和专人巡检制的环境综合整治活动，确保古镇卫生整洁，环境宜人；实施水环境综合整治，加强对水源地、和顺河、大盈江河等流域的排污治理，严格实行河长制和巡检制，形成长效抓、抓成效的机制。实施绿化荒山行动，植树造林 120 亩，绿化大盈江河道 3 千米，对马鞍山、老龟坡、水箐头、元龙阁等 1980 亩城镇面山、水源林进行封山育林管护，每年完成义务植树 1.2 万余株。2018 年，全镇森林覆盖率达 74%。

1998 年，在美国福特基金会的资助下，由云南大学人文学院与腾冲县人民政府共同在和顺设立“和顺文化生态村建设课题组”，派尹绍亭、王国祥、杨大禹、蒋高成、李正等专家到和顺开展课题调研，历时数年，先后出版《中国最具魅力名镇和顺研究丛书·环境和顺》《中国最具魅力名镇和顺研究丛书·历史和顺》《中国最具魅力名镇和顺研究丛书·人居和顺》等研究成果。

2015年，“天下和顺”项目共投入项目资金4000万元，基本建成柏联SPA温泉项目，完成大庄美丽新农村建设和中天寺至芭蕉关岔路口道路改扩建工程建设项目；加大和顺镇历史文化名镇建设和水碓传统村落保护。实现了大庄、水碓、十字路部分灯光亮化。完成水碓自然村安全饮水、大庄下庄活动场所建设，开启和顺生态清洁小流域综合治理工程第一期工程，对和顺镇污水处理站项目进行了选址、地勘和立项等前期工作。完成古镇新村规划的调规工作。

2016—2018年，累计投入固定资产3.2亿多元，实施了美丽乡村建设、历史文化名镇保护、乡村环境整治、古镇保护及传统村落建设、旅游设施配套、道路通达、文化教育卫生、农田水利、灯光亮化、污水设施建设、垃圾清运设施建设等项目，和顺旅游基础设施建设得到不断夯实。各类基础设施及功能配套更趋完善，为和顺旅游发展奠定了更加坚实的基础。

引来八方游客（2016年）

龙狮游行（2018年）

风土民情

和顺的风物，植根于历史悠久的独特自然和社会环境之中。洪武开滇，来自江南、巴蜀等地的先辈所带来的中原文化与当地土著文化、商旅文化和印缅等地文化的结合，产生了和顺独特的民俗。

在和顺的饮食风俗、人生礼仪、岁时节日风俗及方言土语中，体现了最基本的生存生活法则，那就是追求和顺、和睦、和谐、和美。从和顺的民俗中可以看到，追求个人内心的和谐，追求个体与家庭的和谐，追求家庭与乡村的和谐，追求乡村与自然的和谐，构成了和顺民风与民俗的核心价值。

风味美食

三滴水 三滴水是和顺一带最高级别的筵席。所谓三滴水，是指分三个阶段上的三道菜式，几乎囊括了当地的风味特色。第一滴为果碟，包括鲜果、干果、糖果、饼干等十多盘。上果碟时伴以甜茶。第二滴，为正席，又称为“上席”，与一般的“八道碗”相比，从内容到形式都更为精美，上菜肴时伴以酒。第三滴是饭食，但并不见饭，而是一小碗清汤手工鸡丝面，并有烧卖、蒸糕等面食。三滴水费时费料，只有在请春客，或有重要宾客时才做此筵席。

八道碗 所谓“八道碗”，是指八个菜。和顺的八道碗分别是：清蒸鱼、清汤鸡、杂烩、拼盘、蒜苗炒肉、八宝饭、红烧肘子及棕包炒肉。其中清蒸鱼象征幸福、年年有余。清汤鸡，用“鸡”谐音“计”；蒜苗炒肉，是用“蒜”谐音“算”，与清汤鸡中的“计”，结合起来便是“聪明算计”。此外，和顺八道碗中讲究咸八宝、甜八宝之类。咸八宝叫扣鸡，即在糯米、山药、白果等扣碗上加鸡片、火腿、鲜肉片再罩上鸡汤等的菜肴。和顺的甜八宝与今天常见的甜八宝是不同的，和顺的甜八宝要罩汤，有无皮无核的大枣、白果扣在表面。和顺的华侨人家还讲究“海头”，就是要吃鱿鱼、海参、鱼翅这类海鲜。过去，和顺的八道碗十分讲究，不但每道菜上桌的顺序和时间间隔有不成文的规矩，而且对席面也有要求，每位客人面前必摆酒杯、调羹、醋碟，每上一道菜，必奏一次乐。

头脑 “头脑”的制作是用春节前舂好的糯米糍粑切成小指长短的薄片，晾干后用滚油炸熟，置于碗中，再煎上两三个荷包鸡蛋，添入适量的炸熟的鸡肉丝、豆腐丝、火腿丝、蛋片丝，然后将煮沸的红糖甜白酒水倒入碗内，即成具有广味特点的、咸甜相宜的、有色有味的“头脑”。

和顺有大年初二吃“头脑”的习俗；和顺人在“走夷方”之前也要吃一碗“头脑”，

头脑

锅子

认为吃了“头脑”以后人能够变得聪明伶俐，有头有脑。

锅子 锅子是用烧制的土陶火锅煮食物，讲究慢火慢煮。一般用骨头汤在锅里煮沸后放入芋头、山药、萝卜、青菜、黄笋，煮沸10分钟后移入锅子内，放酥肉、泡皮盖上，最后将蛋卷铺在上面，撒上葱花点缀。过去，锅子在清明、立冬祭祖时食用，现已不受时间限制，成为日常宴客用餐。

稀豆粉 将泡好的豌豆及少量米磨成浆，过滤去渣、沉淀，清浆开锅后，放入浓浆，放入盐、草果面即可出锅。食用时按其口味加入芫荽、辣椒油、卤腐汁、草果油、芝麻油、花椒油等调料，就成了一碗美味的稀豆粉。食用时加饵块粑粑即为稀豆粉蘸粑粑，加饵丝即为稀豆粉饵丝。稀豆粉浆搅到浓稠冷却凝固后，即可得豌豆粉。

松花糕 松花糕是一种采用天然的松花粉加红豆沙做成的小吃。最上面一层是厚厚的黄色天然松花粉，松花粉上面撒一些芝麻。紧挨着一层是夹着红豆碎块的红豆沙，再下一层是黄色的松花粉和褐红色的豆沙，最下面一层是制糕粉。松花糕是一板一板地做出来的，再用小刀划成小块，整整齐齐地摆在一只浅底的大木盒子里。

稀豆粉

大救驾

和顺茄肉 做法源于缅甸，是充分反映和顺人“走夷方”历史文化的特色菜。“茄”为缅甸语译音，缅甸人将烧煮肉食的方法称之为茄，在烹制肉食的过程中加入一种名为“木斯拉”的缅甸调料，风味独特。除“茄肉”外，和顺还有许多用“茄”作为调料的系列菜肴。

大救驾 用饵块加上火腿、鸡蛋、肉、红辣椒、番茄等，一起放在锅中爆炒而成。传说南明永历帝逃亡缅甸，抵达腾冲时，饥肠辘辘，在一家农户求食。农户家饭菜都已吃完，所幸还有点饵块，随即炒了一盘奉上。永历帝饥不择食，感到味美无比，脱口而出，真是救了朕的大驾。从此，腾冲炒饵块便有了“大救驾”的盛名。为解油腻，一般吃炒饵块时还加一碗干腌菜酸汤。

民间礼仪

婚嫁 和顺作为侨乡，早在20世纪30—40年代就有华侨带入西式婚习，虽有少量的文明式婚礼，但传统婚嫁仍占多数。子女结婚，都必须父母认可，聘请媒人（现称为介绍人，和顺历史上无专业的“媒婆”）搭桥去求婚。

和顺传统婚礼的仪式，从迎亲的前一天“递酒”就正式开始，第二天是迎亲，第三天回门，最后一天是谢相帮（帮忙的寨邻、亲友），故有“正三赖五”之说。迎亲前一天，男家要请人抬礼物到女家，叫“递酒”。“递酒”的礼物首要的是用红纸封好的两坛酒，另有猪肉、小菜、茶叶、槟榔、冰糖等，都用红纸封好。迎亲当天，村巷两旁挤满了看热闹的人群，唢呐、鞭炮齐鸣。晚间闹洞房。第三天是回门，当天早上由本家一长者带领新娘“传甜茶”认亲戚。午饭前，女方家的亲人要到男方家接新娘、新郎，午饭后一同回门，新娘回门是新郎认识女方家族和至亲好友的一个机会，去与众多亲友共同欢度婚礼的最后一天。新郎要在堂屋向岳父母、岳伯叔和年长亲友一一磕头。女方婚宴的正客也有在回门这一天。

和顺人在民国时期的结婚照

传统的婚礼比较烦琐，崇新会为提倡结婚简单化起见，曾在图书馆举行新式婚礼。

生育 婴儿降生，父母要记住孩子的生辰，并向产妇娘家报喜。娘家知情便携带母鸡、红糖、鸡蛋、婴儿衣物等来看望产妇和孩子。婴儿满月前，本家大小，忌晚归家，产妇忌入正堂或串亲戚。婴儿满月时剃头，同时请满月客，招待亲友，亲友们则会带礼物来“送祝米”（鸡蛋、婴儿布料），表示祝贺，父母抱婴儿到正堂跪拜，祖父给婴儿起名，并赠银锁等。满月客男子不参加。

寿庆 和顺民间认为有三个生日最为重要，即婴儿一周岁、男子三十六岁和父母六十寿辰。周岁由父母邀请，三十六岁生日由配偶邀请，父母六十寿辰由儿女邀请。人们普遍认为，三十六岁是人生理机能的拐点，三十六岁前是人身体机能的上升阶段，三十六岁后则转入下降、衰退，因此，对一个人来说十分重要，亦称“六六小庆”。六十岁是一个“甲子”的轮回，此时，膝下已儿孙成群，儿女们为父母举行六十大庆以尽孝道，感谢父母的养育之恩。

丧葬 历史上，和顺民间迷信“地脉”“天堂”。病人临死前移到中堂，用金、银珠子等物含入临死者口中，称喂银器。死后洗尸、换寿衣，垫上寿褥，盖上寿被和蒙脸布，用五色线绕脚几道，将尸体停放中堂。孝子到河边买水（意为给死者入地狱过难关解渴用），用容器盛水祭灵。然后反穿褂子、头戴斗笠，掩面到死者亲族门前跪着报丧，特别是要火速前往女方娘家报丧，叫“赶外家”。外家不到场，死者是不能入殓（盖棺）的。亲属闻讯后到死者家里慰问，称“吊丧”或“吊唁”，和顺称“烧纸”。待死者亲族到来，安棺、加盖、钉银钉，将棺木停放中堂。请阴阳先生下罗盘，看风水，择坟地。孝子、亲族等要守灵。三天内下葬，叫“发引”，又叫“出殡”。出殡时，请老人坐堂。孝子送出村后，将棺木停下，孝子绕棺三周，然后宾客返回，孝子随灵柩到坟山，按时辰下葬。下葬后是封墓，由孝子送火笼三晚。第二天，男女家眷到墓地“复山”认新坟。

建房 腾冲民间房屋建筑的仪式，源自周礼中的“吉礼”。建盖房屋时，必须先举行破土动工仪式，在拟建盖房屋的宅地中央摆设三牲和香烛纸火等祭品，由男主建人跪拜祈祷各方神灵护佑，告知土地正神，要在此动工建房，惊动原来平静的土地神灵，请予宽待并保佑其平安吉祥和兴旺发达，祭祀后方能正式开挖地基动工建造。竖立房屋的柱子时，要在每根柱子上端贴有写着各种“水”（如天河水、大海水、长流水、涧下水等）的小条幅，俗称“水帖”，取以水养木长久之意。梁柱竖起后，上梁仪式也很重要。上梁仪式主要在中堂，上梁前要由主建工匠的领头师傅在中梁中心位置凿一个小眼，将“五子五宝”（谷子、桂子、广子、芦子、银子等）填放其中，取“五子登科”之意，再用印有太极八卦图案的红布包裹，用五色线捆紧扎牢。在每根柱子上粘贴用红纸书写的“道有”“道好”“道富”“道贵”，俗称“道帖”，在中堂门楣的腰梁之处粘贴用红纸书写的“天地无忌”“年月无忌”“日时无忌”“阴阳无忌”“百无禁忌”“姜太公在此，大吉大利”等，俗称“无忌帖”，取太极八卦和“五子五宝”镇宅之意与规避诸邪冲煞的呈祥之意。在中堂位置上方的面梁居中位置，贴上写着“太阳星高照、紫微星正照、文曲星拱照”的红纸，俗称“三星帖”，取三星高照、门庭兴旺发达之意。中堂上梁时，主建人家将米饭蒸熟，舂捏成饭碗大小、圆锥形饵块筒（俗称馒首）一对，将一文银圆、铜钱或硬币塞入其中，并准备若干鸡蛋大小的“馒首”、铜钱或硬币和一壶清水。一切就绪后，按择定的吉时，由男主人于中堂位置处手捧红布跪拜祈祷。工匠师傅将梁扯提到房顶，安放钉铆于其位时，师傅要高声诵吉利，如“一丢丢馒首，祝贺 ×× 人家盖新房；二丢丢馒首，祝贺 ×× 人家百业昌。自从今日起，建房人家一切顺达，夫妻和睦，三星高照、四季发财、五谷丰登、六畜兴旺、齐心协力、八方来朝、久久福长，

新建房（20 世纪 80 年代）

子孙繁昌，百业稳固，千秋吉祥，万人同仰”等，边诵边将一对大“馒首”扔给男主人，男主人双膝跪地用双手以红布接住，礼毕拜谢后退出。师傅于梁上又高声诵吉利之语，如“馒首丢往东，金银财宝满家中；馒首丢往西，兴旺发达人不稀；馒首丢往南，儿孙个个是栋梁；馒首丢往北，建房人家享福泽。自从今日丢了馒首后，建房人家发达又兴旺，富贵又吉祥，世世代代受人仰”等，往东、南、西、北四方扔小“馒首”、撒水钱，让帮忙的亲友和孩童们去争抢“馒首”和水钱。“馒首”落地弹起，下面的人四处追抢捡拾。此时，上面的师傅将壶中的清水洒下，下面的人既要捡拾水钱和小“馒首”，又要躲避上面浇洒下来的清水，热闹非凡，欢乐不断，以此寓示建房的人家人丁兴旺、丰衣足食和吉祥如意。

祭祀 和顺人家中堂都设有“天地君（国）亲师位”的灵牌。和顺有十大姓氏，八姓建有祠堂。每年春秋二季，各姓氏都要隆重祭祖，俗称上祖坟。并建有土地庙、土主庙，供村人于红白喜事时祭祀。出门砍伐、起盖房屋，都要祭祀一番。还有祭灵官、灶神、后土的习俗。学校于农历二月三日祭文昌，七月二十七祭魁神。六月间，祭南斗，九月祭北斗，祈求丰收、长寿。每年十二月二十五日举行腊祭，祭门神、井神、灶神及祖宗灵位。

中华人民共和国成立后，破除迷信，提倡科学，祭文昌、祭魁神等已经革除。改革

祖宗灵位（2014 年）

开放后，和顺各姓氏祭祖逐渐得以恢复。旅缅和顺联谊在春节、清明等传统节日各地乡人聚集之机，都在会馆举行祭祀活动，组织在外族人祭祖。旅外华侨回乡探亲的第一要务就是上坟祭祖，有的上文做东，有的捐资修缮祖茔、宗祠、祭祀等活动。

岁时节令

春节 进入腊月，和顺人就开始忙忙碌碌、准备过年了。过去，每到春节来临，家家户户都会到山上砍一棵青松，在树上挂上给小孩的压岁钱和其他节日物品，当地人称之为“年松”或者“摇钱树”。腊八这天一早，各家各户都挑着水桶去河里把清亮的水挑回家，储存大量“腊八水”，用来制作腌腊（咸菜）、酿酒等。

腊月二十三日前，家家户户以酸芭叶擦锅灶，以青竹梢掸尘，干干净净迎新年。

二十三日送灶君上天“奏善”。大年三十当天，全家人一起张灯结彩，将事先备好的香蜡纸烛、敬茶敬酒等摆放到家堂牌前的八仙桌上。把自家最好的食物拿出，做成满桌的佳肴，趁热端放于流芳堂前位置，点燃香炷置于中堂门前、大门前。先虔诚祭祀跪拜祖宗，然后才共吃年饭，家人团聚在一起共同守岁。这时，家里主妇摆上早已准备好的各类时鲜果品和糕饼，配以现蒸的热气腾腾的三品斋饭、净茶净水于大门前，点烛燃香行接灶仪式，将上天“述职”的灶王爷接回家中归位，祈求来年五谷丰登、吉祥如意，待到除夕时分燃放鞭炮迎接新岁到来后方才歇息。这天，不论是富庶人家还是贫穷人家，均不可懈怠，故和顺民间有歇后语：三十晚上敲砧板——应节气。

大年初一，清晨起来开门是第一件大事，即“开财门”，一般由家中年幼的男童首开大门，并高声诵以“财门财门大打开，金银财宝滚进来，滚进不滚出，金银堆满屋……”的吉利话。男童开完大门后，便到中堂向家堂牌位行叩拜礼，小心翼翼地取下长辈们压在香炉脚下面的红包。之后，晚辈们要向长辈拜年，祝愿长辈健康长寿，万事如意，长辈受拜以后要将事先准备好的压岁钱赐给晚辈。人们外出相遇要相互祝贺，拜年问好。

农历初二，是和顺人举行招财纳福活动的日子，俗称“打牙祭”。这天清晨，家里主妇要于大门和中堂前燃起大香，将早已备下并捆扎在一起的生葱、明子（富含油脂的松树木材细棒）、芹菜、筷子、蒜苗，与几尾活鱼、煮熟的三牲、公鸡（要开叫不久的小公鸡，不用老公鸡）、各类时鲜果品、斋饭和净水等，置于中堂的八仙桌上，祭祀大

除夕敬献祖宗

地和财神。然后点烛烧纸钱，一家人按辈分依次行跪拜礼，寓意在新的一年里要聪天勤快，才会得到上天的眷顾，要善于筹划谋算合理安排，才能丰衣足食，才会吉庆有余而兴旺发达。祭祀仪式结束后，嫁出去的女儿们便纷纷带着丈夫和孩子回娘家拜年，看望家中的老父老母，但在日落前必须回到婆家。农历初二打牙祭这天，和顺镇民间除上述礼仪外，还有独特的吃“头脑”习俗，意寓有头脑的人家财源茂盛。

农历初三，这天大清早家家户户都要将初一、初二囤积的垃圾扫出，俗称“扫穷鬼”。所以，这天一般不外出串门拜年，怕被人家当作穷鬼一样扫走。农历初四后，人们便走亲串戚，亲友间互相拜访，并准备佳肴宴请新婚的夫妇和亲友，俗称“请春客”。

春节期间，和顺各村各巷要“玩灯”，并进行文艺演出，一直到元宵节。此外，各村各巷立秋千，到正月十六才拆除。

元宵节 和顺过元宵节是正月十六日，溯其原因，早期和顺民间妇女普遍信奉佛教，每逢初一、十五均素食以敬（俗称“吃花斋”），若十五这天以荤食祭祀神明、祖宗，便是对它们的不恭；另民间有“十五的月亮十六圆”的俗语，故推后一天以求其善，得以周全，久则成俗。

元宵节之夜，各户备好油炸糍粑、松瓜豆子，钱纸锡箔，端放流芳堂牌位，先行祭祖先后才全家进食，名为“祛百病”。各村巷的“玩灯”在这天晚上举行终场演出，秋千也要拆除。过了农历正月十六日，整个春节便告结束。

这一传统节日的优秀文化，成为凝聚华人华侨的纽带，他们在海外代代传承，发扬

猜灯谜

寸氏家族清明祭祖（2016 年）

李氏宗祠清明祭祖（2018 年）

光大。在缅甸曼德勒市的云南会馆，每年元宵节欢聚一堂举办盛大宴会，晚宴后还要举行元宵文娱晚会，尽显传统中国节日气氛。

清明节　清明节扫墓、祭祀行为，在和顺民间大体分为两种形式。一种是于清明节前一天，带上柳枝、清水、香烛等，到祖宗坟上扫墓，插的柳枝要浇上清水，再于坟前插一炷（或三炷）香，称为“靠柳”，并带一只柳枝回家插于大门之上。然后在清明节的十余天内，可任选其中一天，邀请亲友到本姓祖茔地修整坟墓，铲除荒草，并以当地特有的“和顺土锅子”烹饪菜肴，邀族人一道共同祭祀土地山神和祖宗亡灵祭祀活动，结束后大家一起共尝供食。返回前，把白棉纸特制的彩色小旗插在坟头上，昭示着这里后继有人。另一种是把扫墓和祭祀合并起来一次进行。

每年清明，和顺各大姓都举行海内外族人参加的祭祖活动，慎终追远，加强族系联谊，推进和顺和谐文明建设。无论离家多远，只要条件允许都会在清明节到来之时赶回家乡，为先人扫墓，行祭祀大礼，以表达不忘根本、感恩戴德和怀念先人之意。

端午节　农历五月初五为端午节。妇女用各色棉布和丝线绣成各种形状的香包，内放朱砂、雄黄及各种香料，佩戴在孩子身上，并于孩童额头或眉心处点一颗雄黄印痣，有求吉祥、安康之意。这天清早，家家户户在大门上插艾蒿、菖蒲，以驱邪避瘟。人们将事先包好煮熟的各式粽子置于家堂牌位上以祭献祖宗，然后全家吃粽子。当年节前结婚的女儿要给父母送粽子、肉、糖果等。若有亡故者的戴孝人家，三年内不包粽子，由亲朋赠送。吃完粽子后，全家前往街市赶集（俗称“赶花街”），选购花木植于家中，有绿化和美化家居环境之意。此外，和顺民间植树活动大多集中在端午节前后，因这一时节正是雨季来临之际，种树易于成活，民间有“端午节，端午节，插根木棍都长叶”的俗语。

中元节 和顺人又称中元节为“七月半”。此节令时间最长，从农历七月初二开始至七月十四日。各户人家在中堂内侧悬挂起专门制作的纸轴，移桌凳于前，并摆放“亡秧”（用稻谷专门培育的秧苗）和时鲜水果，设置祭坛。纸轴顶端写有“祭如在”三字（或“慎终追远”“源远流长”“百代流芳”等），中间写有“× 音 ×× 郡 × 姓门中历代宗亲之香位”（与流芳堂所写一致），祭祀家中已故的亲人。

七月初二和顺称为“接亡”的日子，将烹饪的饭食置于大门口，点烛燃纸，行跪拜礼接亡者的灵魂回家，俗称“接亡”。此后每日餐前将饭食端至家龛的流芳堂祭桌，虔请祖宗亡灵尽享蒸尝（俗称“献汤饭”）。烧化钱纸小锞后，才收回吃饭。“送亡”是七月半中最隆重的活动，祭献的菜肴格外丰盛，还有各种水果及祭品——“贡献”（用煮熟的饭米舂细后，用手工做成各式各样的动物造型）。把备好的钱纸，用黄白两色锡箔纸折叠成金银锞锭，装进用毛笔写好祖先名讳和敬奉者辈分称呼名字的包中，宣读后焚化，予亡灵收用（打“包”习俗，自 20 世纪 50 年代后已简化，直接用钱纸和锡箔折叠成金银锞锭放在火盆上焚化）。“送亡”时，还要将少许饭和菜肴放入一碗中，并准备一份钱纸置于大门外焚化，让无人侍奉的伶仃孤魂野鬼领用（俗称“泼汤饭”）。

中元节一直是和顺民间传统的节日，寄托对“亡人”们的哀思，从古至今，一直延续着。

中秋节 农历八月十五为中秋节，又称“八月节”“团圆节”。节日前，亲友互赠月饼。当年节前结婚的姑娘要给父母送月饼。中秋节这天，全家欢聚一堂，即使出门在外的家庭成员，也要尽量赶回家团聚。

傍晚，月亮初升之时，家家庭院摆设香案和供桌，以各种月饼、时鲜水果及自己用荷叶蒸的泡糕祭献月亮（又称“献太阴”），焚香点烛，燃完纸火，再移至流芳堂敬献祖宗。和顺解放前，曾有人家在祭献时，等不及的儿童到桌前抠月饼。因此，留下了“月亮嬷嬷，饼子供着，小人不识数（不懂事），掐去了一格罗（即角落）”的童谣。献完祖宗后，全家人围坐桌前共同品食和赏月。长者给孩童讲“嫦娥奔月”等故事，最后每人还有一碗清汤鸡丝面。

祭灶节 送灶是在腊月二十三或二十四日。和顺家家户户都置有家龛，右边奏善堂是灶君牌位。民间传有灶君老爷，是玉皇大帝派往人间主管人家膳食和记录人家善恶的神灵，每年腊月二十三日，上天庭述职，奏明善恶。送灶这天晚上要用一个白瓷把送灶柴（用几根檀香捆成一担柴的式样）、马草马料（用稻草剪成 3 ～ 4 厘米长、几粒黄豆）置于灶君牌位，点燃香火，送灶君上天庭朝拜，以奏其善，祈求来年顺利发达。“年三十”晚上，备好果碟及祭品，点烛燃香行“接灶”仪，将灶王爷接回家归位，称“接灶”（又称“迎灶”）。

立冬　立冬时节，因气候由秋凉转入冬寒，为使祖宗亡灵免遭严冬寒冷的侵袭，各户人家均选时日烹饪佳肴敬祭祖宗，并将备下的纸做衣物和金银锞锭焚烧，由祖宗的亡灵带去以抵御严寒、添补钱财，俗称“送寒衣”。全国很多地方都有给祖宗亡灵“送寒衣”的习俗，有的是在农历十月初一，有的是在下元节十月十五，还有的是在冬至时节，和顺人是在冬天来临之时的立冬节气。

和顺岁时节日民俗一览表

表 9

时间	节日	习俗
正月初一	过年	贺岁、拜年
正月十六	元宵节	吃元宵、“祛百病”、“结缘”
4 月 5 日前后	清明节	扫墓、插柳、撒秧
五月初五	端午节	挂艾蒲、吃粽子、饮雄黄酒
六月初六	天贶节	“打开箱子晒霉绿”
六月二十四	火把节	“撵打老孟获，蚊虫蛇蚤除”
七月初七	七夕节	巧芽乞巧、请七姐姐
七月十五	中元节	初一“接亡”、十五“送亡”
八月十五	中秋节	全家赏月吃月饼
九月初九	重阳节	登高（远足）
11 月 7 日前后	立冬	上坟送寒衣
腊月初八	腊八节	腊祭、储腊八水
腊月二十三	祭灶节	祭祀灶君
大年三十	除夕	吃团圆饭、守岁

庙会集场

打保境　和顺打保镜习俗由来已久，源自中原。每年栽秧完毕后，都要举办一次盛大的庙会——“打保境”，祈求上苍保佑风调雨顺，五谷丰登，人畜清吉。张德洋撰有皇殿经坛对联：“二百年斋念难泯，三日经功，旧传保苗时雨时畅，只因万顷良田预防旱患；八九里村庄如故，千户人家，郑重清吉同心同德，藉取一江盈水净洗尘氛。”

打保境活动开始前，先由道师先生看定举行的时间。时间确定后，即进行盛会前的繁忙准备工作，包括纸扎龙舟、准备香烛供品，金银锭、抄写榜文、书写文书等，一切准备工作均在中天寺举行。以历史上的行政区划“单”为基本单位，各“单”要凑出一堂文艺表演性质的项目，同时参加盛会的游行活动。

打保境活动，由承首出钱操办，承首有大、二、三承首之分，以出钱数额的多少而定，乡中每年都会有人争当承首。承首应于上年自己许愿、经乡人公认而定的。庙会的大部分费用由“承首”负担，另有善男信女自愿捐献的功德钱。所以“承首”一般都是殷实之户才敢于承担。

打保境活动，在中天寺做 3 ～ 5 天的经事，由道士、洞经会设经坛。道士设坛于观音殿，洞经会设坛于玉皇殿。

旧时举行打保境活动，全乡要斋戒数日，所有参加相帮的人员，全部是男性，做经事前 7 天就沐浴斋戒。

活动开始，第一天上午设坛，下午开经。次日上午迎玉皇大帝的驾，中午扬帆、请水，晚间设诸天、安位。

打保境活动中的送龙舟（2014 年）

第三日上午请恩，中午宣演松花大会，下午赈济施孤，晚间夜朝。此日由装扮成的天庭马、赵、温、康四元帅，太岁等同玉皇出巡，由大承首排在出巡队伍的前面引路，其后排有长长的随行队伍、布标彩旗、仪仗、打击乐队。炮手沿途点燃火炮，震耳欲聋。炮手后有两人手执纸扎的“火葫芦”和芭蕉扇，扬声高叫：“吹吹，百病消除。”不少观看的人群往火葫芦中吹气、扔钱，希望把自己身上患有的疾病带走。出行的队伍由中天寺出发，经寺脚、李家巷、寸家湾、尹家坡、水碓、东山脚、大庄，然后回到中天寺。纸扎的大龙舟摆放在中天寺前，开经后即由道师开光，摆设香案于龙舟前。从开经之日即有本乡村民手执一串金元宝系于线香之上，前来敬献龙舟，龙舟上有五方瘟神像。

第四日是盛会的高潮，本乡附近以及城区的香客纷纷前来参加盛会，寺中道坛、经坛的打击乐声，寺外的火炮声，各种声响交织在一起。下午，在中天寺下的天子庙中祭献各种牲畜，猪、羊、鸡、鸭、鹅一应俱全。祭献完毕，开始送龙舟，龙舟里全装满各家各户送来的金银元宝。

送龙舟的队伍依次排列，炮手、火葫芦、大承首、布标、万民伞、彩旗、仪仗、打击乐、丹炉、高台阁、地台阁、玉皇、灵官、四帅、十供择、洞经队、龙舟、太岁、道士，队伍浩浩荡荡，按路线游遍全乡，最后将龙舟送到河边点燃，推入河中，让其顺流而下。人们希望龙舟将时疾灾害带走，赐福乡人，六畜兴旺，五谷丰登。

和顺集市 清初，和顺就有小街集市，集市在主村落后駁马坝，5 天一市。据民国《腾冲县志稿》载：“和顺小街，清初成立。五日期，丙辛日。本乡及附近各村人来集，约 500 人。有杂货铺 20 余间，大宗交易产品：布匹、食粮、菜蔬、柴炭等。”1942 年 5 月，腾冲沦陷后中断，腾冲收复后，集市逐渐恢复至 20 世纪 50 年代中后期。现和顺的集市以十字路的早市为主，每天都有蔬菜、肉类、食品交易。集市周边还有早点铺、杂货铺、超市、药店、修理铺等数十家。

20 世纪 40 年代，和顺小街子赶集照片

方言俚语

名物词汇

碗盏——碗碟

灯盏——油灯

撑子——雨伞

胎子——棉絮

声气——声音

打数——猜数

阿糟——身上的污垢

物件——东西

冲袋——衣服口袋

隔单——床单

缩衣——线衣

镯头——手镯

滚身——汗衫

焐脰——围巾

手箍——戒指

窗封——窗户

小歪郎——小手指

马犊——马

尖担虫——蛔虫

鱼骨肚——蝌蚪

叶天——蝴蝶

狼金狗——狼（疯狗，也形容脑子不正常的人）

牯子——公牛

外来词汇

麻檬——杧果

麻哈拉——菠萝

苏颇苴——木瓜

且列——雪茄

戛疋伞——衬衣

怕拿——拖鞋

液曩剂——水火油

戛得亚剂——柏油

翁剂油——椰子油

油陆——口缸、杯子

帻庯——碾坊、机房

帻米——机器碾的米

摩托嘎——机车

嘎——汽车

德由——汉人、华侨

藕头——帽子

一泵——一桶

咬杂——商号学徒

路腊——小偷

帕哈——臭菜

漾贡——仰光

曼德勒——瓦城

八莫——新街

宾木那（彬文那）——今缅甸首都内比都

筒帕——挂包

芒芒——饭（儿语）

摆灿——钱

戛——走

嘎嘎——肉

喏喏——睡觉（儿语）

岛岛——鞋子

纵——毯子

鲫鲫——鱼

帻——缝纫机

草标——肥皂

绞撒——螺丝刀

铓——铜锣

勒柏斗——缅甸凉拌菜

木斯拉——卤肉的调味粉

嘎里鸡——加木兹拉的黄焖鸡

荡秋千

生活词汇

带礼——馈赠礼品

尚咐——请求、致谢

下不去——对不起

冲壳子——闲聊

不稀罕——不要

直道——爽快

不消——不用、不需要

坐几天——住几天、留几天

找门头——找活计

勘靠——去哪里了

合口——符合口味

烧纸——吊唁、参加葬礼

挜饭——给客人劝饭

不张叨——言行不恰当

请饭——招呼别人吃饭的尊称

秋着——被烟熏着

老火——事情难办

搡性——干脆点儿

高头——上边

短着——拦住

不单子——可怜

闾门深巷（2017年）

名人与名镇

和顺物华天宝、人文荟萃，哺育了众多乡贤俊彦、志士仁人。他们当中有纵横商场的雄商大贾，蜚声海内外的翡翠大王，誉满乡里的名师宿儒，供职京城的外交人才，推行西医的杏林名医，传播新学的报人主笔，文采飞扬的诗家墨客，志在鼎革的革命党人，著书等身的哲学大家……他们志存高远，德行超迈；他们有胆有识，敢于担当；他们爱国、爱乡、爱侨；他们对乡里、对社会、对国家、对居住国做出了各自的贡献，传于口碑，记于史乘。

人物传略

寸玉（1446—？） 和顺水碓大桥巷人，乡人尊称“桥头老爷”，为腾冲寸氏五世祖。经历了成化、弘治、正德三朝，先后任通事、序班、教授。明正德六年（1511），应诏入京继承其父寸文斌序班之职。正德十年，皇帝敕书特进“登仕佐郎”，任鸿胪寺序班兼四夷馆教授。列职历四朝，誉高望重，耄耋之年始退还乡。腾越参将邓子龙为他题匾额曰：“白发朝仪”（意思是年老了还在朝廷工作）。寸玉告老还乡后，兴修水利，改造良田，出资与乡人在坝子开挖大盈江渠道，仿黄河九曲十八弯。又整修村前小河河道，并在河道上修建单拱石桥，称为便民桥（今双虹桥之老桥旧址）。此后开垦良田，使和顺坝成为水旱无忧之地。

许名宽（生卒年不详） 字得众，和顺大庄东山脚人。曾在缅甸开设“生记”商号。其始祖许斌，祖籍南京，为元代名儒许衡之后，明代随军至腾冲，以军功封副千户，十六代传至许名宽时已转入农户，家境清贫。许名宽魁梧奇伟，胸怀大志的他曾辍耕感叹：“食贫若是，奚事日守田舍为？”于是与其舅游历缅甸，略有积蓄后回乡娶亲，不久，又回到缅甸经商。以过人的胆量，一人独自往来于滇边蛮种横行的南牙山（又名野人山），所携银物从未有失，时有“许名宽过野人山，凭福气厌胜”之谣。其在缅甸事业日张，声誉日隆，被缅王孟锡袍礼聘为客卿，宫中用品，无不由其采买，国中政事多征求其意见，缅人称之“们已”（意为“宰辅”）。其开设的“生记”商号业务范围至香港、广东等地，暮年归老时，拥金巨万，富甲一方，被侨商尊戴为领袖。

寸式玉（1755—1802） 字章五，号德山，和顺十字路举人巷人。出生在耕读世家，14 岁补博士弟子员，受知于无锡秦端厓之门。清乾隆丙午年（1786）举人。品节高尚，言行气概，多为乡人所称道。主讲来凤书院八年，其所造就之人才，指不胜屈。并在中天寺设书馆，进士江舻即出其门下。同门张志学赠其联云：“凤凰谁敢题凡鸟，沆瀣真能壮世家。”所著诗文稿《北上纪行诗稿》，已佚，仅存《北上吟草》一卷，录诗48首。

刘宗鉴（生卒年不详） 字子明，和顺水碓上村人。家虽贫而好读书。恰逢咸丰、同治年间战乱，父亲在缅甸经商，因为道路阻隔，无法接济家里，其母李氏以纺织为业，命宗鉴到赵端仁之门问学，专心刻苦，终年不懈。同治十三年（1874）入大理西云书院学习。光绪五年（1879），以一等第一补优行廪生，壬午乡试中亚元。曾“设帐乡里”，教书育人。33岁时在家里去世。著有《经史余绪》五卷,《北上去来吟》二卷,《月轩诗稿》八卷，均散佚不存。

尹蓉（1822—1901） 字为裳，和顺水碓尹家坡人。缅名伍洒（“伍”是缅甸人对有威望长者的尊称），长期旅居缅甸。曾开设“蓉懋记”“定昌号”。幼年随父就读，性聪敏，善言谈。16岁弃学赴缅，在曼德勒李秀三经营的“三成号”习商，学会缅语，了解缅情。一次，缅甸一恶少殴打一华侨致死，缅官仅罚款200盾卢比作抚恤结案，旅缅华侨极其愤怒，但无法抗争。尹蓉挺身而出，将1000盾卢比放到判官桌上说，“愿以1000盾卢比为代价，购击缅5人”，并以刑案条例与之申辩，缅官只好答应“依照法律重治”。华侨为他的爱国热情所感，推为华侨会长。缅王闻其名，慕其才，敦请入宫为国师，历4个君王。清咸丰二年（1852），缅王蒲甘之弟们董与其兄争王位，自瑞波引兵围攻王城，互战数日，军民死伤很多。尹蓉被推为代表，为缅王兄弟调解，他一昼夜奔走200多里，劝们董息兵，又回京城劝蒲甘禅位，缅王兄弟重归于好。尹蓉受到朝野的敬重，们董继位后，内政外交要务，多请决于尹蓉。们董感慨地说：“天上佛神仙，国中伍老尹。”尹蓉还为缅王督建皇城。英占缅甸后，委尹蓉以要职，尹蓉坚辞不受。英国女皇维多利亚赠尹蓉1枚金质奖章。尹蓉侨居缅甸60多年，特意以高薪从国内聘请教员去缅甸教华侨子弟汉语，使其熟悉中国礼节、历史、文化。清光绪初年，缅王赐地，华侨捐款20余万卢比，由尹蓉主持建腾越会馆，后扩建为云南会馆。光绪二十七年（1901）回归和顺，几月后病逝。

张成濂（1853—1922） 字景周，和顺十字路张家坡人。自幼随父母居缅甸，通晓缅文、缅情，稍长回国，就读于腾冲名儒赵端礼门下，清光绪五年（1879）与赵端礼同科考中举人。光绪十一年，回国赴京会试过腾冲时，逢英国并吞上缅甸，窥视中国云南边界。腾越厅同知陈宗海与筹办边务官员余泽春知其熟悉中缅历史地理情况，晓以大义，请他放弃上京会试，仍回缅甸，坐探中缅边界和英缅实情。张成濂选派其弟张成瑜、堂侄张德馨，化妆成驮夫，跟随不怀好意侦察中国西南边地情形并绘制地图的4名英国人，为不让通晓英语、汉文之人所知，每天秘密用缅文记日记，归后译成《大金沙江上游行记》《潞江下游以东至九龙江记》，并一一秘报政府。光绪十七年，中国驻英公使薛福成的秘书姚文栋在云南勘界，聘张成濂为参随，游历中缅边地，为姚执笔写成《勘界筹边记》。光绪二一年张成濂赴京参加乙未科春闱，在都门试馆手绘《滇缅旧界图》，以标准的地理绘图方式，运用经纬度，并用中缅两种文字进行标注，该图是他根据乾隆年间，中缅交战调停后双方共同划定的实际界线绘制，是中缅历史上中方边界纵深最大、疆域最宽的地图，是研究中缅地理历史最重要的地图之一。次年，张成濂参与康有为、梁启超组织的“公车上书”运动，联络并领衔云南籍举人 62 人，向朝廷递呈《为和议将成，国势愈危，敬呈御侮方略十条呈文》。光绪二十四年春，被皇帝钦点为广西来宾县知县，后任马平县知县。光绪二十九年，因当地农民起义，攻陷城池，被总督以失城罪向朝廷弹劾，流放迪化（今乌鲁木齐）。民国初年，被新疆都督杨增新委任大高等审判厅长，卒于任所。

寸尊福（1855—1927）　字如东，号海亭，侨界尊称“寸如老”，和顺十字路黄果树人。十多岁就到缅甸经商学事，曾开设“福盛隆”商号。对缅甸翡翠有过人的眼力，经营中颇为得手，赢资累累。他曾购得一重百余两的美玉，此玉后来 2 次转手，均获益丰厚，成为玉石行中“好货富三家”的典型。英军于清光绪十一年（1885）占领缅甸后，飞扬跋扈，欺压华侨。他挺身而出，联络闽、粤华侨，面见英军统帅，慷慨陈词，要英方保障华侨生命财产安全。经反复斗争，英方被迫答应约束英军，从此名声大振。华、印、缅、英均推他为商董，闽、粤、滇侨推举他为云南会馆和中华会馆会长，英政府也推选他为立法会议议员，英国女皇还专门派人看望了他。

寸尊福

寸尊福胸怀开阔，曾在洞缪云南观音寺招待逃亡至缅甸的康有为，趣言安慰：“此桌我华侨曾宴请缅王，今缅甸国亡君去，只存此桌。故慈禧、光绪亦不足论，保皇不足为。”后加入同盟会，被选为同盟会缅甸支部的常务理事。曾协助创办仰光《光华报》，为东京《云南杂志》捐汇经费，参与创办和顺明德女子学校，免收学费且招待早晚餐。在和顺组织咸新社，在缅甸组织振汉社，传播新思想，新科学。辛亥革命后，又在瓦城创办昌华学校。并在辛亥腾越起义后军饷匮乏之时，亲自携万盾缅币星夜赴腾支援。与李根源等为死于干崖的烈士秦力山立墓碑。曾被蔡锷、唐继尧数次高官相邀，却力辞不受。《华侨宝鉴》《华侨名人传记》中赞誉他“为人和平正直，众论翕服，为侨界领袖”。60寿辰时，孙中山等人赠送金丝寿幛，赞其为“华侨领袖，民族光辉”，并赠送亲笔签名照片。1927年，病逝于上海。灵柩经香港、仰光、瓦城辗转运回腾冲，各地隆重追悼。

张宝廷

张宝廷（1859—1928） 名德珩，和顺十字路贾家坝人。在缅甸开设“宝济和”商号。少时聪颖豪爽，举止异常人。喜读书，更喜弓马、箭术。射箭时无论正射、反射、斜射，矢必中的，甚至以悬香、悬臂为靶，辄能穿心。其父张成祯让他到赵州应府试，获第一名。后又让他参加院试，因他无意进入武举仕途，有意只射中一半。考官爱其才干，破例禀奏，诰授武翼都尉，加蓝翎衔。20岁左右赴缅从商。他经商坚守信义，着意远大，不拘琐碎，为中国商人所敬仰，英商也争相与他合伙经营，获利巨大。后在格萨成立解木机器厂，养大象数十头，在山间运送木材，再以车船运至缅甸各地和其他国家，获利数十万缅币。第一次世界大战发生后，他集中精力财力重点经营勐拱玉石厂，无偿出资数万，帮助当地土司从英商手中赎回玉石厂厂权，时中外人士视玉石为至宝，不惜重金购买，因之玉价猛涨，他将大量翡翠运往广州、上海等地，当时中外富家所用翡翠多半由其所出售，获利百余万缅币，他因此蜚声中外，被称为“翡翠大王”。他富而不吝，尚交好施，乐于资助救济。他耗资数万，开垦猛毛田，购买水田数十亩，分给农民耕种，不收一分钱一粒谷。捐资兴修和顺到县城的道路。英国驻缅大使对张宝廷敬爱有加，英皇授予金质奖章1枚。居缅甸五十多年，自高官大吏以至平民，没有不知道张宝廷大名的。1928年5月8日，病逝于缅甸八莫，灵柩发回腾冲和顺安葬。腾越简易师范学校校长李启慈为撰墓联：“翡翠鸿名传沪上，瑚琏伟器藏邱中”。

寸辅清（1867—1915） 又名馥清，字佐廷，号芝坡，和顺十字路尹家巷人。清光绪十七年（1891）辛卯科举人，曾参加“公车上书”签名。以后三次入京应试，均落第。光绪三十年（1904），和李根源以官费第一批赴日本留学，在东京宏文学校速成师范就学。到日本后，眼见明治维新后的异国突起，思想为之一新。光绪三十一年，同盟会在东京成立，与李根源同时入了会，后又参加编辑《云南杂志》，宣传革命，反对清廷。毕业归国，创永昌师范学校，接办腾越高等小学堂，后又到永昌府办师范学堂。在学校，他宣传革命思想，给师生订阅《民报》。因被人告发是革命党人，无法在永昌安身，以补用知县身份，到广西法政学堂攻读法政，成绩优异。辛亥革命前夕，回云南参加“重九起义”。起义成功后，在都督府参赞军务，为蔡锷、李根源撰写第一张安民告示。后任云南咨议局议员、镇南县（今南华县）知县。任省咨议局议员时，与杨觐东、李根源倡议修筑腾越铁路，拒绝英国合作意向，自力成立滇蜀腾越铁路公司。任镇南知县时，因成绩突出，获六等嘉禾章。1915 年，腾冲创办县立中学，经腾冲士绅公呈请准，被调回腾冲，任腾冲县立中学第一任校长，他呕心沥血办学，几个月后病逝。著有《芝轩诗文钞》等。

寸辅清

李景山（1870—1927） 名叶荫，号樾轩，和顺十字路李家巷人。清同治九年（1870），生于一侨缅商人家庭。6 岁就学于乡贤寸镜如之门，15 岁时补博士弟子员，岁试名列第一，举为秀才。清光绪三十一年（1905），参与创办咸新社，购置科学书籍。参与创办新学——和顺高等小学堂、两等小学堂，任校长。1912 年，腾冲县成立议事会，他被推举为议事会议长，但他热衷教育不愿从政，写诗明志：“敢道临渊不羡鱼。”1915 年，任腾越中学国文教员。他重视德育，言教身教并重。书房对联为“养心莫如寡欲，温古乃能知新”。他重视家庭教育，一家五世同堂，三十余口，阖家和睦，子侄辈受其影响多有从教者，遍及海内外，李家被誉为教师世家，李家巷被称为“教师之巷”。1927 年 4 月 30 日下午，突然中风病故。李根源题诗缅怀：“一生大愿栽桃李，议长辞征总不为。走马景山楼下过，和光顺德表贤师。”著有《寓斋诗文稿》。抗战胜利后，国内外侨胞捐资修建了景山纪念堂，和顺图书馆也开辟景山室以示纪念。

李景山

尹梓鉴（1874—1955） 又名子鉴，字立周，和顺水碓尹家坡人。出生华侨世家，伯父为缅甸曼德勒云南会馆初创者尹蓉。幼年随父在缅甸，稍长回乡师从廪生刘种玉，举秀才。清光绪二十五年（1899）又至缅甸，在八莫翡翠大王张宝廷家任塾师，并创立华文学校与英华学堂。康有为在缅甸八莫时，邀他在仰光开报馆设学堂。光绪三十四年与仰光华侨倡办中华义学堂。1905年冬回国，与举人寸辅清、张德洋等创设咸新社。协助李景山在腾冲首办新学——和顺高等小学堂。此后一直在和顺两等小学堂、清河学校任教。20世纪20年代后期，他从缅北到缅南实地考察华侨史、中缅关系，“凡缅甸高山险隘，游历殆遍”，纪实写成《老困游记》上下卷。1942年5月，日军从缅侵入腾冲，七旬高龄的尹梓鉴避难于昆明，其间写下许多抗日纪实的爱国诗篇，李根源邀约他编纂《永昌府文征》，方国瑜就中缅边境民族史、地方史常请教于尹梓鉴。尹梓鉴大半生旅缅，通晓缅文、英文及景颇、傣等少数民族语，尤其精通中国文化典籍，著述丰富，有《老困游记》《无求斋日记》《缅甸史略（附中缅交涉）》《腾冲匪患记》《春草堂稿》《治平吟草》《昆湖吟草》《抗日纪实诗》《味薏斋漫录》等。又整理其兄遗著《天涯游子吟》《芸香馆遗稿》。被乡人誉为侨史学者、华侨诗文家。

张成清（1878—1909）　字石泉，和顺十字路张家坡人，生于缅甸密支那。因其母亲为缅人，人称其为“半达”（半缅半汉）。幼时在缅甸读书。13岁回国，受业于地方名儒范肇锡（开明）、赵端礼门下。17岁考取庠生，入腾越厅学。因地方土豪作威作福愤然而起，谋杀劣豪，后出奔缅甸，做了僧人，继续学习缅文、英文及景颇、傣等少数民族语。清光绪二十五年（1899），在八莫华侨中募捐、创办中西学校，专收华侨中无父母之子弟读书，学生达60多人，教以中英两文。又过数年，愤李某之欺虐同胞以媚英人，以巨壶碎其首，又被捕入狱，数年后方才释放。中英勘界时担任翻译，于暇时撰写《三司记》，揭露英国图谋侵略中国领土的阴谋，被人告于英政府，又入狱7年。光绪三十三年（1907），加入同盟会，并成为辛亥革命时期缅华同盟会的重要成员。在仰光参与创办缅甸同盟会机关报《光华报》，宣传革命，筹划救国、救滇政策并刊于报章。支持云南留日学生革命刊物《云南杂志》，并且在缅甸曼德勒成立“云南死绝会”，与留日学生之“云南独立会”遥相呼应，以望滇人之醒悟。宣统元年（1909），因痛恨英人奴役缅人如牛马，和缅人中的有识之士秘密谋划反英，事泄后，为英国人所嫉恨，诱入眉苗，被人用药毒死。辛亥起义成功，位列开国先烈祠。章太炎《张成清传》称其“弘廓深远”，《云南杂志》编辑义侠：“张君成清死年余矣，检遗策读之，犹懔懔有生气。余始信其才之伟，其胆之雄，其志愿之远大，其爱乡心之诚挚，皆吾滇青年中之所难得者。而独惜其死之过早，不克竟其志，且深惜其不死于刀刃，而死于毒药……呜呼，不达目的，死而后已。如君者，愈磨愈厉，再蹶再起，洵吾滇特产之雄才矣。使后起者皆如君，则滇事讵不可为耶？”著有《三司记》《缅甸亡国史》，译有《项藏交涉沿革小史》。

李启慈

李启慈（1880—1950） 字仁杰，号佩贤，又号艺菊草堂主人，和顺十字路小李家巷人，腾冲教育名家，著有《艺菊草堂诗文》多卷，编写《和顺乡艺文》《阳温登诗抄》，尚有数十卷读书杂记等。戊戌运动时，加入和顺咸新社，不久，应永昌府试，举秀才，授附生。废科举兴新学后，清光绪三十二年（1906），以优等成绩毕业于永昌师范。光绪三十三年任腾越县立高等小学教员，并任副校长，次年首倡腾越第一次运动会。宣统元年（1909），任和顺高等小学教员，兼腾越厅第四区宣讲员、司地劝学员，协助云南省沿边土民学堂总办李曰垓开展边疆民族教育。1912—1915年，任和顺女子高等小学教务主任，培养了腾冲最早的一批女知识分子。1916—1928年，先后任县立女子高小校长，创办县立女子国语讲习所，创立和顺女子简易师范学校，担任县立女子师范学校校长、和顺两等小学校长、兼任和顺图书馆馆长，常常身兼数职，却井井有条，多次受到省教育厅嘉奖。1939年，和顺侨胞筹办中学，他被推举为代校长，为学校定名益群中学，并以六旬高龄亲赴缅甸筹募办学基金20万缅币，使学校在1940年4月顺利开学。适值寸树声返里，李启慈与乡人推举其为校长，自己只任国文教员兼董事会董事。1942年5月，腾冲沦陷后，李启慈在和顺尹氏宗祠开办秘密小学，使青少年不致遭失学之苦。其间多次力拒日伪县长、伪维持会长开办中学的胁迫。1950年5月病逝，和顺中小学师生和乡贤举行公祭，悼念他毕生奉献地方教育事业的可贵精神。

李曰垓

李曰垓（1881—1944） 字子畅，和顺水碓人，南社社员。生性颖异，沉默寡言。15岁入邑庠。清光绪二十九年（1903），入省高等学堂，为教习陈荣昌赏识，选送京师大学堂深造。宣统元年（1909）毕业后，任总理永顺普镇沿边学务中书科中书。回云南后，任永昌中学教习。他热心研究边务，上书请求开发边疆，提高边民文化，被委任为“云南省沿边土民学堂总办”，在腾冲、龙陵、永德、顺宁、思茅沿边地区创设土塾128所，招收各族学生3900多人。1911年，云南辛亥重九起义后，在滇南积极响应。后任云南军都督府秘书、民政司长兼司法司司长。1913年起，任民政长公署秘书长，西藏宣慰使。1915年，反对袁世凯图谋帝制，并说服滇督唐继尧赞成共和，建议蔡锷将讨袁军定名为“护国军”，任蔡锷护国军第一军秘书长，起草讨袁檄文，后被任命为云南垦务督办、云贵矿务督办。1918年，国会解散，护法军兴，南北奔走，调解未成，遂返云南。1929年，被任命为云南第一殖边督办，次年到腾冲就职。1931年，组织利生垦务公司，招募地方绅士筹措资金，引魁甸河水进行灌溉，因经费枯竭而停工。任殖边督办时，治理边疆以威信为本，以德化人，怀柔抚绥并用，各土司皆能听命，在边数年，边陲稳定。他认为中日战争必不可免，就向省里建议修筑滇缅公路，兼任省公路第一分局长，亲率测量队员勘查路线，历时数月，将下关以下路线确定。他的诗文有特殊气息。著有《滇缅界务说略并图》《天地一庵诗文抄》《客问》《汗漫录》《文牍篇》等。《续云南通志》中称其“笔挟风霜，见者罔不畏服”。章太炎称他为“天南一支笔”。李曰垓育有四子一女，与长子李生庄，次子李生萱（艾思奇），人称“李氏三杰”。

张德洋（1883—1959） 字盈川，后更名砺，字虚谷，和顺十字路张家坡人。童年就学于张氏宗祠所办宗学，稍长受业于腾冲廪生杨策贤门下。清光绪二十九年（1903）赴昆明参加乡试，中举人。光绪三十一年，参与发起组织咸新社并在张氏宗祠创办清河义学堂。光绪三十三年，进京参加丁未科会试，中贡士，钦点广东即用县候补知县，后丁忧回籍。不久，被委派到县城主办县立小学，被委为劝学董，在县乡主管教育。宣统二年（1910）春，兼自治公所总董，办理自治研究所，自治宣讲所，县自治局议员。1912—1915年，任两等小学堂校长，将应得的薪金1200元如数捐入该校。后任腾冲县立中学校长。1918年前后，到曼德勒四于学社任教并主持校务。1925年，与李德贤等共组同善社。1926年，张梁、宋金荣被省军击溃，返回腾冲。10月30日，受善后局敦请，与蔡益斋、李德贤等冒险奔走调停，使腾冲免于一难。1945年7月7日，在腾冲国殇墓园落成典礼上，代表全县军民作《祭腾冲阵亡将士文》。

张德洋

1955年，被聘为云南省文史馆馆员。1956年5月，应邀参加政协德宏傣族景颇族自治州第一届会议。遗稿有《偶语录》《不足畏斋日记》《莲池小隐日记》《无有是处主人日记》《不逮录》等二十余卷。

李德和

李德和（1892—1972） 字致卿，和顺十字路大石巷人。7 岁入私塾，14 岁读新学，17 岁进腾越县立高小，19 岁考入云南省立第二中学（今大理一中）。一年未满，腾冲爆发腾越起义，他返家过保山，碰到向大理进军的陈天星部队，随即参军，从事文告撰写。1912 年仍返大理读书。1913 年，考取留日学生，到日本后，补习了两年，考入大阪高等工业学校电气科学习。1917 年，回国与留学生一同到各地宣传反对丧权辱国“二十一条”，事后仍返校学习，1918 年毕业。1919 年，与中国留日学生一起到中国驻日使馆请愿，要求取缔不平等条约，遭到日本军警镇压。年底，回到腾冲，积极筹建叠水河电站，因故而未建成。1920 年，任腾冲实业局局长，兼腾冲教育会长，倡导种桑养蚕、种植小春，扶持朱星街烧制瓷器。1924 年，赴缅甸考察商业。1925 年，任五属联合中学校长等。1928 年，在校内举办腾冲首次文物展览。1928 年，五属联中增设师范班，为腾冲县师范教育的先河。1935 年，任云南省临时参议会议员。1939 年，与旅缅华侨李秋农、李镜天等向华侨募捐，筹办益群中学；与寸树声、寸少元一起，倡导种植小春、兴修水利。1942 年，日军侵占腾冲后，与刘楚湘一道组成救济会，捐款资助预备二师游击。1956 年，赴北京参加中华全国华侨联合会成立大会，受到毛泽东、周恩来等党和国家领导人接见。同年底，被选为腾冲县副县长，分管侨务、文教、卫生二作。1958 年，选为德宏州人民委员。1962 年，选为省侨联常委、腾冲县侨联主任委员。

张德辉

张德辉（1895—1971） 字焕然，号念翁，和顺十字路张家坡人。清宣统三年（1911），考入云南省立第二中学。两年后，被选送云南省立第一口学附设留日预备班学习日语。1913 年 12 月，赴日本留学，第二年考入长崎医科大学，专习妇产科。1922 年，取得日本内务省卫生局医师允许证。1923 年毕业，获学士学位。同年，回到上海，开设东方医院。在上海参加新文化运动，担任《滇曙》杂志总发行人；同时参加中华学艺社。1925 年 11 月，赴日本考察，回国后在《学艺》上发表考察报告。1926 年 12 月，由上海回到腾冲，开设东方医院，为腾冲第一所西医医院，并开办医护培训班。1931 年，任新成立的腾冲县医师公会副主席。1942 年腾冲沦陷，因妻子妊娠，滞留腾冲。日本侵略军要焚烧和顺，乡绅要他出面周旋，其被迫充当日军翻译，曾任日维持会副会长。他几次将日军扫荡腾北的情报送给抗日游击部队和抗日县政府，抗日部队因此而取得了几次伏击敌人的胜利。腾冲收复后，其被国民党军队软禁，李根源出面，张问德斡旋，得以释放。1946 年，任和平纪念医院董事。1949 年，腾冲县医师公会改选，任理事长。1950 年，当选为腾冲县卫协副主任执行委员。1956 年，任城关联合诊所所长。从 1954 年起，当选为一至六届县人民代表。从 1956 年起，任第二至第六届县人民委员会委员，第一届县政协副主席。1959 年，任县人民医院副院长兼妇产科主治医师。毕生致力于妇幼卫生和新法接生，在腾冲行医 50 年，医治了无数沉疴怪症，有口皆碑。他为贫苦农民看病，尽量使之少花钱，见效快。“文化大革命”中受到迫害，1971 年 10 月 31 日病逝于狱中。1979 年 7 月 31 日被平反昭雪。

寸树声（1896—1978） 字雨洲，和顺十字路尹家巷人。幼年在家乡读书，1915 年毕业后回和顺任高等小学任教师。1918 年冬，赴日本留学。次年，考入九州帝国大学法文学部。在日本十余年，加入郭沫若等人组织的革命文学团体创造社和共产党领导的社会科学研究会。九一八事变后，离日归国，任北平大学法学院教授，支持学生参加一二·九运动。1936 年，与马叙伦等发起组织北平文化界救国会，冒着被解聘和坐牢的风险，宣传抗日救亡思想。1940 年 1 月，在李启慈、李德和等人的支持下，任益群中学校长，兼任和顺中心学校校长、和顺图书馆馆长。1942 年 5 月，腾冲沦陷前 2 天，他离开家乡，赴昆明、重庆，任中央政府外交部日本问题顾问。1943 年 5 月，写成《两年半的乡村工作》，以散文形式总结创办益群中学的实践经验。1944 年，加入中国民主同盟，与李公朴、张天放、楚图南等组成“九老会”，开展反蒋爱国活动。1945 年，回和顺，恢复益群中学，他把昆明参加一二·一运动被通缉的一些校友聘请到校任教，鼓励他们参加边纵；掩护一些在昆明等地的地下党员、民主

寸树声

人士由腾冲经缅甸转香港去解放区。1949 年 12 月 15 日，被选为腾冲县临时解放委员会主任。1950 年，任解放后腾冲第一任县长。同年 11 月，调任云南大学副校长、云大党委常委。先后任民盟云南省委主任委员，民盟中央委员，全国政协第二、四、五届委员会常务委员，云南省政协副主席。曾受到宋庆龄、周恩来、朱德等党和国家领导人的接见。1978 年 4 月 1 日，病逝于昆明，邓小平和中共云南省委、省政府及有关部门送了花圈，省政府、省政协、云南大学举行了追悼会。

寸嗣徽

寸嗣徽（1898—1942） 字仲猷，和顺十字路举人巷人。1912 年，和顺两等小学堂毕业，被乡里公费选送到云南省立第二中学学习。1915 年，毕业后因生活所迫赴缅甸谋生。在青年会、阅书报社、崇新会中，寸嗣徽均为中坚力量。1926 年，再次离乡赴缅，被推举为崇新会驻缅总经理。主编《和顺崇新会年刊》《和顺乡》多期，主编《和顺图书馆十周年纪念刊》；在缅甸募捐，为阅书报社及后来的和顺图书馆募集经费、书刊、物品。从 1930 年起，在仰光义务担任和顺图书馆驻缅甸经理。不但负责对外捐收、订购书报及汇寄价款等繁杂事务，还尽力捐物给图书馆。1937 年，和顺图书馆新建馆屋，但经费无着，遂与旅缅同乡李镜泉发起募捐。益群中学开办，任学校常务董事兼驻缅办事处主任。

1937 年，在仰光参加、组织侨界抗日救亡运动和救灾工作，被选为陈嘉庚任会长的“南洋华侨赈济总会”缅甸分会负责人之一，并出任“中国航空协会”仰光分会常务理事。1942 年年初，日军侵占缅甸，于 5 月 6 日被溃兵杀害于片马附近。

李祖华

李祖华（1898—1971） 字秋农，和顺十字路李家巷人。幼年入和顺两等小学堂，师从李景山。高小毕业后赴缅当店员，曾任和顺旅缅青年会会长。1925 年，倡议由和顺旅缅青年会、贺奔和顺同乡促进会联合组成和顺崇新会。和顺崇新会成立后，向侨商贾劝捐，充作基金，以其人力、财力在和顺先后支持创建了和顺图书馆及益群中学，对边疆地区文化教育的发展，做出了贡献。1925 年回国任和顺两等小学堂教员。参与和顺图书馆、“七七”抗战纪念碑筹建，发起组织抗日联合会。1937年任和顺两等小学堂教务主任。1938年筹办和顺简易师范学校。参与筹建益群中学，并担任益群中学教务主任，兼授国文、书法。1950年，被益群中学董事会、校友会推举为第二任校长。1971年12月21日，他在教师会议上正发言时，突然倒地，与世长辞。曾担任腾冲县第一届、第二届人大代表，县政府第五届、六届人民委员，县政协第一、二届常委，腾冲县华侨联合会第一、二届副主席。德宏州政协委员，省人大代表，省政协委员。

杨春增（1899—1967） 字寿益，和顺大庄上庄人，幼年丧父。初就读于和顺两等小学堂，勤奋好学，成绩优异，毕业考试名列第一。后就读于县城孝廉王开国门下，有“王门高弟”之称，被誉为“孔门德行科中人”。他目睹民困，求学不易，立志教育，并以振兴国学为急务，毅然放弃父兄侨缅经商之基业，辞却王少岩盛情邀约，于1919年创办弘农国学专修馆。他根据学子年龄、学识的不同，因材施教，且督课甚严，脚踏实地、呕心沥血，将知识学问的每项训练落实至每个人。李根源为弘农国学专修馆题书匾额并赋诗赞颂：“大庄尚国学，特立专修馆，无锡有先进，希踪未为晚。”他能习钟鼎文、篆、隶、碑体及行书，作品收录入1990年《云南历代书法选》，并被昆明县华寺碑林等刊载。曾经种植近村山林，倡议大家订约维护；多年倾心尽力监修杨氏宗祠，并不断自费殷心美化培补，撰书联额箴文，或躬亲彩绘，或请匠艺镌刻，建成花木繁盛，中华传统文化精深典雅之读书佳境；晚年抱病在家，犹以义务打扫村巷为己任，1967年临终前尚执扫帚在手。刘明德为他撰题墓联：峻品法书承凤岭，和风晴日仰龟山。

杨春增

钏文辉（1904—1988） 字玉阶，和顺大庄上庄人。年稍长往曼德勒继父业，以长兄文瑞之名创“文瑞记”商号；后分号遍及缅甸八莫、昔卜、腊戌、九谷及国内腾冲、龙陵、保山、下关、昆明和贵州安顺等地。

钏文辉一生经商，“能聚财，尤能散财”，热心公益事业尤其是教育事业。1939年秋，首捐缅币3万盾资助益群中学筹建，并陪同代校长李启慈走遍缅甸各埠筹款，被益群中学聘为第一届董事会常务理事。1939年，致函腾冲教育界，倡议创办县立女子中学。同年10月30日捐资卢比2000盾（折合滇币4万元）作为新建女中校舍的基金，开办后不敷数再次乐捐。次年，李根源建改校名为“腾冲县文辉女子初级中学”。1940年，捐助腾冲省立中学银圆3万元。此外，对和顺图书馆、昆华女中也无私捐献。为美化家乡村容，捐资修建上庄村前水池，四周种植绿柳红桃，成为村中人士游览休息的佳境。

刘文辉

抗日战争胜利后回归故里，继续关注家乡发展，曾任腾冲县政协委员、腾冲县侨联常委、益群中学董事会董事等职。

赵秀发

赵秀发（1909—1994） 字国祯，和顺水碓赵家月台人。少年时受业于李景山、寸干臣等名师门下，成绩斐然，考入腾冲第五属中学后，曾有数篇文章选入学生国文范文。中学毕业后，到缅甸习商。1934年夏回国，在和顺乡成立农工组合社，生产汗衫、袜子等。后应和顺两等小学堂之邀请，为校服务。滇西抗战胜利后，集资组织“义成商行”，经营进出口贸易。1950年，将缅甸的“义成商行”改为“瑞和生商行”。1953年由“同泰商行”“瑞和生商行”“合益昌商行”联合组成“同和昌商行”，直至1964年4月9号，缅甸政府将全缅各地华侨商店收归国营结束。云南同乡会馆重建时，为建筑委员会委员。1956年，受中央侨务委员会的邀请，参加以李文龙为团长的旅缅华侨代表团回国观光。1956年10月4日，在北京中南海受到毛泽东、朱德、周恩来等党和国家领导人的亲切接见并合影留念。1960年，周恩来总理访问缅甸，他组织华侨热情欢迎，之后还配合缅甸政府接待过中国10余个访缅代表团。他多次应邀参加仰光大使馆举办的庆祝、庆典活动，缅甸政府特授予赵秀发等“缅中友好”纪念章。1975年，回国定居，曾任省侨联委员、省五届政协委员、省六届人大代表、和顺图书馆负责人。1976年至1990年9月，在和顺图书馆工作。1979年，与李镜天、刘国生等共同向省政协提出关于《请将和顺图书馆纳入国家编制，以便在现有基础上继续扩充，更好地为四化建设服务》的提案，得到省文化厅的同意，1980年，和顺图书馆纳入国家编制。

尹文和

尹文和（1933—2009） 和顺十字路寺脚人。自幼喜文史，先后入张德洋、杨春增门下学国学，益群中学初中毕业后赴昆明考入天祥中学。1951 年年底，参加中国人民解放军坦克部队驻长春。1956 年毕业于上海复旦大学中文系，即在该校及上海师范大学任教。1964 年调回家乡益群中学任教，先后任腾冲一中副教导主任、益群中学校长。其间，恢复成立益群中学第三届董事会，任副董事长；连任三届县政协副主席、省政协委员，同时任保山市语文学会首届副理事长。评为高级教师、云南省归侨侨眷先进个人。筹组中国致公党腾冲小组，任组长。1985 年率先开办侨生班，接纳缅甸瓦城、密支那、腊戌、八莫、洋人街、木姐、南坎等地 82 人侨生入学。广泛联谊三胞（海外侨胞、港澳同胞、台湾同胞）校友和各界人士，益群中学成为腾冲对外联谊的重要窗口。退休后，任益群中学名誉校长、腾越文化研究会会长、腾冲海外联谊会副会长。工作之余，攻研华侨史，主要著作有《云南和顺侨乡史概述》《缅京云南会馆及其创始人》《缅甸华侨最古老的建筑——阿瓦云南观音寺》《侨乡闻人传》等；主编《辛亥腾越起义》《腾冲抗战》《华侨与工商业》，应北大、全国侨联之邀，负责撰写《世界华侨华人词典》有关缅甸侨情和滇侨的全部词目。选编出版《腾冲华侨诗文选》，简传和论著收入多种图书和词典。

名人与和顺

李根源豪情诗意系和顺 李根源（1879—1965），字印泉，又字养溪、雪生，别署高黎贡山人、叠翁等。他生前与和顺有着难解难分的情结，与当时和顺名流广泛交往，对和顺眷恋不舍，歌赞不断，并投身到和顺的建设中。在辛亥革命，捍卫滇边，反抗英国侵略，抗日救亡、光复国土，建设家乡、建设祖国的伟大事业中，李根源先后与当时的和顺名流数十人有着广泛而密切的交往，结下了深情厚谊。

李根源与李曰垓一家的交往，是终其一生的。他在和顺感旧诗中吟道："三郎与我最交亲，五十年间如一人。怕过蕉溪游钓处，大楼怅望总伤神。"他俩在清光绪二十一年（1895）订兰交前，便经常在一起读书学习。光绪二十九年赴乡试，又与李曰垓、张盈川等同行，张中举后，李根源便与李曰垓一同考入昆明高等学堂。次年5月，李曰垓被选送京师大学堂读经济特科，而李根源则以第十名的优异成绩考取公费留日学生资格，于10月入日本振武学校学习。但不久即中风，手足不能动，住青山陆军医院治疗，病势曾一度加重出现危险，转送热海温泉疗养。李曰垓闻讯后，急速寄钱去，帮助他支付医疗费。1911年辛亥革命爆发，他俩在云南响应。起义成功后，李根源任军政总长兼参议院议长，李曰垓则任军都督府军政部次长兼秘书长。后来，袁世凯恢复帝制，两人又一同讨袁。李曰垓建议命名讨袁军为"护国军"，并挥笔撰写震撼中外的《讨袁檄文》；李根源则辗转于京城、上海、两广和云南，先后任两广护国军副都参谋、护国军驻奥港代表等职。

1926年年底后的10余年间，李根源在苏州闭门谢客，读书著述；李曰垓在20年代亦因反对云南军阀遭受迫害而流亡于香港、上海等地并常到苏州李根源处。这时，李曰垓的长子李生庄先后在上海、南京读书，并向章太炎学习经学。他追求进步，投身革命，是中共地下党员、学生会主席，领导着反对军阀的学生运动，因此，遭到孙传芳

20世纪40年代，李根源（前排中）与和顺乡贤在高花园

的缉捕，最后避难于上海。与此同时，李曰垓的次子李生萱（艾思奇），因在昆明积极参加学生运动，声讨上海“五卅”惨案和北京“三一八”惨案，反对云南军阀唐继尧的倒行逆施，而遭到军警的追捕，被迫经越南、香港、上海，赴苏州避难，会见了父亲及李根源、章太炎。不久，艾思奇到了南京东南大学，住在大哥李生庄的宿舍里，被前来抓捕生庄的军警误认为是生庄而抓走。后经李根源四方奔走，才把艾思奇营救出来。抗战中，李根源力主抗战，东奔西走，发表演说，撰写诗文，做了大量工作；李曰垓和其子李生庄、艾思奇则通过办实业、办学校、办报纸、搞科研和发表著述来富民强国，鼓舞人民，投身到抗日救国的民族解放运动中。腾冲、龙陵沦陷后，李根源在昆明请缨西行，抗战阻敌，行前至昙华寺与中风卧病两年的李曰垓话别。李曰垓案恸哭道：“我祖宗庐墓被寇践踏，死不瞑目矣！”两年后，李曰垓病逝，李生庄电告根源，李根源《闻梓畅讣音》的两首诗中写下“死生总恸故乡沦，不复腾龙哪慰君”的铿锵誓言。

1950 年 6 月，李根源受中央人民政府邀请飞往北京，参加全国政协第一届第二次全体会议，分别受到毛泽东和朱德的宴请。朱德的宴请中，艾思奇亦在座。李根源在全国

20 世纪 40 年代李根源（右一）在魁阁

政协会议上发表了热情洋溢、肝胆相照的讲话，博得大家的热烈掌声。讲话内容会后在全国各级党报上转载。而这个讲话稿则是艾思奇经李根源口述，笔录整理的。寸辅清和李根源一样，是清光绪三十年（1904）以官费送日本留学者，他俩一起赴日留学，并于次年首批加入同盟会。1911 年，在昆明重九起义中，李根源攻上五华山，寸辅清则为大汉军政府撰写第一张安民告示。张成清与李根源于光绪乙未同应童试时相识，成清于缅甸加入同盟会后积极参加革命活动。大力提供经费支持革命、又资助李根源编辑的《云南杂志》，与李根源“月必书札往还”。李根源将成清撰写的《缅甸亡国史》并秦力山的序文，在《云南杂志》上刊载，“借朱波过去之惨状，作华夏未来之明镜”。英国当局嫉恨张成清的革命活动，遂派人将其暗杀于缅甸。李根源闻讯后，请章太炎撰写《张成清传》，载入国史。李根源与尹子珍于光绪二十四年（1898）一同考取秀才，有交情。由于英国殖民者入侵片马，1911 年 3 月，李根源奉云贵总督命筹办片马边防交涉事宜，乔装少数民族，深入小江，亲历险阻，窥探英国侵略军虚实，获悉茶山、里马及怒俅各地情势。尹子珍自缅甸戛鸠两次及时寄来密函，以洋洋数千言将英人北侵片马情势及地理概要详告，为李根源制成《滇西兵要界务图》126 幅、《图说》二卷以及《对策三策》，起到参考作用。李根源称颂坤书“爱国士也”，“伊人情比伊江长。”

和顺高谷庄杨春增创办的弘农国学专修馆，办学时间长，学生功底深厚扎实，品学兼优。李根源对当时年方十三四岁的学生杨发宪多次考核，宪能随指随背，将已读过的“四书”“五经”等书中的任何章节琅琅背诵出来，并能写成流畅的文言文。李根源特为“弘农国学专修馆”书额，并在《和顺乡居吟》中纪诗：“大庄尚国学，特立专修馆。无锡有先进，希踪未为晚。”并详加注释。

1949 年 4 月，李根源带着他的亲属，以及秘书和保卫人员 10 多人，回到他日夜梦魂牵绕、心驰神往的和顺乡，选择魁阁居住下来，完成他人生中又一件重要的事业——将丰富多彩的和顺文献编成《和顺丛书》刊行于世。但时局剧变，未竟其志。只是在他居住的半年里，遍访和顺山川名胜，文物古迹、名物掌故，以及对和顺名流故旧的感怀，歌之以诗，记之以文，成《和顺感旧诗》二十三章，成《和顺乡居吟》六十章，合为《和顺乡集》一卷。此前对和顺的歌咏已收集他卷中。李根源在《和顺乡集》最后一首诗中唱到：“今日有我忆群公，他日谁思麻面翁？草草诗成天半晓，鳌峰古寺一声钟。”

骆鹏救和顺 1944 年 6 月，驻扎在腾冲的日军在城郊大肆抢掠粮食物资，以备急

1947 年和顺旅缅同乡“五一二”纪念

需。7 月 2 日（农历五月十二日），日军大队人马携带汽油、稻草，由腾冲县城绕道金银堆，先抵达和顺水碓村，后分散进入各村巷摆放好汽油桶，入户抢掠财物和粮食，并围起乡公所所在地中天寺，准备将这座六百年的古镇付之一炬。

千钧一发之际，在芭蕉关土锅铺一带布防的中国远征军预备二师四团二营营长骆鹏接到乡人报信，不顾副团长反对，勇于自担责任，当即决定用迫击炮进行救援，命令发射二十余炮，并派出部队在帅头坡与日军哨兵交火。日军不知虚实，以为遭受包围，遂丢下所抢财物仓皇而逃，被捕乡人得以解脱，摆放各村巷的汽油桶来不及引爆，和顺得以幸存。

1944 年骆鹏与和顺寸恬静结婚

经历这场险情后，中国远征军第二十集团军于第二天分批进驻和顺。一时间，各村、巷、宗祠、民居、学校等处，住满远征军官兵。乡人们才搞清楚原来救和顺的恩人，是素有“常山赵子龙”美誉的骆鹏，于是凑了一提箩银圆前往感谢，被骆鹏婉拒。

1945 年，在与和顺人的融洽相处中，骆鹏与和顺女子寸恬静结婚。同年，骆鹏随部队离开腾冲。和顺人将骆鹏救和顺的事铭记于心，将“五一二”定为乡难日。此后的一度，乡人和旅缅华侨在乡难日当天都会组织不同形式的纪念活动。

人物表录

和顺镇参加全国人民代表大会代表一览表

表 10

姓名	荣誉名称	何时参加全国人民代表大会	生卒年
寸时达	全国人大代表	1978 年	1904—1985
钏本蓁	全国人大代表	1983 年	1940—
李荫生	全国人大代表	1988 年；1993 年	1941—2002
寸茂鸿	全国人大代表	2013 年	1955—

元龙阁魁阁（2009 年）

艺文杂记

和顺人亦农、亦学、亦商、亦侨，历来崇文重教，有较高的文化素养，多有诗家文士，著书立说者不少，他们既是商家，又是文化名流，文采斐然。历史上留下大量诗文著作、碑刻、楹联等。这些文献琳琅满目，非常丰富。有的劝世警策，励志做人；有的即景抒情，感悟人生；有的记述异国风情，创业经历；有的情牵乡国，抒情明志；有的针砭时弊，鞭辟入里。可见和顺文化之一斑。

《阳温暾小引》

《阳温暾小引》（以下简称《小引》）是清末和顺华侨寸联升所做的歌谣体长卷。以家国情怀为主线，孝道为核心，展示了和顺华侨丰富的生活画卷，是了解和顺历史的必读之作。以手抄和口口相传的形式流传和顺百余年，在流传过程中被不断充实和丰富。《小引》叙述了辛酸苦辣的华侨生活，告诫人生应遵循的立身准则，道出了和顺人一代代走出家门，外出拼搏的处世原则，用和顺人妇孺皆知、通俗易懂的话语，诙谐幽默、饱含深情的笔调勾画出和顺华侨生活的生动画图，韵味无穷。

西江月　有感一首

百岁光阴有几，何须苦苦营求。莫与儿孙做马牛，以免东驰西走。　世态更迁不古，出门不肯回头。几句俚言劝众俦，但愿乡人莫诟。

自从那　盘古王　分了宇宙
前三皇　后五帝　虞夏商周
周天下　八百载　果算长久
汉高祖　坐天下　四百春秋
享年高　享国长　上天垂佑
小比大　家比国　如同一俦
有德者　富与贵　子孙长久
无德者　贫与贱　衣食不周
舜皇帝　耕历山　苦辛尝透
汉文帝　亲有疾　尝药心忧
有仲由　负米粮　百里奔走
曾夫子　母咬齿　不敢停留
汉黄香　尽子职　年纪尚幼
闵子骞　衣芦花　不敢怨尤
周剡子　披鹿皮　猎人怜佑
崔家妇　孝事亲　乳姑不休
汉董永　卖己身　殡葬父柩
晋吴猛　恣蚊饱　以解亲忧
汉陆绩　事亲孝　怀橘在袖
魏王裒　闻雷鸣　到墓哀求
汉江革　负母亲　避难逃走
晋王祥　卧寒冰　去把鱼求

汉蔡顺 采黑椹 赤眉怜佑
汉姜诗 为母病 舍侧鱼游
晋孟宗 求冬笋 上天默佑
宋寿昌 为寻母 愿把官丢
汉郭巨 愿埋儿 供养亲口
汉丁兰 亲亡故 刻木报酬
晋杨香 打猛虎 曾把亲救
有庾黔 为母病 尝粪心忧
老莱子 舞彩衣 亲口笑开
宋庭坚 身荣贵 涤亲溺瓯
二十四 孝顺歌 流传已久
劝今时 为人子 当思效求
父母恩 好一似 天高地厚
在一日 孝一日 岂可远游
不得已 为家贫 不得不走
游有方 急早回 以解亲忧
我中华 开缅甸 汉夷授受
冬月去 到春月 及早回头
办棉花 买珠宝 回家销售
此乃是 吾腾冲 衣食计谋
为什么 到今日 不回故旧
出门去 把亲恩 付之东流
离家乡 十数年 还不算久
住瓦城 似登那 凤阁龙楼
舍家乡 如敝履 话不虚谬
住瓦城 纵不久 也在数秋
你父母 虽有子 如同不有
无子的 还不消 日夜担忧
你的妻 望与你 百年相守

谁知道 似孤寡 独卧孤愁
我把你 父母恩 讲个彻透
生育苦 劬劳恩 细说根由
十月内 怀着胎 形容枯瘦
茶不思 饭不想 时刻担忧
病恹恹 不思想 女工刺绣
昏沉沉 活懒做 懒把线抽
待等到 十月满 临盆之后
那时节 更加添 百般忧愁
怕的是 阎君爷 来把簿钩
娘奔死 儿奔生 可不虚谬
此乃是 妇人的 生死关头
要等到 儿离了 娘身之后
那时节 无忧虑 才把心丢
做三朝 请月客 呼亲唤友
你的娘 在房中 好似罪囚
每日里 在房中 只把儿守
昼夜里 常换洗 几条裙绸
一把屎 一把尿 不嫌味臭
半夜哭 半夜哄 不敢闭眸
倘生在 富贵家 银钱广有
己身边 常不离 使用丫头
每日里 三餐饭 娅娘奔走
到晚来 点明灯 梅香上油
抑或是 妯娌多 慈心姑舅
家园事 有他们 去帮应酬
若生在 贫寒家 米无升斗
领着儿 睡床上 珠泪常流
任你哭 有谁人 管你好丑

任你气 有谁人 与你分忧
娃娃哭 急忙忙 将乳喂够
出房来 哪顾得 露面抛头
想吃饭 也还要 自己动手
无油盐 和柴米 自己应酬
贫寒家 养儿女 苦辛尝透
为人子 念及此 岂可远游
自从儿 落了地 定了时候
哪一时 不带着 几分忧愁
请先生 定四柱 子午卯酉
贵和贱 关与煞 细细搜求
倘若是 四柱好 关煞清秀
算了命 方才得 丢心一头
倘若是 关煞多 凶星恶宿
或拜佛 或许愿 常把神求
养子的 这苦楚 难以表透
再把那 抚育恩 细说根由
襁褓时 不过是 常抱在手
到会说 到会走 一喜一忧
喜的是 会说话 渐可引诱
喜的是 会走路 母得行游
忧的是 怕出门 独自行走
忧的是 无人领 闯遇马牛
忧的是 爬高处 跌破手头
忧的是 爬矮处 跌下阳沟
忧的是 怕着寒 伤风咳嗽
忧的是 遇歹人 拐往他州
更忧者 铁门坎 出花出痘
此乃是 小人的 生死关头

若遇着 年时好 出得清秀
儿轻减 父母心 可以无忧
倘若是 年时恶 出的密厚
父母心 好一似 打破孤舟
儿身旁 哪一时 敢离左右
父母心 哪一时 不费思筹
许供花 许换水 许朝北斗
愿行善 愿补路 愿把桥修
早烧香 晚拜佛 不住叩首
供斋食 烧钱纸 常磕勤头
所忧者 怕的是 眼中出痘
更忧者 怕的是 出在咽喉
求名医 开丹方 无处不走
买药草 买果品 脚不停留
日不眠 夜不睡 通宵达昼
真果是 过一年 如过三秋
求天地 拜神灵 暗中保佑
痘痊愈 买三牲 报答恩酬
要等到 脱了壳 净澡之后
出了花 又才得 丢心一头
此乃是 二三岁 年纪尚幼
待等到 八九岁 另有思筹
幼不学 老何为 如同禽兽
三代人 不读书 好似马牛
弹棉花 纺线子 苦把钱凑
强送儿 去读书 才把师投
聪明的 不数年 诗书读就
伶俐的 不数年 读到春秋
真乃是 聪明子 人人夸口

父和母　心里乐　喜上眉头
若是那　愚蠢的　体态丑陋
纵丑陋　父母心　岂肯罢休
读了书　三五年　真真不就
那时节　莫奈何　才把心丢
有一等　生得来　将将就就
贪顽耍　他不习　正经门头
在学堂　不读书　与人争斗
惹得人　上门来　吵闹不休
又或是　邀约人　偷鸡摸狗
又或是　去荒郊　偷马盗牛
父和母　只教他　去把学就
那先生　只料他　有甚门头
自古道　一日三　三日成九
父母知　先生晓　岂肯罢休
先生打　不过是　学规责究
父母打　动真情　怒结咽喉
虽贪玩　不过是　年纪八九
父母心　虽怄气　还有叹头
待等到　十岁外　二十之后
怕的是　年纪大　自做自由
那时节　也会去　结交朋友
那时节　好歹事　也会应酬
倘若是　结交着　好朋好友
过相规　善相劝　声气相投
怕的是　不择人　不知好丑
近朱赤　近墨黑　会去效尤
又怕的　被歹人　前来引诱
好一似　深潭里　设下钓钩

与人交　甜似蜜　手挽着手
或打数　或掷骰　不顾害羞
输钱人　他只为　赢钱起首
输钱人　心儿里　百计营谋
倘若是　家富足　不致出丑
怕的是　家贫寒　去把人偷
自古道　奸近杀　赌近盗寇
子不肖　连累着　父母含羞
又怕的　好贪淫　猜拳吃酒
每日里　在醉乡　正事不谋
又怕他　恋女色　男女授受
落在那　迷魂阵　不知回头
又怕他　结交着　吹烟朋友
年纪轻　上了瘾　干筋瘦猴
又怕他　血气刚　好争好斗
动不动　就称能　雄气纠纠
又怕他　前世冤　窄路相逢
打死人　告到官　定做罪囚
受尽了　千般苦　披枷戴扭
父和母　只气得　吊颈抹喉
又怕他　没天理　大秤小斗
又怕他　忘根本　偷马盗牛
以上的　概都是　人生疾疢
父母心　无一时　不带忧愁
待成年　要为他　选亲择偶
自请媒　到了那　迎亲之后
不知道　费尽了　许多绸缪
请媒人　不住的　作揖拱手
买糖食　和乳膳　带礼要周

或骑马 或坐轿 诸事讲就
跟随的 常不离 使用丫头
媒人去 又怕的 女家变口
得来了 口八字 才把心丢
请先生 合八字 子午卯酉
红八字 得来了 方才不浮
合得婚 才备办 耳圈宝扣
光阴速 又到了 摽梅之后
自古道 男大婚 女大难留
择定了 好日子 良辰吉宿
请媒人 到女家 去把亲求
说亲时 媒已曾 夸下大口
到迎亲 只得是 苦苦哀求
过财礼 莫奈何 告借亲友
钱不就 方动了 祖根遗留
典房屋 卖地基 或典园囿
抑或是 卖山地 或卖田丘
前几月 订碗盏 又订吹手
雇轿子 还要雇 抬轿班头
买柴米 买蔬菜 油盐茶酒
少一样 也不得 买办要周
到如今 风俗变 不同古旧
闹门面 爱的是 牌子虚浮
八大碗 平头席 还不合口
还要加 二三盘 山珍海头
说不尽 迎亲时 难以讲透
父母心 亦非是 可以无忧
殊不知 迎亲后 更难丢手
再把那 焦心处 细细搜求

焦媳妇 不会那 女工刺绣
焦媳妇 不会那 灶脑锅头
焦的是 不和睦 妯娌结仇
焦的是 好偷闲 东走西游
焦的是 好懒膏 门外闲游
焦的是 不知道 留前积后
焦的是 不惜省 柴米油盐
焦的是 不和睦 婚后离休
更望者 子生孙 承前启后
领孙男 和孙女 以度春秋
焦的是 无子女 断宗绝后
不焦心 除非是 闭了眼口
不焦心 除非是 死后方休
父母恩 果真是 天高地厚
为人子 念及此 岂可远游
吾腾冲 出门人 十有八九
任你说 任他讲 难以深留
讲一讲 离别情 分别之后
古言道 分离事 万般凄愁
数月前 不住的 吩咐勉诱
叫一声 我的儿 细听根由
非容易 抚养你 十七八九
要常时 把父母 记在心头
在程途 切不可 与人争斗
一路上 切不可 与人结仇
酸冷物 不可吃 十分忌口
以免得 生疾病 使我心忧
过夷山 要留心 凶恶野兽
最要者 要留心 骑马乘舟

无伙伴 切不可 独自行走
怕的是 遇歹人 反被来谋
到瓦城 你去把 某人来就
尚咐他 找与你 一个门头
年轻人 切不可 性高气抖
结交人 切不要 心高气浮
与人交 要交那 正经朋友
遇着那 不好的 切莫效尤
见长者 要恭敬 徐行在后
凡说话 莫高声 气性温柔
学夷话 要留心 常念在口
学写算 要时刻 记在心头
做生意 要公平 不欺老幼
切不可 使尽了 奸巧计谋
挂账簿 要留心 以免遗漏
放外账 要脚勤 时刻催收
买货物 要分清 贵贱好丑
有起跌 要打算 当卖当收
第一件 切不可 吹烟吃酒
第二件 切不可 懒惰闲游
有花街 和柳巷 不可乱走
切不可 效他人 赌钱抽头
切不可 忘天理 大秤小斗
切不要 使奸巧 轻出重收
凡事务 要领教 先达老叟
切不可 自称能 自作自由
做好人 自然有 上天庇佑
行好事 自然有 天地鸿庥
得了利 莫深贪 即当脱手

切不可 心不足 不知回头
一二载 即速转 不可住久
纵去远 亦只可 四年三秋
哪一件 不叮咛 吩咐嘱透
为人子 念及此 岂可远游
又讲道 枕边事 夫妻分手
提起来 出门事 气破咽喉
听说是 夫出门 暗地忧愁
枕边上 不时的 珠泪常流
是姻缘 奴与你 终得配偶
生同床 死同穴 一竿到头
奴只望 与夫君 百年聚首
谁知道 半路上 把奴来丢
从此去 有苦甜 与谁讲究
从此去 家务事 有谁应酬
最要者 不可贪 外国花柳
老缅婆 望夫君 视之如仇
吾腾冲 安家人 通明彻透
半达子 好一似 鹦哥猿猴
奴望夫 早回归 甜苦共守
你丢奴 去一年 犹如三秋
堂上的 公婆老 年纪衰朽
膝下的 儿女幼 谁是管头
家中事 奴虽然 粗知好丑
纵能为 奴终是 一个女流
自古道 一夜恩 夫妻深厚
百夜恩 好一似 海洋深由
说不尽 结发情 夫妻分手
念及此 亦当要 急早回头

起身时 在堂中 忙忙叩首
一家人 话难说 气哽咽喉
抛父母 别妻子 吞声独走
众亲友 同送到 官坡路头
官坡头 好一似 阴山背后
过此地 把家乡 一概全丢
别练人 亦非是 不往他走
住的是 中华地 何等优游
我乡人 住瓦城 辛苦尝透
最凶险 过夷山 时刻担忧
在从前 不过是 要些烟酒
或讲事 或要稍 阻住路头
到今朝 才算是 抢人贼寇
动不动 就放枪 就使戈矛
让不开 扎起营 两下争斗
或打散 或赔事 终把兵收
也有那 围困到 数日之后
粮米尽 只饿得 口水长流
受饥饿 受风霜 面黄皮瘦
到八莫 又焦着 过水乘舟
怕的是 船只小 木头腐朽
又焦着 投江边 遇着漂流
又焦着 遇大坡 躲着贼寇
半夜里 不提防 来把人谋
世上的 凶险事 虽则广有
自古道 三分命 骑马乘舟
性命儿 交与天 无容自守
身子儿 好一似 水上萍浮
一路上 凶险事 明如窗牖

念及此 也不当 贪念远游
无非是 一概的 不肯回头
亦非是 一概的 贪念他州
为的是 风俗变 无人急救
为的是 太奢华 心向虚浮
于中的 坏事处 贫富皆有
你学我 我学你 一概效尤
有钱的 贪心重 不知足够
有一千 想一万 不肯罢休
古言道 儿孙福 儿孙自有
又何必 苦苦的 去做牛马
想人生 纵命长 不过百寿
为什么 常怀着 千岁之忧
吾手中 古人言 概已说透
风水浅 十个山 九个无头
自古道 富与贵 眼前花柳
再加之 不义者 一似云浮
想人生 气和运 有好有丑
财本是 公众物 有散有收
倘若是 天晴时 不肯去走
怕的是 直等到 雨水淋头
你有如 留下那 银钱田亩
何不如 积些德 世代不休
世间事 原不假 概不虚谬
只有那 行好事 万古千秋
劝列翁 找得钱 即早回首
当抱着 古人言 勇退急流
有父母 得孝顺 无过无咎
有子女 得教训 和顺刚柔

一家人　得团圆　时常聚首
这才是　天伦乐　无焦无愁
又把那　无钱的　细细讲究
于中的　坏事处　有个来由
古言道　货高低　人分好丑
百个人　有百心　三教九流
或为那　贫寒家　无人怜佑
或为那　受困苦　难返故州
有一等　把俗言　常常讲究
非是我　不回去　有个来由
出门时　门坎低　容易行走
进门时　门坎高　实在含羞
因此上　数十年　不肯回头
亲望子　岂计较　有与不有
妻望夫　更欢喜　岂肯相仇
古言道　茶不涨　另移左右
回家来　又另找　一个门头
有一等　会买卖　生意盛茂
偏偏的　遇歹人　来把他勾
坏事处　非一件　约有八九
第一件　最坏是　柳巷花楼
烟花巷　虽说是　中外皆有
比不得　阿瓦城　容易应酬
一钱银　就中了　状元魁首
进十场　有九场　名扬九州
倘若是　染着那　杨梅疮疾
众亲朋　定将他　逐赶下楼
独一人　卧床上　好似停柩
送茶饭　用笤笠　远远送就
怕的是　闻着他　那点气臭
此才是　无人救　独坐罪囚
一见了　此等人　忙捂住口
远远的　就让他　好似有仇
在瓦城　中状元　真不如狗
请想想　此项事　羞与不羞
倘若是　请着那　太医高手
不过是　受些苦　疾病皆瘳
倘若是　请着那　太医将就
把水银　用重了　钻进骨头
有一等　线坏了　耳鼻眼口
有一等　线坏了　脚手指头
有一等　线坏了　脚底通漏
人不成　鬼不似　好像活猴
成了那　无用人　如木之朽
一世人　从此去　概已罢休
着了手　不知悔　反把人诱
他说是　不消怕　有药易瘳
摆白话　背古今　翻足舞手
果真是　中状元　名扬九州
中一次　中两次　还不知够
要等到　两脚伸　才肯罢休
劝列翁　未犯者　加上操守
曾行者　当猛醒　急早回头
自古道　万恶事　淫为魁首
有心猿　和意马　紧紧快收
又惜钱　又惜福　又无过咎
不数年　定能得　回转故州
孝父母　教妻子　团圆聚首

一家人　无忧虑　何等悠游
第二件　为安家　重把婚媾
老缅婆　真果是　害人精猴
传烟筒　传芦叶　甜言哄透
梳油头　搽粉面　把你来逗
落在那　迷魂阵　无人去救
好一似　鲤鱼儿　上了钓钩
有丈人　和丈母　要你承受
有舅子　姨老太　供养要周
有银子　喊慈鸦　幸字在口
话又甜　口又软　卖尽风流
有钱的　安了家　还不见究
无钱的　安了家　难从下楼
手艺人　要时刻　勤脚快手
生意人　要会算　要会应酬
找得钱　只够养　缅婆家口
父和母　妻与子　付之东流
想回家　依然是　清风两袖
左一年　右一年　难返故州
无钱时　骂得话　实在丑陋
千奎谬　万奎谬　奎谬得由
一家人　上前来　一齐动手
用帕拿　打嘴巴　跨上馒头
今也骂　明也骂　打骂已够
去官家　用些钱　把你来丢
又有等　色痨鬼　不知良莠
纳着了　卜死鬼　难得干休
到晚来　他魂魄　变猫变狗
用特们　盖着了　汉子之头

想回家　又怕她　做与脚手
纳着了　此种人　难返故州
想吃穿　她才与　汉人配偶
好女子　她岂肯　来嫁得由
劝列翁　第二件　莫安家口
惜省下　此项钱　早回故州
父母欢　妻子喜　团圆聚首
这才是　一家人　无虑无忧
第三件　吹鸦片　普遍宇宙
好一似　刀兵劫　来把你收
明明的　是火坑　偏要去就
上了瘾　才知悔　难以罢休
中国地　外国地　各处皆有
贫与贱　富与贵　贤愚皆周
有钱人　吹鸦片　算来不丑
众列翁　请听我　细说根由
买烟时　不问价　只问好丑
若烟好　不惜价　多多买留
熬烟时　头底火　将它烤透
煮一次　煮二次　即把它丢
平床上　铺得来　四五寸厚
好被盖　好垫扎　绣花枕头
满牙枪　银鞍子　玉石吃口
玻璃灯　新式灯　各样搜求
铜沙斗　银门斗　墨石广斗
伞骨签　喜欢它　有刚有柔
好烟盘　上画着　飞禽走兽
上镶着　金银宝　海螺骨头
金烟盒　银烟盒　配成对偶

坝子油　烟子大　要点茶油
好糖食　好果品　常摆左右
好果子　喜欢它　浸润咽喉
好糕饼　好糖食　十全药酒
酒饮后　又更换　香茗一口
唤添油　唤泡茶　不住叫吼
他身边　常不离　使用丫头
过瘾时　约几个　知心朋友
摆的是　龙门阵　曲尽绸缪
你三口　我三口　他又三口
好一似　走马灯　刻不停留
不多时　又到了　宵夜时候
调口味　少不得　美味珍馐
炒仔鸡　炒腰里　加上葱韭
合口菜　第一的　薄片猪头
小二碗　常不离　六七八九
摆齐整　下床来　才把枪丢
才坐下　拿起筷　一齐动手
好一似　牢狱中　放出罪囚
吹烟人　吃饮食　好似豺狗
吹烟人　吃饮食　好似狼虎
吹烟人　饭后瘾　十有八九
不吹烟　怕的是　饮食停留
因此上　多吹到　通宵达昼
不数年　改形象　好似活猴
嘴皮儿　好一似　黑漆染透
项子儿　好一似　铁打秤钩
头发儿　一半毡　好似扫帚
脊背儿　似驼子　常把头勾
脚上的　肮脏儿　一寸多厚
衣服上　挂招牌　烟屎常流
白日里　不起床　似有疾疚
到晚来　点起灯　雄气纠纠
任随你　家富豪　银钱广有
不数年　吹尽了　父母遗留
你一口　吹尽了　良田百亩
你一口　吹尽了　大厦高楼
你一口　吹尽了　房屋园囿
你一口　吹尽了　坟地山丘
你一口　吹尽了　妇人衫袖
你一口　吹尽了　父母狐裘
你一口　吹尽了　猪羊鸡狗
你一口　吹尽了　骑马耕牛
但是物　都能进　小小风口
这就是　吹烟人　好下场头
无钱人　吹鸦片　实在更丑
请听我　一一的　细说根由
每日里　要往那　烟堂走走
烂席子　烂铺盖　土基枕头
或明灯　或蛋壳　烟膏糊透
翻塘烟　七八次　还不甘休
一钱瘾　吹五分　本来不够
将烟子　闷下肚　紧闭咽喉
那烟子　丝厘毫　不容出口
忍着气　只挣得　眼泪常流
急忙忙　拿茶壶　呷口到肚
父母叫　不肯动　还要岔口
进烟堂　尽人使　全不知羞

尽人喊　尽人唤　脚不停留
好一似　烟堂中　养的走狗
不过是　凑合得　烟吹几口
家中的　衣食事　不在心头
柴和米　也不管　有与不有
吃淡饭　不计较　肉菜盐油
穿衣服　不顾惜　捉襟见肘
只要他　将烟钱　整得到手
点起灯　缩起脚　万事皆休
又有等　向老婆　常伸着手
倘若是　要不得　暗中去偷
偷钗环　和首饰　衣服衫袖
偷鞋子　偷裹脚　去换烟油
或扭锁　或开柜　如同贼寇
为吹烟　不和睦　结下冤仇
又有等　小气儿　银钱广有
吹的是　下作烟　全不知羞
自己的　吹五分　尽可以够
他人的　吹几钱　还不甘休
埋着头　吹的是　太平烟口
吹一个　睡仙鹤　不肯抬头
吹到了　三五更　机关识破
脚步响　吹熄火　假闭双眸
到这家　不得吹　二家走走
他不管　路远近　天晴雨流
或人多　挤不上　伺前等后
他不得　吹几口　死不甘休
此鸦片　可以定　人之好丑
此鸦片　可以定　人之下流
此鸦片　害得人　疏亲慢友
此鸦片　害得人　礼仪全丢
此鸦片　害得人　廉耻没有
此鸦片　害得人　干筋瘦猴
读书人　吹上瘾　不把学就
和田人　吹上瘾　误了耕收
手艺人　吹上瘾　气力不有
生意人　吹上瘾　误了营谋
不吹烟　尽可以　供养家口
惜省下　此项钱　急早回头
孝父母　敬哥嫂　团圆聚首
这才是　真快乐　无虑无忧

一更鼓儿天，鼓儿一更天，是谁制造此鸦片？不多年，中外传染遍。日难三餐夜难眠，骨瘦如柴病恹恹。此烟害，害的人不浅。

二更鼓二先，鼓儿二更先，吹烟子弟不值钱。瘾来时，若有不方便，眼中流泪口吐涎，无烟来吃叫黄天。有谁怜，只把当初怨。

三更鼓儿吒，鼓儿三更吒，枕上看花实可夸。拚此命，也把瘾上罢。今想它来明想它，日宿烟堂不归家。昏似鸦片，把那招牌挂。

四更鼓儿敲，鼓儿四更敲，呼朋唤友引类到。祖遗留，田园吹尽了。父母怒拷妻子嘲，痨虫血食时不疗。这煎熬，越思越恸悼。

五更鼓儿终，鼓儿五更终，切磋琢磨要用功。忆当初，错把心事动。配合参茸歼烟虫，跳出苦海走蛟龙。此心血，愿与人人共。

第四件　为赌钱　贫人所有
自古道　十个赌　九不甘休
赢不上　几十文　拿起就走
到输时　急搬本　不肯回头
生意人　当空子　古言说透
或现钱　或点货　不能停留
做生意　折了本　有人怜佑
一回找　一回折　本利全收
输了钱　实难以　向人开口
纵开口　不过是　白白哀求
想找本　没有钱　只得抱手
做生意　无人扯　怎样营谋
又嫌那　做生意　长头将就
岂比得　赌钱人　本利两收
因此上　为赌钱　正路不走
为赌钱　将生意　一概全丢
在从前　虽说是　有赢时候
到如今　打字的　有出无收
输的少　赢的多　将人哄透
好一似　置窝弓　放下羊油
出帖子　明明的　是一个狗
开时候　偏偏的　会是泥鳅
此一事　实在是　通明彻透
为甚么　解不开　其中原由
为打字　输钱的　十有八九
劝列翁　快猛醒　及早回头
生意钱　血汗钱　才得长久
惜省下　此项钱　早回故州
一家人　笑哈哈　团圆聚首
也无忧　也无虑　也无焦愁
第五件　为懒惰　东游西走
左一年　右一年　正事不谋
手艺人　做活路　怕动脚手
帮他人　做小伙　又说害羞
做生意　又不肯　时刻坐守
坐不上　半时辰　即把铺收
或闲游　或睡觉　午时到酉
不数年　把本钱　付之东流
又有等　小生意　说他将就
大生意　又无本　难以营谋
这里耍　那里游　年深日久
舍家乡　如敝履　一笔销钩
古言道　男子汉　莫为盗寇
百样事　可以为　有甚害羞
富与贵　皆由那　勤苦而有
哪一个　懒惰人　造就狐裘
当号爷　多由那　伙头出首
大丈夫　原要会　为刚为柔
运不来　当要思　守时耐久
想一想　我出门　为甚原由
为的是　家贫寒　才把外走
要把那　家中事　记在心头
存好心　自然有　上天默佑
不数年　一定得　回转故州

以免得 父和母 时刻焦忧
父母恩 劬劳德 须当报酬
第六件 爱吃穿 本分不守
闹牌子 耍门面 一概虚浮
结交的 尽都是 酒肉朋友
上汤铺 进酒店 曲划绸缪
或一元 或八甲 顷刻消售
你请我 我请你 彼此相酬
莫乱说 些小事 何须讲究
自古道 积狐腋 可以成裘
布衣服 不合伙 以为丑陋
也不分 有与无 概闹丝绸
在从前 掌事的 老板魁首
哪一个 效今时 概闹丝绸
精细的 数十年 还穿不旧
父传子 子传孙 得以遗留
布衣服 只怕是 披襟挂肘
又何必 费尽心 爱闹丝绸
穿与吃 若能够 效得古旧
将此项 枉费钱 积攒存留
回家去 孝父母 承欢左右
回家去 教子女 快乐无忧
第七件 回家去 不惜所有
起身时 买送礼 心里思筹
离家乡 别亲友 已经年久
空着手 回家去 实在害羞
任随你 无有钱 手头将就
多少要 买一点 才肯回头
礼物轻 还说是 拿不出手

接礼的 亦非是 白白而收
或买肉 或买蛋 两家授受
你请我 我请你 彼此相酬
这家请 那家请 吃饭吃酒
亦不是 白白的 即肯罢休
待等到 酬答人 更在棘手
怕的是 请漏人 被人怨尤
请亲戚 请家道 还请朋友
八大碗 不合口 还加海头
在从前 请朋友 吃饭吃酒
或嫁娶 或春客 有个来由
到如今 风俗变 不同古旧
也不分 有甚么 春夏秋冬
也不想 出门时 苦辛尝透
到了家 粮米钱 好似水流
用尽了 又打量 阿瓦走走
父和母 妻和子 难以深留
不送礼 不请客 哪一个有
劝列翁 齐戒了 此等应浮
惜省些 此项钱 供养家口
多在家 坐几年 快乐春秋
第八件 变风俗 仍归古旧
或娶媳 或嫁女 莫要虚浮
或人情 或拜仪 亲戚助佑
自古道 园中菜 胜过珍馐
平头席 只要会 整得合口
无非是 换下二 彼此相酬
布衣服 若合身 只要清秀
胜过那 绫罗锦 各样丝绸

嫁女儿　无非是　择婿好丑
岂计较　礼物轻　周与不周
财礼轻　买妆奁　将就将就
女儿家　也不可　多要多求
嫁人家　望的是　长长久久
贫与贱　富与贵　前世所修
又讲道　竖房屋　或做生寿
空着手　去贺人　又说害羞
费了钱　去贺人　又不肯受
这风俗　不知道　何人为首
父母丧　也不论　有与不有
贫与贱　富与贵　一概效尤
在如今　送礼物　更好应酬
走去到　十字路　各铺就问
或元红　以白糖　橘饼包头
借到手　又说是　不接周就
每一包　补十文　功夫币头
拿到家　用吊篓　提起就走
假送礼　这礼物　各用机谋
显人情　强鸦鸦　实在流连
你递我　我递你　不住舞手
心内里　惟愿他　不要接受
此虚情　此假意　还送个求
想此时　这风俗　真真坏透
贫与贱　富与贵　一概效尤
吾乡中　奢华事　难以讲透
愿列翁　遵古礼　莫向虚浮
将这些　奢华事　供养家口
以免得　常在外　父母焦愁

第九件　妇女们　亦当积手
自古道　男人找　女人积留
别寨的　妇人家　纺织为首
吾乡人　爱的是　粉面油头
走东家　到西家　花麻料口
巧梳妆　怪打扮　全不知羞
钱用完　又请人　修书问候
望夫君　早汇来　不可停留
汇不到　由家中　告借亲友
写汇票　到阿瓦　如数全收
也不管　在瓦中　有与不有
也不管　在外的　怎样应酬
嫁丈夫　原只望　百年聚首
当思想　出门时　苦楚忧愁
倘若是　勤纺织　供养家口
以免得　在外的　内顾之忧
今年攒　明年积　无有遗漏
不数年　一定得　踅转回头
父子亲　夫妇顺　团圆聚首
以免得　守孤灯　独卧寒绸
以上的　九件事　传染已久
望列翁　变风俗　及早回头
吾乡中　住瓦地　福一祸九
只消看　阿瓦城　土冢坟丘
想原由　吾腾越　分别丁口
吾乡中　谅不至　如此虚浮
别练人　一家中　传有八九
吾乡中　人与物　陆续折扣
此一事　自可知　出门好丑

此一事　自可知　祸福原由
又兼那　勤俭的　才能富有
并非是　现成的　走到即收
做生意　费心力　思前想后
或买货　或卖货　时刻营谋
或手艺　或帮人　不住跑走
天气热　只晒得　汗水长流
起五更　睡半夜　谁人怜佑
在家中　谁人肯　如此应酬
在家中　谁如此　勤脚快手
一生的　穿与吃　又何焦愁
读书人　肯用心　将书读透
自古道　黄金贵　书中搜求
种田人　勤耕种　工夫用够
到秋来　自然得　加倍丰收
手艺人　用苦心　不停脚手
到秋来　自然得　名传九州
生意人　能勤俭　赶街跑走
早晨去　晚间来　有何忧愁
在家中　能如此　勤脚快手
石头山　割茅草　也是门头
在从前　割草的　十有八九
或二十　或三十　各有同俦
石头山　是吾乡　田园万亩
勤快的　数口人　衣食可谋
从先年　去得远　才割得够
在左近　没有草　概是石头
到如今　不消远　柴草深厚
为的是　无人割　兼没马牛

最害人　鸦片烟　捆住脚手
劝列翁　急猛省　赶紧回头
再把那　出门的　重言讲究
一概是　住家的　也难应酬
吾乡中　田地少　而且薄瘦
有一个　好办法　献与同俦
两弟兄　分一人　往外游走
或者是　兄弟多　更难应酬
在家的　也不好　闲游背手
或士农　或工商　找个门头
第一是　年纪在　十七八九
年纪轻　学夷话　才会得周
住得了　三四年　即便回头
回家来　娶妻子　又再营谋
戒奢华　要节俭　承先启后
待等到　三十外　才往外游
那时节　家中事　可以脱手
有父母　与妻子　代为应酬
膝下的　儿和女　有人教诱
为人生　在世上　方才不浮
抑或是　常在家　团圆聚首
训儿孙　耕与读　世代传流
常言道　出门苦　在家福厚
又何必　常在外　百计营谋
我本是　道中人　苦辛尝透
才把这　俗言语　劝劝众俦
愿列翁　看此书　莫嫌浅陋
做一盏　暗室灯　启我述尤
想人生　存天理　忠孝为首

戒邪念　存正道　何等悠游
本分人　自然有　上天垂佑
家发达　子孙贤　快乐无忧
行善事　善相报　古言不谬
学一个　完全人　世代名流
无数的　好格言　圣贤说透
只有那　为善的　万古千秋
将这些　粗俗言　申明重究
造一本　迷津筏　渡上瀛洲

诗一首

人生何必利名牵，客路风霜非等闲；
急早省身归故里，一家和乐赛天仙。

诗词

竹枝词

〔清〕尹艺

担水河边汲水时，婵娟照影泪如丝。
轻风飘堕梨花雨，流到骠城君未知。

偎枕风萧雨又凄，梦郎归自瓦城西。
懊侬最是长鸣鸟，不管人愁故早啼。

怀和顺

〔清〕董大纯

平生踪迹少留连，偏与君乡最有缘。
十载琴书三去住，教人别后不缠绵？

交游到处有余欢，把酒谈心到夜阑。
谁信繁华辐辏地，不嫌此客是儒酸。

庚子书事

〔清〕张成濂

运会而今际极难，都缘傀儡竟弹冠。
修文妄摩涂山胜，舞剑空歌易水寒。
玉帛交繁王道蹙，干戈局变海门宽。
藩篱撤尽危堂寝，那得支颐袖手看。

凤图龙楼一炬空，未央盍鉴阿房宫。
六飞气夺函关紫，三月花残翰苑红。
故和便宜秦桧计，靖边无复卫青功。
中兴若幸英雄出，定卜新猷振旧丰。

科第人才滥极今，莫分伪石混真琛。
谁为力雪斯文耻，斯志能坚大节临。
时局已成骑虎势，运筹宁负卧龙心。
满怀载吟赓飏曲，聊寄名山抱膝吟。

闻中日议和成

〔清〕寸辅清

忽忽一战遂云和，贻误国家此举多。
未见贼踪惊鹤唳，陡闻天险倒银河。
牵车犒愧全权力，割地蒙羞壮士歌。
漫道偷安真上策，海天何日不风波。

吊故缅王宫

〔清〕尹子章

尘头忽地起西风，铁样都城一炬空。
夜夜怜他旧时月，孤明犹照上阳宫。

油油禾黍满宫廷，徒剩明山半幅青。
为问安乐公在外，有无思蜀感飘零？

剩水残山夕照余，凄凉风景不如初。
谯楼顶上凭高望，一片腥膻鬼子车。

久知王气属江东，千百年来势尚雄。
何事西人三尺剑，割来都付夕阳中。

蔡家寨有感

〔民国〕刘启性

壬午五月十日至蔡家寨视弱小难民麇集一日数惊甚可惨也

世乱居难稳，移家就远村。
逃罗鸟始聚，避弹麃频奔。
树密云常暗，山深日易昏。
鸱枭声晚动，未夕闭柴门。

采宝碑

〔民国〕刘启性

在抹谷上猛弄半山间，石屋一区乃明朝嘉靖年间大珰采宝宿此

大息天公不自珍，贪夫觅宝贼齐民。
只今抹谷山头路，一读荒碑泪满巾。

虎窟蛇乡万役横，西南罢嬴不聊生。

五光斗量还嫌少，国破珠亡主几更。

无题

〔民国〕寸翊清

寸及三先生于辛亥十一月自忠孝古寺得老桂皮一片无枝无叶移栽家中次秋公然开花亦奇香也

不羡燕山桂，孤芳又一家。
直疑前代物，特放自由花。
奇话蟾宫折，荣争宝树夸。
当年秋八月，应悔误浮槎。

轻黄点点点新枝，独木竟将大厦支。
最是香横人静后，洞箫吹彻夜明时。

和顺乡竹枝词

〔民国〕李景山

和亮卿表弟之作

嵌云叠字趁新妆，珠翠迷离压鬓长。
光到门楣能有几，累人都是女儿箱。

平挽乌云样学苏，入时转不费工夫。
更余短鬓工齐剪，照见蝤蛴玉不如。

日斜月上晚凉天，女伴相邀汲井泉。
担水一肩行不碍，金莲步步亦堪怜。

尺纱障面绮罗香，知是谁家新嫁娘。
满月归宁旋又去，嘤嘤犹自泣成行。

梅雨薰风廿八景，比邻儿女伴相循。
寄声小妹丁宁记，阿姊明年作主人。

雅戏春闺快若仙，身轻飞燕影翩翩。
一声送罢乘云去，簇簇莲钩要到天。

瑞波城怀古

〔民国〕尹梓鉴

深固濠城筑瑞波，英名世世壮山河。
东收掸地彝输甲，西略阿疆众枕戈。
以猎为生林自武，恃强攘外政除苛。
平民崛起朱明媲，凭吊于今感慨多。

国亡种贱不知愁，一代英豪付水流。
陵碣抛残成倒卧，故宫倾圮作牢囚。
穴藏狐兔犹滋乱，地遍鹰鹯自召仇。
若使扶苏能继立，那教秦社遂亡休？

无题

〔民国〕尹梓鉴

来凤山反攻和顺青年奋勇引导地方具餐飧军书此纪之

力鲜缚鸡战未参，只因仇敌死情甘。
陟升冒险冲飞弹，隐伏潜行疾脱骖。
劳饷调羹勤妇女，愤忧赴难好儿男。
能赢爱国夸司令，羡胜他乡鸟散惭。

八莫与杨秋帆振鸿话别

〔民国〕张德溶

执手江头送客舟，绸缪与子话衷愁。

天涯各抱筹边志，欲复春秋九世仇。

丙戌仲夏大水

〔民国〕张德溶

丙戌岁六月十二十三日村前大水，似诸湖。拟扁舟湖中效忘和之浮家鸱夷之泛湖，小咏四章。(选一)

余却莲湖放钓舷，满法风雨一川连。
四方马道迷山脚，十万人家云水边。
烟起村村炊饭晓，浪翻叠叠想帆悬。
今年谷稻失丰兆，秋后冬前看野田。
山田不经湮没，半多可望丰收。

和顺乡居吟

〔民国〕李根源

山寺闲居，随笔涂写，成诗六十章，或于乡中掌故名物有关也。选四十五首。

天与佳山水，五姓寸、刘、李、尹、贾，皆四川人初结庐。缔造六百载，富庶有谁如！

巍峨望南山，中空喷火口。不知何岁年，乱石飞天走。

江流萦九曲，“桥头老爷开”。斯人具慧眼，救贫再世来。“桥头老各”，明鸿胪寺序班寸玉也，正德间开挖大盈江河道，暗与奇循合。

清浅三合河，盈江东侧蕉溪村小山脚下，有三合河，又名浞观河，纳来凤山下所出泉曰中河头、元龙潭、酸水沟，三水汇流，至张家坝前入盈江。河上生蘅芷。根源谓子鬯曰：“老弟号芷谷，君何不号蘅谷？”子鬯默然笑曰：“好！”但终不见一用。最奇酸水沟，水酸若梅子。

主山駁马坝，五姓安祖坟。葬五姓开创祖寸庆、李波、尹图公、贾受春、刘继宗诸公墓。文章魁多士，汗马尚少人。

高谷石洞三，曰蟠龙洞、曰景福洞，曰奎山石屋。烈余石洞四。曰雪窦，曰云门，在绍春园；日鹦鹉洞，在天马峰东南，距绍春园约二里；曰大鹏洞，在天马峰西南白果洼，距甘蔗寨约三里，瑰奇广大，为七洞冠。天马，烈余山主峰。烈余总称石头山，全

山之名，直至中和、明朗两乡。天马峰顶有张书绅母墓，咸丰甲寅董大醇书碑。重兹太古迹，摩壁各题字。

明月潭千尺，高楼树一窠。刘公荫堂《元龙阁》诗："灵源绿养潭千尺，幽谷青团树一窠。"今乡人作楹联刻悬山门。余袭取六字。临水亭子畔，老鬯发高歌子鬯有《元龙阁》诗六首。

古寺中天寺，德山作道山。广栽桃与李，花开镇彝关。寸德山先生式玉，教学寺中最久，进士江舻亦出其门。

绿柳护芳塘，荷开黉舍香。水清鱼游乐，奚必觅沧浪！益群中学，民国二十九年春创立，校长寸树声，历今十年，先后毕业升学三班，现有中学生百七十余人。

河上天禄阁，卷藏十万多。曾历兵火劫，倭儿不奈何！和顺崇新会在乡及旅缅会员，于民国十三年创办书报社，逐渐扩充为图书馆。民国二十六年改建新馆室，气象轩敞，设备周至，管理严整，藏书之富，云南全省乡村图书馆第一也。

南拊宝峰背，南峰秀可餐。平铺三十里，余游中和乡归来经此，数度停舆盘桓。地之广平可住数百十户，惟惜水不足耳。鹅笼几回看。明儒吴执斋、吴协卿先生父子后裔，住鹅笼者二十余家。

续来又五姓，张赵许钏杨。张，湘籍；赵、钏、杨，南京籍；许河南籍，元儒许衡裔。商场争印缅，声誉满胶庠。

杰出寸玉老，敕书下九重。正德碑尚在，瑰宝重腾冲。壬寅春，在京得尹彦卿先生及其子文和自腾冲来书，并寄明武宗赐鸿胪寺序班寸玉敕书石刻碑文，此为和顺乡今存最古石刻。碑文如下："奉天承运，皇帝敕曰：鸿胪之职，仪礼是司，顾惟传译之官，实重柔远之任，兹惟慎选，务在得人。尔鸿胪寺序寸玉，蚤究儒书，兼通译语，发自庠序，列职京朝，当廷引奏，动合彝章，随事效劳，而举无遗愿，历年兹久，考绩惟勤，宜有渥恩，以褒示劝。兹特进尔阶，登仕佐郎，锡之敕命。于戏！官不计崇卑，必求其称；事不论难易，务底于成。益究乃心，以俟明陟。钦哉！正德十一年五月二十一日。"

明创四夷馆，通译来百蛮。上京鸿胪寺，济济九序班。永乐朝始设四夷馆，掌翻译四夷朝贡语文。敕云南、陕西镇守等官，访取精晓鞑靼、西番、百夷语言文字，兼通汉字之人，选送赴部，量授官职。腾冲有寸文斌、寸玉、寸惜云、寸登云、刘国献、寸肤养、贾武、寸秉东八人、先后授鸿胪寺序班，寸应官授四夷馆教习。见明京山王宗载《四夷馆考》。

朝贡遣使臣，代言用通事。当时有李荣，殿上赐金紫。光绪元年二月，细句国王孟顿遣使直也驮纪、扪腊、们甸沮素，赍捧金叶表文一道，长寿圣佛一尊，驯象五只，象牙一对，红宝石手箍二道，玉石三块，金箔一万张，云香八斤，降香八斤，红檀香九斤，梅桂水十瓶，梅桂油十瓶，贴金镶镜盒子八个，大缅盒四个，小缅盒五十个，象图九张，孔雀尾十五瓶，十二月到京，次年回国。赐该国王敕书、文绮及使臣、通事等彩币有差，李枝荣得锦缎一幅。枝荣，世昌父，通缅语文最精，此次入贡皆枝荣参划，颇得体，李珍国亦称其干练有为，归后缅王颇敬，礼之不衰。道光朝随缅贡入京通事，有尹士楷、尹天民，亦极有名，天民与州牧周澍交善。

成化年十六，普应土主陆住持僧铸庙钟铸匠钱亣造。具名百有八，钟上题名共十二姓：李姓三十四人；寸姓二十五人；刘姓十九人；尹姓十四人；贾姓三人；张姓五人；杨姓三人；赵姓一人；钏姓一人；丘姓二人；番姓二人；冯姓一人。共有百零几人，无许姓，是时当尚未迁来也。丘、番、冯姓今无。领衔老尹忠衔署致仕千户。此为乡中吉金之最古者，各姓宗祖，多列有名，千户尹忠，百户刘浩，镇抚刘谦，均见越州厅志。按：洪武十五年三月，沐英定金齿，腾越入明。二十三年置腾冲守御千户所，隶金齿军民指挥使司。正统十年，麓川善后，升为腾冲军民指挥使司，直隶云南都司，仍领千户所。嘉靖二年，设越州，改军民指挥使司为腾冲卫。则此钟去洪武定腾之年九十八年，先阳温登水利述五十六年。此百五十年中只留得此迹，且略而无文，考古者不无遗憾焉。

石刻孰最古？应数阳温登高九尺阔三尺。文虽成没字，篆额足可征。碑额篆："腾越州阳温登乡创兴水利述"十二字，完整可读，余文全泐。按腾越置州，隶永昌府，在明嘉靖二年，则此碑必立于嘉靖二年以后。寸玉开挖盈江，乃正德间事，碑立于嘉靖，相距不远，亦合，且知阳温登为当时州之一乡。余意阳温登之名，或起于当日土住，五姓沿用之，今日亦应相沿并存，如苴兰、哀劳、牂牁、夜郎、句町、弄栋、青岭、楪榆、朱提、堂狼之类。和顺乡名，意必始自清初。

占得八乡榜，举人寸式玉、张成濂、寸性安、刘宗鉴、寸辅清、张德洋、副榜寸禧诰、寸曜磐。又选三拔贡寸鸿磐、李见龙、寸品升。秀才四百人，明贡、廪、增、附尹愿等六十三人，清贯汾等三百五十人，共四百零三人，姓名详载道光二十九年尹祖澜《和顺科甲题名碑》。不少丹山风。

曰"白发朝仪"，武桥邓子龙书额，在寸氏宗祠。曰"帝眷在德"。赐进士胡璇为贡生寸禧诰率子鸿磐、曜磐、孙澹清书额，在文昌宫。寸文秀率云生、希圣、式彝、式玉重新。考腾越州厅志载，寸禧谐、寸曜磐，崇祯九年丙子科，父子同中，式副榜。寸鸿磐，崇祯拔贡，应称副贡，找贡只称贡生，待考。寸澹清，康照岁贡，官嵩明州训导，进士寸开泰嫡裔也。寸文秀，乾隆九年岁贡。寸云生，禀生。寸式玉，乾隆五十一年丙午科举人，曾主讲来凤院。邓胡两公书，价重连城壁。

信国遗手卷，流落到天西。百年藏尹氏，光芒照凤溪。文天祥行书手卷真迹，始藏蕉溪李氏，继归和顺尹氏，崇祯皇帝钤有御玺，旧为苏州文文肃公震孟家藏，并有申时行、韩菼等数十家题咏。民国二十九年，余曾经眼熟读，题一绝于卷，今遭寇氛，尹君彦卿仍保存如旧，可喜也。

耕烟两真迹，清河历世守。今披讲道图，犹闻狮子吼。张子耕成莘家藏王翚山水二轴，一仿郭河阳画法，一深溪讲道图，石谷精品也。余旧藏四王画十余幅，倭寇陷苏州，藏之穹隆山寺，悉毁，览此不禁慨然。

退庵擅狂草，纵横意自如。己卯四月日，年正八十书。尹退老当春楼、会楼先生在和顺教书时，即住其家，尊礼备至，有古人风。余见其所书屏联甚多，有大草一福：“野竹分青霭，飞泉挂碧峰”十字，款署“退庵尹学韩年八十己卯四月书”，与余生年月合，于此知退老长余八十岁。

名集名乔梓，尹小海先生祖澜，及其考拙庵先生直臣、兄又溪先生祖濂诗稿，合编一集，名《乔梓集》，共三卷。尹虞农先生艺纂董小亭先生大醇序文。见董集序。略曰：“丙辰之春，余应肃雍刘君聘，教读和顺，时虞农尹公亦设帐是邦。每佳时吉E，于小海公处樽酒论文，小海出其先父兄遗诗，并小海少年诸作，嘱虞农评点，虞农乃合三稿，而定之名曰《乔梓集》，盖取父兄子弟作述一堂之义也。集成示余，乃得读其全集，讽咏之下，觉拙庵公之称心而言，妙合节奏，又溪公庄重不挑，音韵典则，皆得诗家正派，独小海公于清拔中又复奇横傲岸，如骏马之奔驰，不可羁绁，是诗之不屑寄人篱下者也。”是谁恶作剧，一借杳烟云。董集中附录小海诗数章，其《拟古别高》二首：“肠断临江水，来船带落晖。股勤相问讯，夫媳几时归？”“别离复别离，因告别离苦。寄语别离人，何日归乡土？”读此见小海诗功深厚，成就当在尹董之间，如遗集幸而寻获，刊传于世，亦边州艺林之光也。

清季老尹蓉为裳，缅商之魁宿。莽王尊以师，一语万人服。

继毛应德解仕义而起，蜚声玉石行张兰亭成芝。作贾来海上，庚午、辛未间，尝在沪苏见面。翡翠称大王。又张月生明远，继父宝亭之业，亦有大名，后以神经失常蹈海死。

构成高花园，半生力瘁此。慷慨赠学堂益群中学，绍春死不死。

一潭澄且洁，双笔子沓、子固纵复横。临门无门入大楼锁闭无人住，愁听水碓声。

大庄尚国学，特立专修馆。在杨氏宗祠，杨寿益春增属为书额。现学生中有能背《诗经》《书经》《左传》《论（语）》《孟（子）》全部者。无锡有先进，唐蔚芝先生文治创无锡国学专修馆，根源在苏州时，与章太炎、陈石遗、张仲仁、金松岑、张季鸾诸先生先后往讲数次。今学生多至千人，已改进为无锡国学院。希踪未为晚。

天下金石斛，无如此地多。可以作医药，可以入秧歌见《永昌府文征》民谣。

老蛟吼不住，倒卷下龙门。水利资百世，受程阳温敦。《徐霞客游记》名河上屯。是时，或阳温敦之名已不適用，和顺之名尚未有也。登、敦、墩三字前人多并用，今从之。

筒车日夜转，水翻上田来。不论亩高下，得此秧遍栽。乡中水车共十八架，传言张家坡张姓始制。张，湘籍，湖湘农家多用水车也。

四月清江里，成群浴水雏。钓鱼从小惯，十二竟能凫。余坐司光桥上，有十数孩童浴水。余指小者问曰："汝几岁？"答："十二岁。"

源头来活水，金川五亩塘。菡萏红映日，香闻上下庄。

故郡有关八，此何亦名关？打开门两扇，览遍腾江山。擂鼓顶与高谷庄之间第三峰，山半洼有大石岩，远瞰城市，高耸双壁，构成门形，俗称"石关门"，钏本蕙世兄属书摩岩。正统建城，城墙石多在山下取材。

鼓岭高接空，九子下九重。一落不成局，枉怨邓子龙。

吕阁非凡境，老拙发狂歌。跨上青牛背，张月洲世兄为摄骑牛一影，孙成坤、外侄孙张安华侍。函关一瞬过。

远山高黎贡山、龍嵷山、中和、鹤麟、明朗、河西、河东诸山莽苍苍，近水盈江、浘河何悠扬！万家坡陀下，绝胜小苏杭。

作者居天末，寸德山式玉、尹又溪祖濂、尹观其祖澜、张景洲成濂、刘子明宗鉴、寸佐廷辅清、刘仲生声仁、李景山叶荫、寸亮卿翊清、尹宪周子章、寸平阶品升、张石泉成清、李子鬯曰垓、李芷谷曰基、刘凤溪闇、张月樵德溶、张虚谷砺、李仁杰启慈诸先生，各有著述，各成专集。中原旗鼓当。吾力倘可致，从书集缥缃。拟收集印行，名曰《和顺丛书》，未知岁月能待人否？

奇石围红屋，神杉拂紫云。山深竹箐密，于此却尘氛。

天已毓奇秀，文采须人补。藻绘青石字，摩挲辄心许。今寸树声、李祖华、李曰溥、张溶、刘玉瑞、尹大典、张岑达、尹乐文、李泽昌、尹乐育诸君，勾刻寸辅清节临《西平王李晟碑》、刘声仁书格言、李曰垓《双杉行》碑、李根源《和顺感旧诗》碑，鳌峰摩岩则有邓子龙“白发朝仪”、胡璇“帝眷在德”、寸云生“风流云彩”、尹学韩“松径”、赵端礼“游且聘怀”、黄槐青“洗眼亭”、张成濂“天光云影”、刘宗鉴“魁光普照”、寸辅清“学海芝庭”、许佩“雅度超光”、刘安科“昼禅”、秦树声“青鸾白鹤蟠空下，画鹢飞凫尽日横”、刘声仁“清风亭砌数竿竹，曙色帘栊几木兰”、杨之镕“益寿”、李叶荫“澹烟疏雨”、寸翊清“呼龙耕烟种瑶草，踏天磨刀割紫云”“闲听清溪水，呼童扫落花”、李曰垓“一般说法生皆苦，三界离心色亦空”、尹子珍“坐谈今古”、李曰焕“明心见性”、李芷谷“万骑旌节，九霄羽毛”、刘閭“听涛”“门吞双水白，楼压万峰青”、李德爵“脱尘”、张德溶“显明”、李启慈“大江当前”、李根源“鳌峰”等字。又刻根源书“烈余山”“大鹏洞”“鹦鹉洞”“雪窦”“云门”“喷玉岩”“面壁岩”“大将门”诸字于石头山中。

白云埋大壑，江流入断山。笋舆冲岭出，一访芭蕉关。关为先考蔚然府君、先叔春浓公受业师范肇锡先生开明故里。

“水声通远涧，云气暝前山。”韵谐梅圣俞，和靖开心颜。尹虞农先生教书毓秀山馆，读梅圣俞诗，谓此二句若为此地咏也。因用为韵，杂成十首，精博淡雅，写尽鳌峰景物，兼怀何丹畦、寞兰亭、李实生、曹韵楼、董小亭、尹小海。

曲曲水西去，重重象岭、磨刀岭、独石峰锁来神。回光桥上坐，鱼鸟亦相亲。

桥上不觉晚，山月照江明。脉脉望江水，悠悠万古情。

鳌峰万峰里，峰峰幽兰香。恨不起王佐明嘉靖时腾冲名画家，纵笔写鸿荒。烈余山特产金石斛外，产兰多种，长石上及树间，有春开、夏开、冬开之别，有虎头、马尾、飞燕、蝴蝶、朵朵香之名。

和顺乡四首

〔民国〕李根源

烈遗浪叠起鳌峰，和顺人家图画中。

花萼楼头闲徙倚，岭梅临水笑春风。

张家坝尾好荷池，小坐江楼系我思。
忆系联床谈霸略，寒柯犹剩两三枝。
十人八九缅经商，握算持筹最擅长。
富庶更能知礼仪，南州冠冕古名乡。

元龙阁枕凤山头，潭水澄清树影稠。
遥念君家好兄弟，蕉溪重上读书楼。

双杉行

〔民国〕李曰垓

辛未九日赴乡人魁阁登高之约作此壬申中秋，后二日写还魁阁补壁

石头山中石磊硌，绿阴稠处翳魁阁。
双杉亭岩摩穹苍，下视万木尽丛薄。
根柢曾不阶尺土，荦埆罅隙自盘错。
大身欲蔽栎社牛，高柯乍谢榆枋莺。
未碍中空历劫火，宁复外荡害衡杓。
黄耇已不知其年，但云此树今如昨。
儿时已见出林表，老来更觉气磅礴。
吾乡旧是阳温登，六百年来混沌凿。
人民非欤冢累累，几曾华表见归鹤。
双杉独尽其天年，饱经沧桑迄自若。
地望遥瞻如楬橥，堪舆盛传是锁钥。
杉其神乎芘吾乡，何居斧斤欲纵虐。
自今原与父老约，维护当援人命律：
有敢伐者头可斫！

护国之役率师入黔道中即事

〔民国〕李曰基

剑气冲霄贯紫霓，神奸盗国动征鼙。

一鞭摇曳三军壮，四野苍茫万树低。
射日弯弓惊魍魉，追风战马走鲸鲵。
年来识得长途味，昼看青山夜听鸡。

晓归和顺乡

〔民国〕寸时祯

满城鸡唱罢，曙光临窗牖。举足步南郊，一览山川秀。
红日照山颠，白云初出岫。流水绕村门，村妇汲恐后。
嘉禾茂田间，风涌绿波皱。戚党慰归来，学子立道右。
省我堂上亲，康强喜如旧。妻孥厨下炊，诸儿柴薪佐。
稚子笑嘻嘻，绕膝牵衣袖。草堂课子书，问答尚不谬。
芳园小徘徊，篱菊萧疏瘦。感此发狂歌，期无负高厚。

和顺乡二章书赠国生贤甥

〔民国〕尹兆荣

甲辰元旦，云净天青，春光旖旎，淑景宜人，久病新愈，未敢出游，乃散步庭前，或小园闲坐，以消永昼。得律诗二章，所记皆乡中风物，新年说旧话，殊有意思。虽曰昨日黄花，而于吾乡数百年开拓之梗概尽于此矣

大地复回新气象，故乡原爱旧温暾。
风淳俗美周公赠，士善民良陈宰旌。
二水潆洄滋灌溉，千峰历落供蔬薪。
闾阎栉比连云汉，缔造艰难六百春。

龟坡凤岭东西峙，马岫龙池上下分。
地接朱波滋货殖，教崇曲阜重人伦。
男耕女织勤生计，木本水源系国魂。
骀荡春光春意满，故乡原爱美温暾。

周公乃清道光五年起任腾越厅同知钱塘周澍，书刻于老碑坊“风淳俗美”四字。陈宰乃光绪五年起任厅同知会稽陈宗海，书赠“士善”“民良”二匾悬于上城路凉亭。

楹联

和顺两等小学大门门联

和顺两等小学大门门联

高必自卑，合德智体而并育；

小能见大，通天地人者为儒。

旅缅和顺青年会楹联

（一）

旅居四夷，汉族勿为夷族化；

缅想千古，今人不让古人贤。

（李景山）

（二）

青春不再来，愿大家勿忘斯会；

年华真易逝，冀我辈共图厥成。

（李景山撰　赵藩书）

和顺图书馆前身书报社成立楹联

书自云边通契阔；报来海外起群黎。

千秋事业书中始；万国风云座上观。

（杨策贤）

和顺乡公所楹联

作善事，谋公益，秉公心，不吞公钱；

存天良，去私欲，慎私处，勿寻私仇。

（尹育生）

缅甸曼德勒云南会馆大门联

循故址，易新形，净洗劫灰光往绪；

集众思，会群力，永留胜迹志乡情。

（张德洋撰 秦树声书）

杨家巷总大门楹联

闾里既同居，愿大家勿悖勿忘，出入相友，守望相助；

韶华其易逝，希各自以勤以慎，事功尢然，修齐为先。

李家巷总大门联（上）

讲让兴仁，同敦古处；

家弦户诵，共乐春台。

（李景山）

李家巷总大门联（下）

姓复门深协寸李；巷同里处有段刘。

（张德溶）

尹家巷总大门联

比屋同惇，周官六德行；

斯闾特秀，胜国两孝廉。

（张德洋）

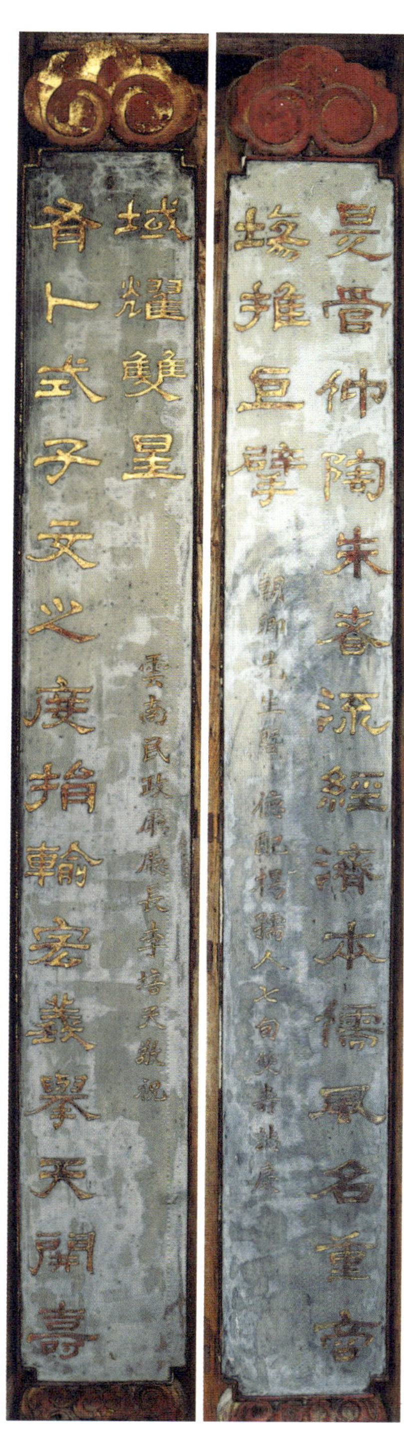

弯楼子堂联

张家坡河上凉亭联

桥窄让人先过去；天空由我独飞行。

（张德溶）

魁阁联

广吞双水白；楼压万峰青。

（刘启性）

元龙阁大门联

灵源绿养潭千尺；幽谷青团树一窠。

（刘安科）

弯楼子堂联

是管仲陶朱者流，经济本儒风，名重商场推巨擘；

有卜式子文之度，捐输宏义举，天开寿域耀双星。

尹其顺堂联

南服寄游踪，一生事业凭商战；

西川绵世泽，六秩秉宁举族歌。

（尹梓鉴代合族祝寿联）

寸辅清自撰花厅联

种竹栽花，发新理想。

评今论古，见真感情。

寸必贤昆仲花厅联

有客来，且向杯中谈掌故；

无他事，好于花下息心机。

尹家坡白话堂联

瓦屋半间宜父老；云程万里俟儿郎。

自喜轩窗无俗韵；亦知草木有真香。

（刘启性）

李曰垓撰哲理联

除尽无明无等等；观深自在自如如。

李景山撰寸辅清墓联

大用岂公难，有经济，有文章，惜天厄长才，赢得一官草草；

伤心惟我最，亦师资，亦中表，溯尘寰知己，哪堪四顾茫茫！

缅甸华侨挽寸尊福联

公真是骠国斗山，本来缅推巨擘，汉颂伟人，高义重人寰，问华侨界中，有几豪情侠骨？

天忽丧南州冠冕，岂徒白叟兴悲，青年太息，雄风惊海怪，道英灵过处，都叫鬼哭神嚎！

乡人挽李景山联

以教育始，为教育终，论学问文章，君当不朽；

将社会新，扶社会起，忆纲维书报，我更堪悲。

李曰垓撰哲理联

尹梓鉴挽李仁杰联

思量我悲伤哉，想穷年教育，同居勤劳尽瘁，终赢得，舌已敝，首已摇，清风满袖；

传报先生去也，念当日沉疴，几复仓促变生，应提是，命能知，道能悟，明月前身。

寸葆祯挽张德洋联

忆往昔，悍匪临城，强兵压境，救难全凭三寸舌；

痛今朝，凤岭无光，鳌峰失色，盖棺何止一邑悲。

轶文

腾越张成濂等领衔云南籍举人参加“公车上书”

都察院代递江西举人罗济美等条陈折（四月十五日），云南举人张成濂等，为和议将成，国势愈危，敬呈御侮方略十条呈文。

都察院左都御史臣裕德等跪奏：为据呈代折事。据江西举人罗济美、云南举人张成濂等各以条陈一件，赴臣衙门呈请代奏。臣等公同阅看，各该呈词字句间有未尽检点之处，惟事关重大，情词迫切。既据该举人等各取具同乡京官印结呈递前来，臣等不敢壅于上闻。再，原呈字数较多，若照例钞录进呈，恐致耽延时日；是以未便拘泥成例，谨将原呈二件恭呈御览。伏乞圣鉴！谨奏。

光绪二十一年四月十五日，都察院左都御史臣裕德、左都御史臣徐郙、降二级留任左副都御史臣宗室奕年（假）、左副都御史臣宗室奕杕、左副都御史臣杨颐、左副都御史臣寿昌。

云南举人张成濂等呈文

具呈云南举人张成濂等，为和议将定，国势愈危，谨另筹御侮之策，恳请代奏以挽时艰事。

窃自倭人犯顺以来，言战言和，迄无虚日。但主战者筹划疏略，而不顾师干总统即坚持和议之人；主和者始终不移，而但翼失地丧师以遂其胁和之计。盖李鸿章一日不去，一日无胜倭之望，初不待溃败之后而始知也。自旅顺、威海相断失陷，其始愿既遂，其阴谋更深。愈谓中国断非倭敌，举数百年培养之人心、廿三省式廓之封疆、亿万众同仇之士庶，竟属一无可恃；抑若朝不允和，倭即夕至，京都立覆、宗社立倾，不得不俯首求和，暂纾祸患。朝廷不得已而曲从之，天下臣民亦无不痛心而默识其故。况兵凶战危，士卒横罹锋镝，孰无人心、亦岂乐此？故自李鸿章赴倭而后，天下臣民惟静待和议之定，以纾君父之忧，未敢妄出一言，致涉干扰；亦谓李鸿章受恩最深，天良不至灭尽，虽于国体有辱，或于国脉无伤。乃今闻和约成矣、全权已画押矣，所立条款，则竟万万出人意料之外，是欲纾祸患而祸患更速，欲保社稷而社稷更危！

姑先以条约中之为害最烈、足致危亡者而言：一、赔费太巨也。兵费二万万，先付五千万；其余分年偿清，仍按年起息。夫我之不能战者，恐无饷耳，今有此二万万，何不以之养战士，而乃以之输仇敌！前大学士臣曾国藩所立湘军营制，每万人月饷共五万两。是即养勇五十万众，每年不过三千万两；再支持五六年，犹未及二万万；况果能将帅得人、事不掣肘，尚无须五十万之众，五六年之久，早已令倭奴畏威而纳款矣。今尽以之予倭，固已搜括无遗，筋疲力尽，而仍不免于养兵，饷项更从何出！倭众仅十余万，得此则兵饷更充，攻我更力，是输饷以供敌，正输饷以自攻也。

二、割地太易也。夫皇上抚有之地受之列圣，不敢尺寸与人。东边奉安三陵，为京师屏蔽，外控吉、黑两省，今委之于倭，旦夕有事，倭得扼我之吭而制之。台湾为东西洋襟喉，物产饶而民气劲，倭因以为资，还而谋我，是我厚其毒以自敝也。泰西公法：“两国议和，非兵力所及之地，胜者不有。”今台湾，则非倭兵力所及也；即兵力所及，兵费既偿，其地仍归本国。今归我者威海刘公岛而已，辽东则不归也，破坏公法自我始。我与泰西各国所立条约，均有“一国有利，各国均沾”之言，今割地与倭，倭固利矣，势必各国援（均沾）之例纷纷责地于我，俄则请割新疆及东三省，英则请割前后藏及广东，法则请割广西且与英共请割云南。许之乎？不许之乎？许则地有尽时，不许则寇至无日！万一竟请割我京师，又将何如？不能拒蕞尔之倭，而独能拒强大之英、俄等国，无是理也！且台湾尚义，自昔已然，万一我弃台民、台民不弃我，倭仍将责言于我。与之，何以处台民；不与，又何以处倭！窃恐台民有以自处，我实无以处此矣。

三、驻兵难允也。兵费未清之先，倭兵仍驻威海等处，其饷由中国代付。夫既和矣，而敌兵犹驻眉睫之间，且以数百万、数十万巨款以养之，天下无此自甘于受害之事！况倭一日不去，我一日不能撤防，则戒严如故也、饷糈如故也；徒削此二万万之脂膏血肉，徒弃此辽东、台湾数千里之疆土人民。万一倭民与我军民故寻小衅，安得再有此二万万之费、数千里之地以予之耶？

四、减税宜驳也。我之所资以偿洋债者，洋税耳。今倭之土货各减二成，他国势必纷纷请减。许倭即不得不许他国，每年约少洋税千数百万两；洋税既减，洋债何偿？况我愈馁，彼愈骄，今日二成、明日二成，势必至于无税而后已；且各国群起效尤，咸动豆剖瓜分之志，势更至于无地而后已！兴言及此，能不痛哭流涕，泣血上言于我皇上之前哉！

或曰："和之为害，朝廷未尝不知，特因相继溃败，舍和别无办法；故苟安目前，聊以救祸耳"。不知非无办法，非无善策，因李鸿章始终主持掣肘，故虽有善策亦归无用！无怪忠臣义士、勇将锐卒无从为国效忠，且甚至与叶志超诸人同受溃败之名，抑似堂堂中国竟不能与人决一战者！总之，如此定和，非惟无以救祸，适足以速祸，并苟安而不能。若不和而战，急去李鸿章而易以公忠坚定之臣，则不惟能苟安，而且能自强。是又何必违天下之公论，而以数百年相承之基业弃之一旦而不顾耶！况咸丰末年，天下糜烂，发、捻肆扰，而夷氛之恶，直逼京师，事势之危，过今百倍。然和约亦不过增通商口岸及千余万兵费耳。今日者，苟如此定和，不几令英、法各国追悔从前之得利太轻耶？则无礼之要请，定纷纷在目前矣。且和之云者，兄弟之国修好息兵，化干戈而为玉帛之谓也，得失利害，不能大有偏枯也。昔宋臣富弼对辽主之言曰："两国既为兄弟，焉可使一荣一辱"？反复数百言，卒以至诚感悟辽主。夫富弼所谓荣辱者，犹仅得地、失地一事也。今议和乃如此定款，是则坏我之藩篱、翦我之手足、戕我之腹心！我若允之，直纳款乞降之谓，受辱不足言矣，尚何和之云哉？总之，中国士卒众多、人心固结，足以敌倭而有余，前此之败，实由李鸿章主使之故。其最令人切齿者，一则以天险之旅顺，令私人龚照玙驻守，退让于倭，倭兵得由陆路攘取金、复、海、盖及营口等处。一则人人痛恨奉旨拏问之丁汝昌屡次保留、仍统海军，不转瞬而以定海等兵舰公然悉献于倭。即此二事而论，李鸿章用心所在与中国致败之由，显然立见，是犹得谓中国之真不能战哉？及今大势未去，人心犹固，依然金瓯无阙，一统全盛之天下，犹可奋一战，以杜群夷之窥伺，以振积弱之国威。幸勿延至不可收拾之时，则真欲战而不能、自立而不得矣，不大可恐惧寒心也乎！

谨将战胜之策，分为一款，胪陈于后。

一、统帅须得人也。中国士卒、粮饷十倍于倭，旅顺、威海之失，皆由守将先遁，兵勇继溃，故倭兵安然入口，毫无抵御。非天险之可恃也、非倭兵之果强盛也。其故由李鸿章暗中指示淮军将领望风希旨，相率退让，以示倭强我弱，以实其宜和、不宜战之言。总之，去岁决意主战，即不宜用李鸿章主持战事。今者往事已矣，惟有急用公忠坚定、众望素孚之李秉衡为关内外督师，而以朱庆副之，各路接军悉归调遣，提、镇而下得以军法从事。再用不恤情面、素有风力之臣如刘坤一、马丕瑶、唐炯等为北洋大臣、直隶总督，力守北洋各海口。如此，则两帅得人，壁垒一新矣。至于忠勇朴实之将，所在皆有，李秉衡诸人自能搜罗调取、因材器使也。

二、海军终不可不立也。即于所备赔费内提取二千万两，交张之洞、边宝泉、谭种麟、马丕瑶等派委廉洁明敏之员潜赴英、德各国购办铁甲两三艘、快船十余艘、洋炮洋枪若干，速运内地。盖公法虽有不售船械与交兵之国之言，其实但能不惜使费，仍自可办。普、法往事具在，可按册而考也。

三、东三省猎户、广东蛋户，可招为我用也。此等骁勇舍死之人，果能招为前敌，消其罪案、除其蛋籍，则感恩效命，断无溃退之事。再加以将帅法令严明，军伍更屹如山立矣。

四、滇边义民，宜招以成军也。云南用兵向以纵跳击刺为主，三五星罗，手足相搏，俗名“打交手仗”；散而不整，与淮军之专尚包抄者不同。制倭之法，莫良于此。宜令滇中勇将如丁槐、夏毓秀、蒋宗汉、李应举、马柱、杨国发等速成滇军二三十营，北上听候统师调遣，以地营为守，以击刺为战。

五、宜汰弱兵，以益兵饷也。倭一兵之饷月得十余元，而我不过四五两，加之将领之克扣，所得尚不及此数。赡死不暇，安能责之以战！今请饬令将各营弁勇析为三等，勇敢善战者为上、朴实耐劳者次之，老弱有嗜好者为下，上等者使之战，月饷视额饷倍之；次等者使之守，月饷视额饷益其半；下等者汰之，以所汰之饷加之能战守之人。饷不多加，一兵得一兵之用矣。

六、索伦马队宜练也。滇兵之专尚击刺者，最利于山林险阻之地；若遇平原旷野，即辅以精悍马队。一面搏击，一面用马队冲突，二者相辅而行，倭奴无从御我矣。

七、东征宜专设粮台也。师行粮随，古有明训。雍正暨乾隆间大军西征，尝以大学士、尚书等重臣专司粮饷，大学士黄廷桂、李侍尧、孙士毅均尝督理。及同治初收复新疆之役，亦尝以京卿袁保恒为后路。今东征之饷，始则李鸿章委之同乡私人胡燏棻，继则刘坤一，虽更委陈宝箴，其职亦仅藩司。而转数千里呼应既恐不灵，且淮军右淮、湘军右湘，发放迟速亦不无畛域。前敌利钝所关甚重。相应请饬令前敌大臣于山海关设一总粮台，并特派重臣督理。庶南北各营联为一气，缓急调剂，权衡得中，则士饱马腾，人思自奋矣。

八、宜一事权，以严赏罚也。士卒之用命，视乎赏罚。今以东事论之，牙山覆而叶志超无罚，则平壤再陷矣；旅顺弃而丁汝昌、龚照玙不诛，则威海继失矣。应请饬下前敌统帅申明军律：有未战先溃或临战不力者，虽实缺总兵、道员，立正军法，不必拿问进京，致稽显戮而慢军心。此所以罚也。其能杀一倭兵、击破一倭船者，赏若干；杀一倭酋、夺获一倭船者，赏若干，并授何爵，此所以赏也。如此则将士知朝廷赏罚必信，法令非同虚设；则不惟乐于死战，且亦不敢不死战矣。

九、台湾各口，宜令各自为守也。全台洲港分歧，渔人、蛋户所在有之，风涛沙线，皆其素习。应令各自为团，或五船为一队、或十船为一队；敌船既至，多则远之、少则击之，乘间以袭之，多方以扰之，使敌人不得登岸，则台地可全矣。

十、宜清查汉奸也。大军所驻各州县市镇，应责成举行保甲，一家有为汉奸者，九家同坐。军中亦宜行之，一人有为汉奸者，九人同罪。如此则敌人无从知我举动，可无“高升”轮船之失矣。

此以上十条，皆举人等悉心体察、广咨博访，确系今日之要图。务恳圣恩采择，见诸施行！而其大要，则尤以第一条之去李鸿章，专任李秉衡、刘坤一、宋庆、马丕尧、唐炯诸人为主脑，使诸人得行其志，毫无掣肘。更辅以其余九款，若再不能支持大局，仍似以前之迭失要地、纷纷溃退，举人等承妄言之罪。总之，去岁若早整我海军，直捣倭巢为围魏救赵之计，倭奴早已大创，军事早已完结。因总持战事者为李鸿章，所用战守各员又尽系叶志超、丁汝昌、卫汝贵、龚照玙等佞臣，后复加以吴大澂之庸懦恇怯，所以贻误至此！

今日者，但能以陆军力扼各海口，严守炮台；再用新购兵舰以海军梭巡各处，一遇倭船即尽力攻击。一年之后，倭人即有穷蹙、不能支持之势。彼时求和在彼、和款由我，又何至如今日之赔巨款、割疆土、减税则之种种失利哉！

为此公同具呈，伏乞代奏，实为公便。兹特取具同乡京官一结，一并登递。

举人张成濂、王开国、寸辅清、施尔猷、赵邦泽、穆梧、牛应辰、李坤、孙文达、郑锡典、郑浑典、王荣本、寇从义、汤立贤、张维源、刘增、戴鸿辰、戴长龄、李尊先、全嘉仁、李增芳、梁友檍、束用中、杨自新、杨瑞疃、杨兆龙、毛佑国、吴暹、熊廷权、张衡、王宝贤、杨上培、赵甲南、张立志、三寿山、李作梅、罗问仁、李学舜、陈琦、杨笃庆、朱治和、张一清、蓝和光、王佩枪、沈兴廉、曾传经、徐新德、钮尚志、吕咸熙、姚思敬、喻思禹、詹太和、赵铭新、缪云章、赵传忍、王运谦、杨炳炎、万以增、张汝明、陈玉相、杜瑾、萧应椿等谨呈。

光绪二十一年四月十四日

禀请札委举人张成濂坐探英缅情形

〔清〕余泽春

窃自九月英缅构衅以来，叠奉宪札，密饬查勘关隘，整顿边防各等情。

经陈丞会同朱镇日夜筹商，调集团勇，增设碉卡，多雇探役，沿途飞报，所有道路远近、关隘险夷，业经遵札绘图贴说，暨英缅交战情形逷禀票报在案。兹于十一月十六，卑府到腾遵札查明，所有八莫地名即系新街。当即与陈丞会商，添设健夫四十名，自腾至新街，按站分扎。遇有文报，沿途飞递，以期迅速。查得离城四百里蛮允地方，实为中缅交界之区，凡客商货物往来必由之地。地方辽阔，逼近野夷，易藏奸宄。派拨练勇一百名，即日前往驻扎该地，以资防范。即移请调差遣委员黄管带严密稽查，不准游匪出入，并即镇压各野塞，以免生事。又访得熟习缅情之人本地举人张成濂，生长缅国，其父母妻室俱在缅城。因会试回腾，卑府等闻知，即敦请来署，晓以大义，不必北上，仍回新街，坐探英缅实情，随时密报。渠亦慨然许诺。惟须奉有两院札知，方可入缅，随机与缅商酌。现已定于二十一日趱回新街。所有每月薪水二十金暨路费二十金，先由卑府垫发。合无仰恳宪恩，为边情起见，俯赐该举人札，委坐探，以便任事。卑府拟于二十一日接受局事，二十三日即行出关，勘阅道路远近、关隘险夷，再行飞禀。现在筹办边防，一切经费，俱由卑府借垫，随后再行造报，以免辗转禀请，贻误事机。

死绝会宣言

〔清〕张成清

我云南土地之广，不逊于湘鄂川粤。当咸同之际，杜文秀起事，我滇人高树红旗，作激烈之战斗者垂十八年。虽为内部同胞自相战争，然皆我滇人自结团体，自出兵饷。北京政府未助一兵一弹，尚能独立。岂今反不若昔？今我滇人应宣布与北京政府断绝关系。人人爱国爱乡爱种，统一精神，实行革命。将全省五金矿产开辟。并将滇缅、滇川桂铁路造成，滇越铁路赎回。再候我民智、民气、民力充足，发五百万之死绝国民兵，助安南、缅甸、印度独立。若其不成，则我千五百万之云南人同日同时同归一烬！以免如缅、越、印度人之为牛马奴隶，见羞世界。故吾会之宗旨，以死绝为目的也。

威远营说原

〔清〕尹梓鉴

蛮莫，旧属猛密。滨金沙江东岸，地平衍，汉商所称之新街。营基近今佛寺。民十八年冬，缅僧以事掘地，获汉文碑一，高六尺，宽二尺余，已断为三。中镌“威远营”三大字，左右小字各三行，第一行为：“大明征西军刘筑坛誓众于此”。第二三行为：“誓曰，六慰拓开，三宣恢复，诸夷格心，永远贡赋，洗甲金沙，藏刀鬼窟，不纵不擒，南人自服”。其左第四五行为：“受誓孟养宣慰司、木邦宣慰司、孟蜜安抚司、陇川宣抚司”。第六行为：“万历十二年十一日立，刻石匠”等字样。惟质粗劣少磨，又埋没土中历有年，所致小字中略有磨拗者，参与意释似无讹夺。以诸彝从缅叛，誓中故有“六慰开拓，三宣恢复”之语，又立营于骥营故址，骥追思任父子于孟养设营于斯，各志亦未详营为何名，惟见綎擒岳凤露布言之。然称“威远营”之义何取？岂綎封威元将军欤，抑因声威远播用以为名，不可考矣。又受誓只四司，蛮莫反不得列入，岂其首先附逆而屏之耶，抑蛮莫旧为孟密属，尚未称司耶？是又有所不解也。

和顺乡村反日会成立宣言

〔民国〕李启慈

春秋，秦因晋有丧，出兵攻郑。先轸曰：“秦不哀吾丧而伐吾同姓，秦实无礼。”因起兵拒战，大败秦师于殽。今倭奴乘吾中原鼎沸，洪水为灾，哀鸿遍野，饿莩载道，不知分灾恤难，反大举兽军横据我东省国土，其无礼实远甚秦之攻郑万万。吾辈国民，恶可任其宰割、吞噬，而不急筹抵御以为政府后盾乎？且倭奴之欲宰割我、吞噬我者已非一日。当满清之季，灭我琉球、割我台湾、并

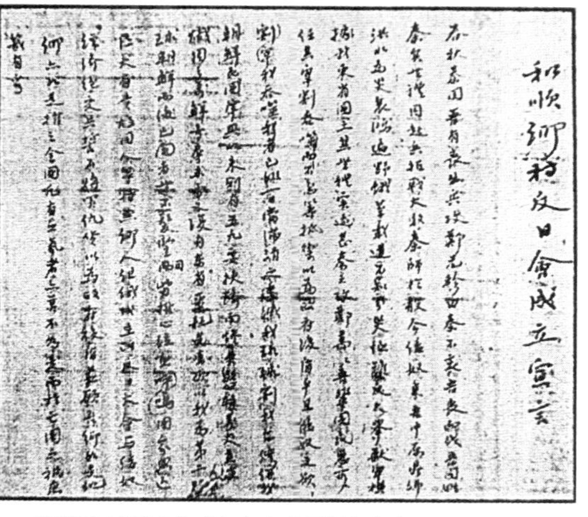
和顺乡村反日会成立宣言

和顺乡村反日会成立宣言（民国初年）

我朝鲜，民国肇兴以来，则有五九要挟、济南惨案，欲壑万丈，益演益炽。因之万鲜奇辱未雪，又复有东省噩耗，是直欲以我为第二琉球、朝鲜而后已。闻者无不发竖目，皆椎心泣血。呜呼！国家兴亡，匹夫有责。故同人等特与乡人组织成立此反日大会，与倭奴经济绝交，共誓不购买仇货，以为政府后盾。并愿吾乡如是，他乡亦如是，推之全国，凡有血气者，亦莫不如是。而于亡国之祸，庶几有豸。

益群中学缘起

〔民国〕李启慈

吾邑中学，在昔仅一腾冲等五属联合中学校，即今省立中学也。每年收招新生名额有限，投考而未被取录之学子极多。如吾乡历年毕业高小之人数亦属不少，能入城投考入中校肄业者，实寥如晨星，余则辍学，殊为可惜。民国己卯岁，余与乡人研议，宜于吾乡筹设一初级中学，使有志升学者不致抱向隅之感而辍学。乡人均极赞成，议定校址暂设于文昌宫，克期于来春开学。

惟无米之炊，巧妇不能。因开始募捐，得钏祥阶君昆玉首捐新币二万元，以树其基。吾人筹备工作因分组办理，李秋农、李致卿、寸仰恒、李虞农、李润园、张月洲、寸佩玖、李如春、段镜秋任居内筹备及修理教室之责，余与钏玉阶任赴缅募捐。即于是年秋九月起程至缅京，以其事告之吾乡旅缅崇新会诸同志，亦极赞成，复得李镜泉、寸仲献、张子云、张岑达、寸相卿、李槐三、寸纯贞、李清园、李子舒、寸春谷力为赞助。校名定为益群，盖取其有益于群众之意，来学者不专限于吾乡学子也。到各埠，又得诸同乡热烈欢迎，慷慨乐捐，故所得之款约合新币八万余元。庚辰春，余由缅返腾，玉阶留缅。到家后，余复与乡人向家乡父老募捐，又得吾族朝卿昆玉慷捐新币二万元，其余捐者亦极踊跃。综计前后捐得之数与在缅所捐者约共新币十三万余元，均付吾乡殷实商号永利、文瑞记、永生源保管，作为学校永久基金。复托商界翘楚李镜天、钏祥阶、贾佑文负责代营花纱生意，以其赢余，为学校开支。

尤难得者，当创办之始，得云贵监察使李公印泉由昆明返梓省墓，乡人即以斯校之创设申请扶植，并请其担任董事长。时余在缅，闻之甚喜。苏子瞻谓欧阳文忠公“好士为天下第一”；余谓印泉公好士之心亦与欧阳文忠公无异，其所培植之英才现领节钺膺要职者不一而足。今为斯校董事长，岂独士子之幸，亦斯校之幸也。且事之美满者，必有奇缘为之凑合，校初成立，适逢寸雨洲君又由北平抗节归来，印公与乡人即以校长之职力推举之。雨洲君居北平，历任大学教授，学识经验极富。余闻之亦甚喜，并为斯校得人贺。《吕氏春秋》云："得十良马不如得一伯乐，得十良剑不如得一欧冶。"今得印公为之领导，得雨洲君为之执掌教育行政中枢，并得乡人力为赞助，捐资不吝，且为之代营商业，使经济日益增加雄厚，筹备者因之，热忱益增，工作益速，遂于民国二十九年三月开学。一堂济济，来学者众，当举行典礼之际，印公亲临，谆谆训诲，其音昭昭，劳瘁不辞。开学后，又为之呈请教厅立案，教育厅信印公极深，亦即照准，岂非王子安所谓"四美俱、二难并"也哉。因详志之，以为后来者告。

民国二十九年六月

杂记

沦陷的前夕

当我们的远征军正在东瓜大战，仁安羌解救英印友军的前后，伦敦和华盛顿方面，却密切注视着敌人从洞基方向腊戍挺进的快速部队的行动。和顺乡人对于这一带的地理状况是再清楚没有的了。因此我们每天担心着腊戍会不会成为敌人迂回远征军后路的空隙。果然，在五月一、二日腾冲市面上已经传遍腊戍四月二十八日失守的消息了。滇缅公路的锁钥，远征军后方的总基地——腊戍既然失守，这就意味着远征军的后路已被切断，敌军已经打到国门，腾龙已经嗅到火药气味了。学生们纷纷来问关于缅甸战局的前途，敌人会不会打到腾冲来。我在纪念周上对他们说："以常识判断，腊戍虽然一时失陷，但不得已时，我们的远征军可以放弃已得的战果，回军腊戍，和国内的增援部队夹击敌人而加以克复的。因为腊戍和八莫、密支那是我们国境线上的三道大门，势在必争的。特别是我们远征军的械化部队，不通过腊戍是无路撤退的。所以我以为最恶的场合，也不过是放弃缅甸，在国境线上和敌人相持对峙；敌人打到腾冲来恐怕是不可能的事罢……"

从这时候起，《腾越日报》上已经看不见关于缅甸战事的消息，大家都只在惊疑不安的空气里随便猜摸和揣测。乡里面每天仍然不断的增加着从密支那、八莫、龙陵各方面撤退回来的乡人。从这些人身上带来了人世间一切悲欢离合的种子。有些人是乘着战争景气满载而归；又有些人是随着英国统治力的动摇，被缅甸人袭击，放火，迫害，舍弃了一生辛苦经营的事业，离别了细甸的妻子，狼狈的觳觫的步行回来。生活意识已经缅甸化，自己发誓不愿回家，他们的家庭和戚友也已经不期望他回来的老游子，也一个两个的出现在各巷口的石板凳上，出现在乡中唯一的市街的菜市场上了。学校里面骤然增加了许多不懂国语的学生；各巷里面往来着说华缅各半的语言，穿缅甸化的中国服装的男女。这些现象，在流言蜚语无限制的传播着的不安的氛围气中，衬托出一种异样的有威胁性的热闹。过去每一个旅缅多年的人回乡时亲戚朋友之间所不可缺少的应酬周旋，已经被省略，而出卖携带回来的货品，催收货款，兑换卢比，却成为乡中最普遍最主要的事情了。五月四、五两日保山被炸的消息迅速的传到腾冲，关于前线的战事仍然没有可以稳定人心的确实报道，在平时海关似乎是供给各种情报的机关，现在也不能不派人去龙陵探听消息了。于是这滇西商业中心的腾冲金融市场，立刻现出急性的周转不灵的症状。

和顺乡的各级学校，因为我们坚信着腊戍一定会克复，战局一定会好转，所以仍然照常上课。学生们又因为相信我们所相信的见解，所以也不有什么动摇的现象。五月七日的晚饭后（这地方的晚饭时间是在四五时），我在简师讲授外国史，围坐在天井里利用天光，直到看不见字时才下课。在昏暗里我一个人走到大盈江边去游泳。回到巷口时有人告诉我四弟五弟已经从龙陵回到家。才走进家时就看见狼狈疲乏的四弟和在畹町被汽油烧成重伤的五弟。其次是听到龙陵已经在四日失陷，他们是在敌人的枪炮声中进出的犹如晴天霹雳的消息。我当时尝到了自己所立足的地球突然陷落了一样的滋味！跟着浮到我心上的思念是："学校和一切都完了！被敌人从北平赶出来的我又要被他们赶出离别了二十一年的故乡了！"我理解这地方的各种条件；我惭愧我自己两年半的工作和它在非常时的力量。前人曾说过："有文事者必有武备。"这教训是怎样的真切！但对于我们又是怎样的无力学习哟！

苦恼和忧思的一夜过去了。虽然不知从什么地方传出龙陵事变是退军和警宪的冲突及叛变的某土司已被讨平的令人喜的消息。但立刻又被敌人向腾冲进兵路线上的各乡村人民奔逃避难的事实所吹散了。

我们决定从八日起停止上课。集合在礼堂上的学生，已经不像平时纪念周开始前那样的有说有笑了。每一个人都一样的是在突发的巨大的灾难之前茫然自失而用言语的针刺一戳破时就会变成狂呼痛哭的那种无表情。国歌和校歌的音调是那样的凄哀沉郁，这也算是我们的“最后一课”了罢！看着就要离散，就要负担一切耻辱的这些青年，我勉强走上讲台去对他们说：“时局的情形你们都已知道了，我们以为不能来到腾冲的敌人已经只离我们三四十里了。我只恨我们没有自卫的力量，恨我不能保护你们，领导你们！学校从今天起只有停课。将来总有一天学校又能开学上课，但是那时在这里上课讲授的人是不是我，是不是你们就不知道了！……平时对你们所说的话希望你们不要忘记，你们要在艰苦的环境里磨炼你们的精神，在斗争里发展你们的力量！……我相信每一个黄帝的子孙，是不会当顺民的，不甘心做奴隶的！……”我呆站在讲台上，只觉得鼻酸喉哽，不能再继续下去。台下的女生们已经欷歔的在哭泣着，男生都低垂着头，直立不动。似乎经过了很长的时间之后，我鼓着勇气说了一声：“同学们，再见吧！”就踉跄的走下台来了。教导主任郑君上去和他们说了几句话，也不能继续下去，红着眼走下来了。

当天，我把校长职务交给简师李校长代理，办清了各项手续，上城去筹借款项，发清了由昆明聘请来校的五位教员的全年的薪金，至于和顺乡籍的教职员的薪金，则请李校长在适当的时期，出卖学校的租谷发放。

城上这时已经陷入混乱状态，乡村里的人民，则从忘却的深渊里呼唤起他们的祖父祖母们在清末咸同年间国内战争腾冲被攻陷时所经历了的一切逃避迁徙的记忆，变成失了巢的一群乱蜂子了。动员了一切人力畜力，昼夜不停的将货品，家财，人口从城市疏散到乡村，从乡村散到偏僻的部落的动作，猛烈的开始了。这是说局势已经走到各人对于自己的财产生命不得不采取最原始的自卫手段的地步了（和顺乡的男女学生在五月九日一天之内，也将图书馆的重要书籍疏散到比较安全的地方）。

母亲因为我离家十一年，哭泣着不允许我出走，我对她说：“北平沦陷后，母亲不是曾经焦心怕我做了羞辱祖宗的人吗？我曾经留日多年，留在家乡，狠毒的敌人，会拿全家的生命来威逼我的。出走已经是不争气了，难道母亲愿意我做比出走还不争气的事吗？……”白发衰弱的母亲，只好着泪说：“好罢，那么事情一平静后就回家来罢！我等着你的……”

第二天五月九日午前十时，我们走出的一行十余人，携带着简单的粮食和衣服，望着高耸在县境北方的高黎贡山徒步出发。第三天五月十日加入了从缅甸逃来的远征军的伤兵、散兵和中印公路、海关及县政府所属各机关的职员、华侨等等所构成的难民的洪流。当天正午走到大盈江发源地的北海海口时，听说腾冲已经失陷，同时天空的云层上面，一架发出沉重音响的轰炸机从西北向东南方飞掠而去。

一直到现在为止，最不能忘记的是校前双虹桥旁多数亲友同事含着泪珠的无言的握别，和依依不舍，把我们送到东山脚还不停步的男女学生的无所依靠的那一幅凄惨的景象。我因为种种的限制，不能携带着他们出走，使我常感觉到我所负于他们的超过我所给予他们的。这是我一生中最大的背德和不信，也将要成为我一生忏悔不尽的罪戾了！

一个地方的沦陷，不论时间久暂，恰像人体被急性传染病所侵袭一样，是要受到最猛烈的伤损的。人们在沦陷的前夕所感受的苦恼，就相当于那种突然袭来的恶寒高热所随带的绝望的痛苦。关于这苦恼的一切记述，就相当于由这种痛苦所发出的呻吟。相反的，一个地方的光复，恰像一个新的生命的诞生。

新的生命的诞生，是要随伴着生的阵痛，也要发出阵痛的呻吟的，但这种呻吟是生命的叫，是希望的欢呼。我们可以在兴奋的喜悦的心情下详尽的去记述经过的一切的。至于记述沦陷的前夕、却足淄苦的回忆，忧伤的反刍，只使人黯然销魂而已。但愿我的记述幸而是一个不确实的茫漠的短促的噩梦，若不幸而是一个实在的创痕，那末我希望由于山河的复旧，使这创痕很快的从人民的心上脱落下去。

遥望着高黎山下的故乡，不知在什么时候才能握着我的笔去写光复的前夕！

——节选自寸树生《两年半的乡村工作》

和顺土改

和顺土改，1952年6月开始，至9月结束，历时3个多月。腾冲县委根据中央政策，对和顺土改实行了特殊的比缓冲地区更加缓和的政策，基本上是和平协商土改。县委派出了由7人组成的工作队，省政府侨务办公室又派出7名干部，领导和顺土改。

进村前，由县委直接领导，认真集训。集训时，认真学习省特别是中共保山地委根据政务院关于华侨地主土地财产处理的规定和省委“对华侨地主从宽待遇”的指示，对侨乡土改做出的四条规定：第一，土改一开始就要成立乡土改委员会，只收归侨、侨眷中的代表人物参加。土改中每进行一步，都要召开土改委员会会议不断研究情况，做出相应决定，然后通过召开华侨代表联席会议传达学习，贯彻执行党对华侨的政策。第二，归侨、侨眷中的贫雇农、中农和其他阶层的劳动人民，同样分别参加贫雇农协会和农民协会活动。第三，对归侨、侨眷中的地主，只没收其土地，房屋和其他财产、生活资料全部保留。第四，对归侨、侨眷中的地主的剥削压榨罪恶只作背靠背的控诉，不实行面对面的斗争，对个别民愤大、必须进行面对面斗争的，要经地委批准。中共腾冲县委提出的侨乡的土改方针是：

从统战开始，占领阵地，争取大多数归侨、侨眷拥护土改。具体要求是：既要消灭封建制度，满足贫雇农的要求，解决贫苦侨民的问题，又能使侨胞（包括开明绅士）普遍满意。

和顺乡土改的前期工作，一是进行了减租退押和反霸斗争；二是成立了和顺侨联联谊会；三是对全乡的土地面积，产量分别进行过核实、评产；四是整顿建立农民协会。

和顺的土改，具体步骤分为五步进行。

第一步：成立土改委员会，宣传政策开展扎根串连，发动群众。工作队在发动群众的同时，依靠侨联组织，召开全乡的归侨、侨眷会议，学习侨乡的土改政策，既肯定封建的土地制度，是发展生产力、社会前进的严重障碍，只有经过土改，消灭腐朽的封建制度，才能解放生产力，生产才会发展，社会才会进步。同时也肯定广大华侨和归侨、侨眷绝大多数是热爱祖国、热爱家乡的，许多人对祖国、对家乡的经济、文化建设做出过积极贡献。因此，在土改中如何对待华侨，党和政府做出了一些特殊的规定，照顾了华侨的利益。华侨地主只要放弃剥削，就会得到人民谅解，党和政府也会在政治上、生活上给予出路。

第二步，用“背靠背”的斗争方式，揭发控诉地主恶霸和日本帝国主义的罪行。首先各里（村）先召开贫雇农协会。作好控诉的动员，确定好控诉对象，组织好苦主，准备好控诉内容。然后以村为单位召开农民协会，由苦主揭发，控诉地主、恶霸剥削、压榨、掠夺农民的罪行，在控诉对象不参加会议的情况下，进行“背靠背”的说理斗争。这一段时间华侨地主特别是掌过权的，顾虑较大，怕斗争、怕劳改、怕镇压。他们在家里，互相责备、埋怨，儿女责备父母不该剥削农民，妻子埋怨丈夫找得钱不该买田置地。工作队及时召开侨联会，反复向大家交代华侨政策，既充分肯定华侨对祖国、家乡建设的功劳，也指出对农民剥削的不对，同时指出改正的出路，特别是当过权的，只要知罪改过，重新做人，党和群众是会谅解的，也一定会严格按照华侨政策办事。从而大大减少了阻力和震动，土改从开始至结束，农民没有出现过火的行为，地主也没有出现过外逃的情况。

第三步，划分阶级。采取“先内后外”的办法，先将内部阶级的雇农、贫农、中农和其他劳动人民的成分划定，再划分地主、富农等外部阶级。和顺有相当一部分华侨地主的土地在三区的荷花、中和乡，县委发了文件，不准外乡到和顺揪斗华侨地主，个别村民不懂政策仍然到和顺揪斗华侨地主的，工作队及时作了解释和制止。划分阶级成分时，工作队为了依靠和团结大多数，减少对立面和阻力，从和顺的特点出发，实事求是地执行政策。

由于和顺人多田地少，因而真正从事农业的户口不多，有相当一部分人从事工业、手工业、商业、服务业（如教书、行医、理发）等。为了扩大依靠和团结对象，将以上行业进行了区分。从事工业的工人、手工业者，从事商业的小贩、店员，从事服务业的贫民、理发师等，均作为依靠参加贫雇农小组，不雇工人的工业、手工业者、小商作为团结对象，参加农民协会。只有雇用工人、店员的厂主、商业资本家，才与富农一样看待。

解放前，和顺的华侨在国外找得钱后，为子孙后代着想，多数的人都把钱带回家里，除建房外，就是购置田地，靠收租吃饭，因而和顺收租的人家比较多。若按全县统一划分地主的标准，每户有出租土地 12.8 亩以上的就是地主，则和顺地主占总户数的比重，仅华侨地主就将达全乡总户数的 25% 以上。而和顺封建礼教比较浓，因而人口多的大户人家比较多，为了减少对立面，工作队本着地主成分“宁窄勿宽”的思想，计算出租土地时，改为人少户以户计算，每户出租土地 12.8 亩以上为地主；人多户以人计算，每人平均 25 亩以上者为地主。

第四步，没收、征收、分配。按照省、地委规定的政策，纯地主没收其土地、房屋、耕畜、大农具，不没收浮财，不挖底财；华侨地主只没收土地，房屋及其他财产一律不没收。富农征收其出租地，自耕土地和其他财产一律不动。学校、宗祠、庙宇等的出租地，同样全部征收，纳入分配。贫农和中农和自耕土地全部保留。全乡的土地，除富农、中农的自耕土地外，以全乡分配人口除全乡分配产量，作为每人的分配产量，将土地分配给达不到全乡平均数的佃中农、贫雇农和其他劳动人民。分配时从有利生产出发，所分土地，尽量按照原耕基础、抽多补少、抽肥补瘦。本乡有田地的地主和华侨地主，同样分给一份土地；土地全部在外乡的地主、小土地出租，由其土地所在地分给一份土地，由工作队转给其土地所在乡。

第五步，建设健全乡村政权和各种组织。经过土改的锻炼，选拔运动中涌现的优秀骨干，调整充实了乡村政权和妇女、民兵、治安等组织。

和顺的土改，省政府于 1953 年派出侨乡土改检查组作了检查。1953 年 8 月 15 日，检查组给省政府的《腾冲县侨乡土改检查报告》中说：和顺土改中对华侨政策贯彻是比较好的，华侨地主的浮财与房屋未动，华侨感激。

——摘编自《解放初期的腾冲·土地改革综述》

大事纪略

从开基创业，到当今盛世，和顺经历了六百余年的风雨历程。安定边疆、开发边疆、保卫边疆，勤劳智慧的和顺人，在南方丝绸之路上砥砺前进，形成了和顺独具特色的创业史、发家史、戍边史、耕读史、侨乡史、文化史。其中发生的大事繁若星辰，不胜枚举。

明初置家和顺

明洪武十五年（1382），原籍为四川巴县的和顺寸、刘、李、尹、贾五姓始祖，随傅友德、蓝玉、沐英平定滇西后，受封军功，驻守腾越州（今腾冲）。寸姓始祖寸庆、刘姓始祖刘继宗、李姓始祖李黑斯波、尹姓始祖尹图功、贾姓始祖贾受春先后卜居阳温暾。之后，来自湖南的张姓始祖，来自南京的赵姓、钏姓始祖，来自河南的许姓始祖，来自湖南与江西的杨姓始祖也先后迁居和顺。一代代和顺人，艰苦创业，在600多年的历史进程中，创造了和顺文明。

清代尹蓉筹建腾越会馆

1876—1881年，尹蓉等在缅甸筹建腾越会馆，历经五年建成，耗资卢比20余万盾，约合银圆40余万元，后发展为云南会馆，尹蓉为云南同乡会首任会长。1923年开始，第二任会长寸海亭，同时还被滇、闽、粤华侨推举为中华会馆会长。1947—1955年，尹兆国荣任战后第一届云南同乡会会长并主持重修战火中损毁的云南会馆；1963—1976年钏文春继任第二届云南同乡会会长；刘振仕任第三届、第四届云南同乡会会长。1980年后曾任云南同乡会副理事长的有尹梓刚、李祖泌（三届）、李厚生等。

清末咸新社成立

光绪三十一年（1905），由张德洋、寸辅清、李景山、李德贤等创建咸新社，推李景山为社长，咸新社以汉景殿（即今日和顺图书馆所在地）为社址，购备了大量新科学书籍，为乡人谈论国事乡事，谋求改良家乡社会，宣传、接受先进思想和先进科学，既是读书会又具有同乡会性质的组织。成立之初广购图书以供乡人阅览，又在每星期日举行一次演讲，作新文化之宣传。是后来和顺青年会、和顺崇新会、旅缅和顺联谊会的萌芽和前身。宣统元年（1909）在咸新社倡议下，创立了和顺两等小学堂。

清末和顺图书馆成立

1924年，青年会在家乡成立时，由寸仲猷和李清园发起，组建了和顺阅书报社。聘请李景山为名誉社长、李仁杰为社长。青年会的会员积极捐赠书报，劝募经费，义务值班，供人阅览。和顺阅书报社向国内订购大报和进步书刊，社务腾飞猛进，阅书报社在十字路小小的一间铺子已容纳不了大量的图书和众多的读者，1928年，便迁入咸新社原址，继承了咸新社遗留下来的图书，并筹备建筑现代的馆屋。1937年春初兴工，次年春末新的和顺图书馆馆舍建成。

1940 年创建益群中学

1940 年，乡人、侨胞集资创办了和顺益群中学。聘请时任云贵监察使的李根源任董事长，聘请从北平抗日归来的西安联大法商学院教授、乡人寸树声任校长。李启慈《和顺益群中学缘起》全面叙述了创学初衷、校址选定、开学时间等，并说“校名定为益群，取其有益于群众之意。来学者，不专限吾乡学子也”。

1952 年和顺土地改革

和顺土地改革 1952 年 6 月开始，至 9 月结束。中共保山地委根据政务院关于华侨地主土地财产处理的规定和省委“对华侨地主从宽待遇”的指示，考虑到广大华侨和归侨、侨眷绝大多数是热爱祖国、热爱家乡的，许多人对祖国、对家乡的经济、文化建设做出过积极贡献。因此，在土改中如何对待归侨、侨眷，党和政府做出了一些特殊的规定，照顾归侨、侨眷的利益。1952 年，中共腾冲县委根据中央、云南省和保山地委指示，派出了由 7 人组成的工作队，省政府侨务办公室同时派出 7 名干部，领导和顺土改。土改中，坚持在控诉对象不参加会议的情况下，进行“背靠背”的说理斗争。土改从开始至结束，农民没有出现过火的行为，地主也没有出现过外逃的情况。在划分阶级成分时，工作队为了依靠和团结大多数，减少对立面和阻力，从和顺的特点出发，采取“宁窄勿宽”方法，大大减少了地主占总户数的比重。在财产处理中，华侨地主只没收土地，房屋及其他财产一律不没收。和顺土改实行特殊的比缓冲地区更加缓和的政策，是和平协商的土地改革。1956 年对华侨地主提前改变成分，简称为“提改”。

1956 年和顺华侨回国观光

1956 年是中华人民共和国成立 7 周年，中央人民政府第七次组织华侨回国观光团。缅甸华侨回国观光团 30 多人，其中腾冲籍华侨回国观光团 13 人，和顺人李文龙任副团长。和顺华侨代表有赵秀发、尹乐惠、尹以忠、寸时达、李文龙、寸时仁、张德恩、尹文琴 8 人。

观光团所到之处都受到了党委政府和群众的热烈欢迎，他们上矿山下工厂，游览风景名胜区，在首都北京游览了故宫、颐和园、天坛、长城、十三陵水库等名胜。全国政协与贺龙、陈毅、乌兰夫等国家领导人及中侨委何香凝、廖承志等领导，先后宴请观光团全体成员。全国政协又于 10 月 4 日晚在王府井首都剧场举行京剧晚会，请观光团成员观看周信芳等名家的京剧表演。

1956 年 10 月 1 日，观光团成员登上天安门观礼台参加国庆观礼。观光团成员在西苑宾馆与从家乡到北京参加全国侨联成立大会的李致卿、李镜天等侨联代表相遇，10 月 4 日，一同在中南海受到了毛泽东、刘少奇、周恩来、朱德等党和国家领导人的亲切接见，并合影留念。在京期间，中侨委还安排观光团拜望云南籍著名人士李根源、龙云、艾思奇。

10 月初，观光团南下返乡，参观了正在建设的武汉长江大桥，游三峡、重庆、成都、贵阳后抵昆明，游览石林，参观个旧，12 月初抵家乡。1956 年 12 月 17 日，《人民日报》以《缅甸华侨回国观光团云南籍团员回乡省亲》作了相关报道。参观团回到腾冲县时，受到政府和乡亲的热情接待。观光团参观了家乡新建的农具厂、医院和学校。12

月9日，观光团在和顺中天寺欢宴腾冲各机关首长和侨属父老乡亲。1957年1月3日，观光团由昆明返回缅甸。

2005年入选中国十大魅力名镇

2005年，在中央电视台"魅力中国魅力名镇"的展示活动中，云南和顺以独特的魅力和强大的实力从全国156个参评古镇中跻身前十名。经过评委投票评选，和顺以最高票数荣膺中国十大魅力名镇之首，最终成为中国最佳魅力名镇，荣获中国魅力名镇展示2005年度大奖。

中国魅力名镇颁奖词："六百年历史孕育了极边古镇，三大板块文化交汇成丝路明珠。乡虽小，却有全国最大的乡村图书馆；人不多，还有大半留居世界各地。一代哲人故里，翡翠大王家乡。小桥流水有江南风情，火山温泉是亚热风光。更有月台深巷洗衣亭，粉墙黛瓦，稻浪白鸥，一派和谐顺畅。和顺，一座滇西小镇，占尽了天时地利人和。"

2007年5月，和顺镇荣获"中国历史文化名镇"称号。

2010年《云南省和顺古镇保护条例》施行

《云南省和顺古镇保护条例》由云南省第十一届人民代表大会常务委员会第十六次会议于2010年3月26日审议通过，自2010年6月1日起施行。《条例》共五章，第一章总则，第二章规划与建设，第三章保护措施，第四章法律责任，第五章附则。和顺古镇的保护范围为和顺镇管辖的行政区域。和顺古镇实行分区保护，保护范围划分为核心保护区、建设控制区、风貌协调区。核心保护区是指十字路社区村委会、水碓社区村委会所辖的主要居民区，包括大寨子片区、和顺图书馆、艾思奇故居、张家坡、贾家坝等片区。建设控制区是指十字路社区村委会及水碓社区村委会在核心保护区以外的其他居民区、大庄社区村委会居民区。风貌协调区是指核心保护区、建设控制区以外的和顺古镇其他区域。在保护范围内，设立标志，对文物古迹、古树名木、历史建筑物、历史构筑物实行挂牌保护，保护标识由和顺古镇管理机构统一制作、悬挂和管理。

主要参考文献

云南省腾冲县志编纂委员会编纂:《腾冲县志》，中华书局，1995年。

董平著:《和顺风雨六百年》，云南人民出版社，2000年。

李根源辑，杨文虎、陆卫先主编:《永昌府文征》校注，云南美术出版社，2001年。

尹文和著:《云南和顺侨乡史概述》，云南美术出版社，2003年。

李根源、刘楚湘主纂，腾冲县委宣传部主持点校：民国《腾冲县志稿》，云南美术出版社，2004年。

杨发恩主编:《中国历史文化名镇和顺·华侨卷》，云南教育出版社，2005年。

杨发恩主编:《中国历史文化名镇和顺·乡土卷》，云南教育出版社，2005年。

杨发恩主编:《中国历史文化名镇和顺·人文卷》，云南教育出版社，2005年。

杨大禹、李正著:《中国最具魅力名镇和顺研究丛书·环境和顺》，云南大学出版社，2006年。

杨大禹、李正著:《中国最具魅力名镇和顺研究丛书·历史和顺》，云南大学出版社，2006年。

杨大禹、李正著:《中国最具魅力名镇和顺研究丛书·人居和顺》，云南大学出版社，2006年。

腾冲县旅游局编:《腾冲名联赏析》，云南民族出版社，2006年。

腾冲县旅游局编:《历代名人与腾冲》，云南民族出版社，2007年。

腾冲县人民政府办公室编:《腾冲老房子》，云南出版集团公司、云南人民出版社，2009年。

张志芳主编、李光信点校：李根源《曲石诗录》选集，云南出版集团公司、云南人民出版社，2010年。

张志芳主编、李光信点校:《李曰垓诗文选》，云南出版集团公司、云南人民出版社，2010 年。

胡丽华、张志芳主编:《名家与腾冲》，云南人民出版社，2011 年。

艾思奇著:《大众哲学》修订本，人民出版社，2011 年。

腾冲县旅游局编:《腾冲名碑集释》，云南民族出版社，2012 年。

杨发恩主编:《中国历史文化名镇和顺·民风卷》，云南民族出版社，2014 年。

杨发恩主编:《中国历史文化名镇和顺·民俗卷》，云南民族出版社，2014 年。

编纂始末

《中国名镇志丛书·和顺镇志》（以下简称《和顺镇志》）的编纂，始于 2016 年 12 月。根据中国地方志指导小组办公室《关于启动〈中国名镇志丛书〉编纂工作的通知》和《中国名镇志文化工程实施方案》精神，为以志鉴今，传承优秀传统历史文化，留存乡土文化记忆，在云南省地方志办公室、保山市委史志委的推荐下，和顺镇向中国地方志指导小组办公室申报启动中国名镇志文化工程《和顺镇志》的编纂工作。

2017 年 1 月 24 日，《和顺镇志》编纂工作启动会在腾冲市召开，中国地方志指导小组办公室主任冀祥德、云南省地方志办公室主任任玉华、保山市委史志委主任于绍伟等相关领导出席指导，腾冲市委副书记、市长庄宇致辞。会后，和顺镇党委、政府成立了《和顺镇志》编纂委员会及编辑部，制定了《〈和顺镇志〉编纂工作实施方案》。通过召开数轮乡贤座谈会、走访征集、阅读搜寻、乡贤分撰等方式，于 9 月底完成第一稿。

2019 年 1 月 8 日，在充分借鉴了第一批、第二批中国名镇志丛书编纂经验的基础上，经过充分论证，由腾冲市委史志委、和顺镇人民政府和专家组会同承编单位国人书院在北京共同组织召开编修座谈会，对《和顺镇志》的概述立意、篇目设置再一次进行了深入论证、修改，最终达成共识。随后专家团队与编辑部的工作人员通力协作，依照篇目对内容文字进行了全方位的调整、补删，并增补了大量珍贵图片资料。乡贤和全体编辑人员废寝忘食、挑灯夜战，对志稿进行了反复推敲、统一精审细校。至 2019 年 4 月，形成了《和顺镇志》第二稿。4 月 23 日，和顺镇人民政府召开《和顺镇志》镇级初评会。24 日，腾冲市委史志办组织召开腾冲市级专家评审会。5 月，将志稿送保山市委史志办复审。6 月，送云南省地方志办公室终审同意后上报中国名镇志丛书编纂委员会办公室。

六百年的和顺历史悠久、人文厚重，坐拥独具魅力的“天人合一、内和外顺”的和顺和谐内涵，无处不在的多元文化相互交融，特别是中原儒家文化遗存，是一种“天下和顺”的精神文化信仰。编纂《和顺镇志》是一次艰难的实践，经历了从纯传统到纯市场再到传统与市场高度融合发展的凤凰涅槃。其间，凝聚着和顺几届党委、政府的坚持和努力，饱含着无数海内外乡贤的夙愿和汗水。《和顺镇志》编纂委员会及编辑部，在坚持志体的前提下，根据和顺中国历史文化名镇、一代哲人艾思奇故里、丝路侨乡的特点，有选择性地记述了和顺域内自然、政治、经济、文化、社会的历史与现状，重点突出和顺的“名”与“特”的内涵。这是新时代下实践乡村振兴战略的一次破冰的尝试，更是创新腾冲著史修志、坚定文化自信的一份真诚努力。

编纂过程中，中国地方志指导小组办公室陈旭，方志出版社李江，全国方志专家王铁鹏，保山市委史志办杨艳萍等人对全书进行了多次审查、审读，并提出了许多好的意见建议；本志的概述《和顺和谐　天下和顺》由刘正龙先生撰写，刘正龙、刘硕勋、邵曰能、董平、马有樊、卞善斌作为腾冲市级专家组出席了评审会。

在此付梓之际，谨向为本书付出辛勤劳动和提供图片资料的所有人士，致以衷心的感谢！感谢云南柏联和顺旅游文化发展有限公司、和顺古镇保护管理局、益群中学、中心学校、派出所、司法所、自然资源管理所、市场监督管理所、卫生院、和顺执法大队、消防中队、腾冲农商行和顺支行、和顺税务分局、党政办、社会事务办、经济发展办、社会治安综合治理办、扶贫开发办、财政所、农业综合服务中心、林业服务中心、社会保障服务中心、村镇规划建设保护服务中心、文化广播电视服务中心、十字路社区、水碓社区、大庄社区及相关客栈在志书编纂过程中给予的支持和配合。

由于历史上和顺没有编纂过综合性志书，虽然全体编纂人员付出了艰辛努力，历时两年有余，十易其稿，但由于编纂人员经验不足、水平有限，书中尚有不尽如人意甚至错误之处，敬请各级领导、修志同人、海内外社会各界人士和广大读者批评谅解，并给予指正。

编　者

2019 年 10 月